국역 매헌선생문집

금 보 지음
이지락 옮김

한국국학진흥원

역자소개

이지락 李址洛

| 경력 |

경북대학교 한문학과 박사과정 수료
한동대학교 외래교수(現)
한국국학진흥원 객원연구원(現)

| 역서 |

『문월당선생문집』(공역)
『이계선생문집』
『무첨재선생문집』 등

| 논문 |

「회재 선생의 사상과 시 세계」

08 영남선현문집 국역총서

국역 매헌선생문집

인 쇄	2013년 06월 20일
발 행	2013년 06월 30일
발행인	김병일
발행처	한국국학진흥원
기 획	한국국학진흥원 연구부 고전국역팀
번 역	이지락
해 제	김우철
교 열	김우철
교 정	이기훈·우지영
주 소	경북 안동시 도산면 퇴계로 1997
전화번호	054-851-0700
팩시밀리	054-851-0754
Homepage	http://www.koreastudy.or.kr
E-mail	master@koreastudy.or.kr
출판등록	2002년 3월 18일
편집·제작	도서출판 성심
전화번호	054-857-8051
팩시밀리	054-841-8051

ISBN 978-89-6178-158-9 94810
978-89-6178-098-8 (세트)

정가 30,000원

본 도서는 경상북도 영남선현문집번역사업비의 지원으로 발간되었습니다.

‖ 일러두기 ‖

1. 이 번역본은 『매헌선생문집』(목판본 4권 2책)을 저본으로 하였다.

2. 한글 전용을 원칙으로 하였지만, 한자가 필요하다고 판단될 경우에 한자를 병기하였다.
   단, 같은 단어가 인접해서 두 번 이상 나오는 경우에는 뒤의 한자를 생략하였다.

3. 운문의 경우 오른쪽에 원문을 부기하고, 번역에서는 한자를 생략하였다.

4. 각주의 한자 표기는 괄호쓰기를 원칙으로 하였지만, 경우에 따라서 원문을 그대로 표현하기도 하였다.

5. 한자 가운데 한글과 음이 다른 표현은 대괄호 [ ]로 표기하였다.

6. 관직명의 경우 여러 관직을 중임하였을 때, 한글은 관직에 따라 띄어쓰고 한문은 붙였다.

7. 원문에 결락된 글자는 '□'로 표기하였다.

8. 본서의 원문은 말미에 영인影印으로 수록하였다.

9. 본서에서 사용된 부호와 그 의미는 다음과 같다.
   - 『 』 : 책명
   - 「 」 : 편명, 작품명
   - " " : 인용문이나 대화체
   - ' ' : 강조 표현이나 간접 인용문
   - [ ] : 한자와 음이 다른 한글 또는 표현
   - · : 병렬형 단어의 중간 표시
   - …… : 중간 생략문

목차

매헌선생문집
梅軒先生文集

해제

▸ 김우철

| 해제 |

『매헌선생문집』 해제

김 우 철*

1. 들어가는 말

『매헌선생문집梅軒先生文集』(이하 『매헌집』으로 간략히 표기함)은 16세기 영남의 유학자로 퇴계退溪 이황李滉(1501~1570)의 문인인 금보琴輔(1521~1584)의 문집이다. 매헌梅軒은 그의 호이며, 자는 사임士任이다. 『매헌집』은 한국고전번역원에서 표점하여 간행한 '한국문집총간'에 『춘당집春塘集』 등과 함께 수록되었으며, 형태서지와 가계도, 편찬 및 간행, 구성과 내용 등을 담은 간략한 해제도 첨부되어 있다.[1] 본 해제에서는 이 해제를 참조하되, 기존의 해제에서 언급하고 있는 서지 사항과 같은 형식적인 부분은 가급적 간단하게 언급하거나 생략하고 내용적인 부분을 대폭 보충하여 서술하였다.[2]

본 해제에서는 우선 『매헌집』의 저자 금보의 가계와 생애에 대하여 상세하게 고찰을 함으로써 『매헌집』을 이해하는 기초를 삼도록 하겠다. 그리고 『매헌집』의 편찬과 구성에 대하여 살펴본 후, 그 내용에 대하여 주요한 작품을 중심으로 언급을 하도록 한다. 그 후, 이상의 작업을 통하여 『매헌집』의 의의와 가치를 평가하는 것으로 본 해제를 마무리하도록 하겠다.

---

* 한중대학교 교양학과 교수.

1) 김은정, 「매헌집 해제」, 『한국문집총간』 속3집.
2) 기존의 해제 및 문집에 수록되어 있는 연보와 행장 등의 내용에 바탕한 경우에는 일일이 전거를 밝히지 않았다.

2. 매헌 금보의 가계와 생애

금보琴輔의 본관은 봉화奉化인데, 고려 때 문하시랑 평장사門下侍郎平章事 한림학사翰林學士를 지낸 영렬공英烈公 금의琴儀(1153~1230)의 후손이다. 금의 이래 대대로 벼슬을 지냈으니, 증조부는 은진 현감恩津縣監을 지낸 금회琴淮, 조부는 군위 현감軍威縣監을 지낸 금계琴啓이며, 부친은 사도시 첨정司導寺僉正을 지낸 금원수琴元壽이다. 『매헌집』에는 '첨정공僉正公'으로 표현되어 있다. 모친은 사헌부 장령司憲府掌令을 지낸 김영수金永銖의 딸인 안동 김씨이다. 숙부는 면천 군수沔川郡守를 지낸 금원복琴元福으로, 『매헌집』에는 '군수공郡守公'으로 표현되어 있다. 금보는 금원수와 안동 김씨 사이의 3남 5녀 가운데 차남으로 태어났다. 형인 금인琴軔은 1540년(중종 35) 진사시에 입격하였으며, 호는 송계松溪이다.[3] 『매헌집』에는 '송계공松溪公'으로 표현되어 있다. 아우는 금은琴轀이다. 금보는 혼인한 진성 이씨와의 사이에 자식이 없어서, 아우 금은의 차남인 금윤고琴胤古를 양자로 들여 대를 이었다. 금윤고는 군자감정軍資監正을 지냈다.

금보는 1521년(중종 16) 4월, 봉화 괴촌리槐村里의 집에서 태어났다. 어려서부터 영민하여 보통 아이들과는 달랐는데, 엄격하게 과정을 독촉하지 않았는데도 7세 때부터 글을 읽고 글씨를 쓰기 시작했다. 또 금보는 특히 글씨를 잘 써서 어려서부터 그의 글씨를 구하려는 이들이 있었다고 한다. 15세가 되던 1535년(중종 30)에 형 금인과 함께 풍정사楓井寺에 가서 글을 읽었다. 18세가 되던 1538년(중종 33)에 『중용中庸』을 읽고 「체용도體用圖」를 그렸다. 20세가 되던 1540년(중종 35)에 장사랑將仕郎 이인李寅의 딸인 진성 이씨와 혼인하였는데, 진성 이씨는 퇴계 이황에게는 종손녀가 된다. 이듬해인 1541년(중종 36) 「조보론趙普論」을 지었다.

1543년(중종 38)은 금보의 생애와 사상에서 큰 변화의 계기를 마련한 해이다. 먼저 거처를 온계溫溪로 옮겨 거주하기 시작하였다. 같은 해에 퇴계 이황께 가르침을 받게 되면서

---

3) 『재향지(梓鄕誌)』「순흥지(順興誌)·명현(名賢)」 참조.

또한 사상적 측면에서 새로운 변화의 계기를 마련하게 되었다. 이후 금보에게 이황은 영원한 숭모 대상으로 존재하게 되었다. 이황 또한 그의 재주를 아껴 "세월의 공부가 더해지면 그 성취를 쉽게 헤아릴 수 없을 것이다."라 하였다 한다. 이듬해 가을 용수사龍壽寺에 가서 글을 읽던 금보는 2년 뒤인 1546년(명종 1) 4월의 증광시에서 생원과에 입격하였다.

사마시에 입격한 뒤, 금보는 학문 연구에 더욱 매진하는 틈틈이 전국의 명승을 유람하였다. 1548년(명종 3)에는 단양 군수로 내려와 있던 이황을 단양의 관사로 찾아가 『대학』과 『중용』에 대해 질의하였다. 이때 강학하는 여가에 구담龜潭과 도담島潭 등 단양의 승경지를 유람하고 「산수록山水錄」을 지었는데, 잃어버려 안타깝게도 지금은 전하지 않는다. 이듬해에는 소백산을 유람하고 백운동서원에 머물렀다. 1551년(명종 6) 가을부터는 성균관에서 머무르며 월천月川 조목趙穆(1524~1606) 등과 함께 경전을 강학하며 토론하였다. 이황도 둘 사이의 교유를 장려한 적이 있었을 정도로 조목과의 인연은 남달라서 이후 오랫동안 사귀며 서로 깊은 영향을 주었고, 금보의 아들 금윤고琴胤古의 학업을 조목이 맡기도 하였다.

1555년(명종 10) 2월, 금보는 약 5년 동안의 성균관 생활을 정리하고 이황을 모시고 고향으로 돌아갔다. 당시 여러 차례의 격렬한 사화士禍를 거친 뒤 명리名利에 골몰하여 더러움을 따르지 않겠다고 다짐하고, 더 이상 과거에 응시할 뜻을 접었던 것이다. 부친인 첨정공 금원수도 아들의 이러한 뜻을 기쁘게 받아들였다. 이황이 관직을 벗어 던지고 향리로 돌아오던 길에 배행한 이가 성균관 생활을 접고 관도官途에의 미련을 버린 금보라는 사실은 깊은 의미를 지닌다.

서울에서 내려온 금보는 이듬해인 1556년(명종 11) 이황이 거처하던 한서암寒栖庵 남쪽 시냇가에 집을 지었다. 또 건물 앞에 매화를 심고 헌호軒號를 '매헌梅軒'이라 했으며, 또 이를 자신의 호로 삼았다. 또 당시 이황이 편찬한 『주자서절요朱子書節要』를 이황의 명에 따라 베껴 적기도 하였다. 이후 금보는 이황의 명에 따라 사서四書를 공부의 중심으로 삼았으며, 이황과 사서의 내용에 대해 자주 토론하였는데 이는 이듬해 지은 「사서질의四書質疑」의 바탕이 되었다. 이후에도 성리학에 침잠해 연구를 계속한 금보는, 1560년(명종 15)에는 『심경心經』과 『근사록近思錄』을 읽고 「심근강의心近講義」를 지었으며, 1565년(명종 20)에는 이황에게 「계몽啓蒙에 대한 문목問目」을 올리기도 하였다. 1567년(명종 22)에는 이황의 발의에 따라 고려 말의 대표적 성리학자인 우탁禹倬(1262~1342)의 위패를 모신 역동서원易東書院이 창건되었는데, 금보는 역동서원의 창건 공사를 감독하고 창건록刱建錄을 지었다. 이듬해에는 유생들과 역동서원에 모여 제의祭儀와 규약規約을 논의해 정하였다.

선조대宣祖代에 들어와 금보는 가정 안팎으로 큰일을 많이 겪었다. 1568년(선조 1) 7월, 슬하에 자식이 없던 금보는 아우인 금은의 차남 금윤고를 양자로 삼았으며, 같은 해 11월에는 모친 안동 김씨의 상을 당하였다. 곧바로 이듬해 1월에는 부친인 첨정공 금원수의 상을 연달아 당하였다. 다시 이듬해인 1570년(선조 3) 11월, 스승인 이황의 병이 깊어져 계당溪堂으로 퇴계를 찾아 문병하였는데 12월에는 이황이 세상을 떠나게 되었다. 1571년(선조 4) 2월에는 출타한 사이에 구성龜城의 집안에 화재가 발생하여 소장하고 있던 서책을 거의 모두 잃어버렸는데, 이황에게 받은 「경재잠도敬齋箴圖」와 자신이 지었던 「사서질의」만을 겨우 구할 수 있었다.

이후 금보는 세상을 떠난 이황의 학덕을 숭모하기 위한 사업에 전념하였다. 1571년(선조 4) 6월 동문同門의 여러 선비들과 역동서원에 모여 이황의 문집에 실을 글을 모으기 시작하였고, 이듬해에는 학봉鶴峯 김성일金誠一(1538~1593), 몽재蒙齋 이안도李安道(1541~1584)에게 편지를 보내어 문집의 「사칠변서四七辨書」의 편차를 논의하였으며, 역동서원에 모여 이황의 '일록日錄'을 수정하는 등의 일을 주도하였다. 1573년(선조 6) 11월에는 이산서원伊山書院에 이황의 위판位版을 봉안하였으며, 이듬해인 1574년(선조 7)에는 도산서원陶山書院의 창건 공사를 감독하였다. 이후에도 도산서원의 신판神版에 글씨를 쓰고, 이황의 묘갈문墓碣文을 쓰는 등 이황의 학덕을 기리는 일을 지속하였다.

냇가에 있던 예전의 집터가 불어난 물에 쓸려나가 온계溫溪의 송내촌松內村으로 거처를 옮긴 금보는 1575년(선조 8) 봄 백률당栢栗堂을 지었다. 건물의 좌우에 토질에 맞게 나무를 심었는데, 잣나무와 밤나무가 가장 많았으므로 당호堂號를 백률栢栗이라 한 것이다. 이로부터 백률당은 매헌과 함께 금보의 호로 쓰이게 되었다. 이후 만년에도 『심경』과 『근사록』 등을 손에서 놓지 않고 문생들과 강독하며 토론하던 금보는 1584년(선조 17) 3월 7일 세상을 떠났으며, 9월 예안禮安의 용두산龍頭山에 안장되었다.

금보는 학문적으로도 뛰어난 성취를 이루었지만, 글씨에도 뛰어났던 것으로 알려졌다. 매암梅巖 이숙량李叔樑(1519~1592), 춘당春塘 오수영吳守盈(1521~1606)과 함께 '선성삼필宣城三筆'로 불렸으며, 그 중에도 으뜸으로 여겨져 스승인 이황의 묘갈墓碣에 글씨를 쓰기도 하였다. 이황은 일찍이 "여러 필적이 모두 아름다우나 모某의 글씨가 더욱 아름답다. 글자를 쓰는 일이 비록 작은 기예이지만, 이 사람의 글씨에서는 조금도 간사하거나 굽은 의사가 없음을 충분히 볼 수 있다."라 하며 선고先考인 찬성공贊成公 이식李埴의 갈문碣文을 쓰도록 하였고, 또 이황의 사후 이황 묘소의 비문이나 도산서원 신판의 글씨를 쓰게 되었던 것도 모두 그의 글씨가 높이 평가된 결과였다. 청담淸潭 이희득李希得이 그의 선고인 하동군河東君 이유李裕의 갈문 글씨를 청하면서 "금매헌琴梅軒의 글씨를 얻지 못하면 나는 불효자가 된다."고 하였다는 일이나, 이청李淸(1483~1549)이 황해 감사로 있으면서 금보의 필적을 감영 본청 선화당宣化堂인 수양관首陽館에 걸어놓고 서북의 선비들에게 필법을 본받도록 하였다는 등의 고사에서 그의 뛰어난 서예 실력을 확인할 수 있다.

3. 『매헌집』의 편찬과 구성

금보는 많은 글을 지었지만 앞 장에서 서술한 바와 같이 생전에는 집안에 불의의 화재가 나서 많은 저술이 소실되었고, 사후에는 임진왜란 등을 겪으면서 나머지도 거의 사라졌다. 이에 몇 편의 시문과 만사挽詞·제문祭文, 그리고 약간의 서간문만이 남았다. 이에 「심근강의心近講義」·「사례기문四禮記問」·「사례정변四禮正變」·「가선휘편嘉善彙編」 등의 저술은 제목만 전할 뿐 내용이 전하지 않게 되었다.

금보의 10세손인 금우열琴佑烈(1824~1904)이 흩어져 사라지고 남은 시문과 관계 문헌을 도산陶山의 초본과 여러 문중의 고적에서 수집하고, 금보의 손자 금시양琴是養(1598~1663)의 「가장家狀」, 허전許傳(1797~1886)에게 받은 「행장行狀」과 이휘재李彙載(1795~1875)에게 받은 「묘갈명」 등 부록 문자를 모아 1891년에 4권 2책으로 편차해 두었다. 이후 사손嗣孫 금호열琴祜烈(1853~1926)이 1909년(순종 3)에 김학진金鶴鎭(1838~1917)의 「발문跋文」을 받아 이후 목판으로 간행하였는데, 그 시기는 분명하지 않다.

『매헌집』은 건乾·곤坤 2책으로 구성되어 있다. 『매헌집』의 구성과 관련하여 간략하게 표로 정리하면 다음과 같다.

<table>
<tr><th>책 구분</th><th>권 구분</th><th>문 류 文類</th><th>편 수</th></tr>
<tr><td rowspan="9">『매헌집』
건乾</td><td rowspan="2">권수卷首</td><td>서문 序文</td><td>1편</td></tr>
<tr><td>연보 年譜</td><td>1편</td></tr>
<tr><td rowspan="2">권1</td><td>시詩</td><td>30편</td></tr>
<tr><td>부賦</td><td>1편</td></tr>
<tr><td rowspan="5">권2</td><td>서書</td><td>7편</td></tr>
<tr><td>제문 祭文</td><td>3편</td></tr>
<tr><td>갈문 碣文</td><td>2편</td></tr>
<tr><td>잡저 雜著</td><td>5편</td></tr>
<tr><td>유묵 遺墨</td><td></td></tr>
<tr><td rowspan="9">『매헌집』
곤坤</td><td>권3</td><td>사서질의 四書質疑</td><td>1편</td></tr>
<tr><td rowspan="6">권4
(매헌선생문집부록)</td><td>사우기증 師友寄贈</td><td>10편</td></tr>
<tr><td>가장 家狀</td><td>1편</td></tr>
<tr><td>행장 行狀</td><td>1편</td></tr>
<tr><td>묘지명 墓誌銘</td><td>1편</td></tr>
<tr><td>묘갈명 墓碣銘</td><td>1편</td></tr>
<tr><td rowspan="2">권말卷末</td><td>발문 跋文</td><td>3편</td></tr>
<tr><td>갈명 碣銘</td><td>1편</td></tr>
</table>

1책에 해당하는 건乾은 권수卷首의 「매헌선생문집서梅軒先生文集序」·「매헌선생연보梅軒先生年譜」·매헌선생문집목록梅軒先生文集目錄에 이어 권1·권2 및 유묵遺墨의 순서로 편집되어 있다. 권1은 시詩와 부賦로 구성되어 있고, 권2는 서書와 제문祭文·갈문碣文 및 잡저雜著로 구성되어 있다. 2책에 해당하는 곤坤은 권3·권4와 권말卷末의 순서로 편집되어 있다. 권3은 「사서질의四書質疑」 한 편으로 구성되어 있다. 권4는 부록인데, 목록에는 '권4'로 표기되었으나 본문에는 권의 표시 없이 그냥 '매헌선생문집부록梅軒先生文集附錄'이라고만 되어

있다. 부록에는 사우師友가 기증한 시와 가장家狀·행장行狀·묘갈명墓碣銘이 실려 있고, 권말에 김학진金鶴鎭·금서술琴書述과 금우열의 발문이 수록되었다. 맨 마지막에는 허전許傳이 지은 금보의 사손嗣孫 금윤고琴胤古에 대한 갈명도 부기되어 있다.

4. 『매헌집』의 내용

『매헌집』의 서문은 이휘녕李彙寧(1788~1862)이 지었다. 서문에서 퇴계 이황과 금보와의 관계를 송나라 주희와 그 제자와의 관계에 비겨 설명하면서, 이황을 귀결처로 삼은 금보의 학문 생활과 그러한 금보를 격려한 이황의 행적을 서술하였다. 아울러 이황과 금보와의 관계를 담은 많은 문헌이 화재로 소실된 것을 안타까워하였다. 마지막으로 금보의 후손 금우열琴佑烈이 서문을 청하여 글을 짓게 된 경위를 덧붙였다.

연보는 1521년(중종 16) 4월 금보의 탄생으로부터, 1584년(선조 17) 3월 별세하고 9월 예안禮安의 용두산龍頭山에 안장되기까지의 행적을 연대별로 서술하고, 1603년(선조 36) 금업琴憹(1557~1638)이 묘지명을 지은 일로 마무리하고 있다. 연보는 금보의 가정 및 학문·사회활동을 상세히 서술하여 금보의 생애를 이해하는 데 큰 도움을 주는 자료이다. 연대는 명나라의 연호와 황력皇曆을 사용하고 금보의 당시 나이를 소자小字로 부기하였는데, 당대 조선의 묘호廟號인 중종中宗·명종明宗·선조宣祖는 해마다 달지 않고 해당 왕의 원년元年에만 소자로 덧붙였다.[4]

권1은 시 30수와 부賦 1수로 구성되어 있다.

시는 주로 스승인 퇴계 선생과 관련된 시, 동문수학한 제현들과의 교유가 담겨 있는 시, 그리고 금보의 삶의 자세가 드러나 있는 철리시 등으로 구분을 해 볼 수 있다. 퇴계와 관련이 있는 시는 퇴계의 시를 차운한 시가 주류를 이루며, 퇴계 및 급문제자들과의

---

4) 금보가 태어난 해가 중종 16년이므로 중종은 16년에만 표시하고, 이후 명종과 선조 원년을 표시하였다. 그 사이의 인종(仁宗)은 재위기간이 너무 짧아서 표시하지 않은 것으로 보인다.

유람 중에 쓰인 시도 있다. 다음은 조목趙穆·김부의金富儀·금난수琴蘭秀 등과 함께 퇴계를 모시고 고산孤山을 유람하면서, 스승의 시에 차운하여 지은 칠언절구이다.

고산의 학과 매화에게 물어보노니	爲問孤山之鶴梅
서호와 동락 중 어디가 좋으냐	西湖東洛孰勝否
노사께서 벽에 쓰신 시를 보시게나	請看老師題壁詩
아름다운 이름이 더욱 영원하겠지	也應佳名更悠久5)

이 시에서는 중국 절강성 항주의 절경으로 꼽히는 서호西湖의 고산과 동문제현이 스승을 모시고 찾게 된 고산을 대비하면서 현재 유람하고 있는 고산이 중국의 고산에 비긴다고 하더라도 모자랄 것이 없음을 자신감 있게 읊고 있다. 서호는 매화를 아내로 삼고 학을 자식으로 삼았다고 해서 '매처학자梅妻鶴子'라고 불렸던 북송北宋의 시인 임포林逋가 은거했던 곳이다. 시의 기구起句에서 말한 '고산'은 중국 항주의 고산과 낙동강 상류의 고산을 둘 다 의미한다고 볼 수 있다. 이어지는 승구承句의 '동락東洛'은 동쪽 낙동강이란 뜻으로 우리나라의 낙동강 상류에 자리하고 있는 고산을 의미한다. 고산의 학과 매화에게 서호의 고산과 낙동강의 고산 중 어느 쪽이 나은가를 물어보겠다고 하고 있으니, 이는 당시 유람하고 있는 고산이 서호의 고산과 비교해도 전혀 손색이 없다는 것을 나타낸 표현이리라. 전구轉句에서는 퇴계 선생이 석벽에 쓴 시로 화제를 전환하고 있다. 스승이 쓰신 석벽의 시가 앞으로 길이 남아 있게 되듯이 스승의 아름다운 명성 역시 더욱 영원할 것이라는 기대와 염원을 담고 있다.

다음으로 금보의 철저한 자기 수양의 자세가 잘 드러난 시를 한 편 더 살펴보도록 하겠다.

---

5) 『매헌집』 권1, 「경신년(1560) 4월, 조 사경 목·김 신중 부의·금 문원 난수와 약속하여, 퇴계 선생을 모시고 고산을 유람하였다. 선생께서 석벽에 쓴 시에 공경히 차운하다.[庚申四月 約趙士敬 穆 金愼仲 富儀 琴聞遠 蘭秀 陪退溪先生遊孤山 敬次先生題石壁韻]」

한 성이 움직이는 곳 모든 거짓됨이 사라지고 一誠動處消千僞
한 경에 머무를 때 온갖 사특함 이기네 一敬居時勝百邪
성과 경 공부는 모름지기 함께 해야 하니 誠敬工夫須兩做
현인되고 성인됨을 어찌 다른 데서 찾으리오 爲賢爲聖豈求他[6)]

성誠과 경敬은 성리학적 수양론의 핵심 내용이다. '성'은 '순박하고 진실하고 충실하여 속이지 않는 것'으로 기만하지 않기 위해 노력하는 것이다. '경'은 '안으로 거두어들이고 삼가 두려워하여 방종하지 않는 것'이다. 따라서 주자朱子는 진정한 성취를 위해서는 성과 경의 공부를 함께 해야 한다고 보았다.[7)] 금보는 이 시의 기구起句와 승구承句에서 모든 거짓됨을 없애고 온갖 사특함을 이겨내는 방법으로 성과 경을 실천해야 함을 읊고 있다. 전구轉句에서는 성과 경 공부는 일단一端에만 치우칠 것이 아니라 반드시 양단兩端을 함께 추구해야 할 것임을 말하였다. 그리고 결구結句에서는 성과 경 공부를 충실히 해나가는 과정이 곧 결국 현인과 성인이 되는 방법임을 말하고 있다. 이 작품에는 성·경 공부를 통하여 심신의 수양을 이루고, 나아가 이상적 군자에 도달하고자 하는 금보의 실천적 유학 사상이 잘 드러나 있다.

이 밖에 주목할 만한 시로는, 신미년(1571)의 화재로 이황이 보내준 문헌과 자신이 지었던 많은 서책을 잃고 나서 그 안타까움을 읊은 칠언절구,[8)] 늙어서도 이황의 가르침을 지키면서 안빈낙도하는 자신의 삶을 그리고 있는 칠언율시,[9)] 돌아가신 스승을 추모하고 어느덧 원로가 된 자신을 돌아보면서 젊은 선비들이 용맹하게 정진할 것을 격려하

---

6) 『매헌집』 권1, 「성경을 읊조리다[誠敬吟]」.
7) 김경호, 「성·경 : 성리학적 수양론과 군자의 이상」(『동양철학』 30, 한국동양철학회, 2008), 241쪽 참조.
8) 『매헌집』 권1, 「신미년 2월, 구성의 집을 떠났는데, 뜻하지 않은 실화로 선생의 수필·잠명·간찰 및 적어둔 여러 서책이 모두 재가 되었다. 「경재잠도」·「사서질의」만이 겨우 화를 면하였다. 이로 인해 감회가 일어 한 절구를 읊다[辛未二月 出龜城家 偶失火 先生手筆箴銘簡札及所書書册 盡入灰燼 惟敬齋箴圖四書質疑 僅免 因感吟一絶]」.
9) 『매헌집』 권1, 「우연히 읊조리다[偶吟]」.

는 내용의 칠언율시10) 등이 있다.

권1의 마지막에는 「진정부陳情賦」라는 제목의 한 편의 부賦가 실려 있는데, 중간에 부분적으로 내용이 결락되어 있다. 자신의 일생을 회고하고 운명의 가혹함과 세상의 어지러움을 한탄하면서 벼슬길에 나아가지 않은 이유를 밝히고, 스승을 만나 가르침을 받은 것을 잊지 않고 앞으로 그 덕에 보답할 것을 다짐하는 내용이다.

권2는 7편의 서書와 3편의 제문祭文, 2편의 갈문碣文, 5편의 잡저雜著로 구성되어 있다. 편지글 중에서 주목할 만한 것으로는 「금 협지에게 답하다[答琴夾之]」를 들어볼 수 있다. 금응협이 보낸 편지에 대한 답장으로, 존덕성尊德性과 도문학道問學은 어느 한쪽을 그만둘 수 없는 것이니, 거경居敬하여 그 근본을 확립하고, 궁리窮理하여 그 앎을 지극히 하며, 자신에게 돌이켜 자신에게 본래 있던 도덕을 실천하는 것이 유학의 종지宗旨라는 내용이다. 육구연陸九淵이 존덕성을 위주로 하여 마음의 실체를 깨닫는 것을 위주로 하고, 주희朱熹가 도문학을 위주로 하여 경서의 연구에 관심을 기울인 바 있는데, 이에 대한 금보의 입장이 드러난 흥미로운 내용이다.

잡저에는 「조보론趙普論」 등 5편의 글이 그의 유묵과 함께 수록되어 있다. 「조보론趙普論」에서 조보趙普는 중국 송나라 태조太祖를 도와 공이 컸던 인물이다. 태종太宗 때에 태사太師가 되어 위국공魏國公에 봉해졌으며, 죽은 뒤 한왕韓王에 추봉되었다. 금보는 「조보론」에서 조보의 재능은 인정하면서도, 태조의 고명顧命을 받고도 약속을 어긴 것을 지적하며 그 심술心術이 바르지 않음을 비판하였다. 이는 금보의 역사 인식을 보여주는 거의 유일한 자료라는 의미를 지닌다.

다음으로 「도산기고증陶山記考證」과 「정존재잠고증靜存齋箴考證」을 주목해 볼 수 있다. 『도산기陶山記』는 이황이 생전에 자필로 쓴 글과 시 등을 1572년(선조 5)에 판각한 1권 1책의 책이고, 「정존재잠靜存齋箴」은 이황이 지은 여러 편의 잠명箴銘 중의 하나인데, 이 두 편은

---

10) 『매헌집』 권1, 「이산서원에 퇴계 선생의 위판을 봉안하고 돌아오는 길에 이봉원, 이굉중, 김융 도성, 장근 이신 등 제군들과 파사에 묵으면서 각자 비통한 심정을 서술하다[伊山書院 奉安退溪先生位版歸路 與李逢原李宏仲金道盛 隆 張而信 謹 諸君同宿巴寺 各敍悲感之懷]」.

금보가 각 구절에 대해 관련된 사실을 보충하거나 전거를 인용하면서 내용을 부연 설명한 주석이다. 주석학이 별로 발전하지 않았던 당시 조선의 학풍에서 이러한 꼼꼼하고 치밀한 공부 방법은 퇴계의 학문이 퇴계 사후에도 제자들에게 지속적으로 연찬될 수 있는 원동력이 되었을 것이다. 「도산기고증」과 「정존재잠고증」은 퇴계 문하의 학문 방법을 보여주는 자료이며, 동시에 금보의 퇴계에 대한 존모의 정을 확인할 수 있는 자료이기도 하다.[11)]

잡저의 마지막은 「역동서원의 일을 기록하다[易東書院記事]」이다. 우탁禹倬의 위패를 모신 역동서원이 이황의 발의에 따라 만들어지고 금보가 창건 공사를 감독한 바 있는데, 이 글에서 그 전말을 기록하고 있다.

1책인 건乾의 맨끝에는 금보의 유묵遺墨이 실려 있다. '김 돈서의 시에 사례하며[謝金惇敍韻]' 등의 시와 간찰 몇 편으로, 당시 선성삼필宣城三筆로 불리던 금보의 뛰어난 글씨를 직접 확인할 수 있다.

2책인 곤坤은 권3과 권4로 편집되어 있는데, 권3은 「사서질의四書質疑」 한 편으로 구성되어 있다. 「사서질의」는 저자가 지었다고 알려져 있는 많은 학문적 저술 가운데 일실되지 않고 남아있는 거의 유일한 주요 저술이다. 이 저술은 금보가 1556년(명종 11) 여름 한서암寒栖庵의 이황 거처 곁에서 생활하던 여가에 매번 수업하며 난해한 점을 물은 내용을 중심으로 하고, 간혹 여러 벗들과 묻고 변론한 것을 함께 기록한 내용이다. 「사서질의」는 사서의 본문과 주자朱子 주註 및 소주小註 가운데 문의文意가 분명하지 않거나 별도의 해석이 필요한 자구에 대하여 간단한 해설을 붙인 것이다. 『논어』에 관한 것이 82조, 『맹자』에 관한 것이 35조, 『대학』 16조, 『중용』 29조로 모두 162조이다. 그 가운데 『중용』의 뒤에는 「체용도體用圖」가 첨부되어 있다. 연보年譜에는 금보가 18세 되던 1538년(중종 33)에 『중용』을 읽고 「체용도」를 그렸다고 기록되어 있는데, 같은 것으로 보인다.

---

11) 이군선, 「퇴계학파 학문방법에 대한 일고찰」(『퇴계학과 유교문화』, 경북대학교 퇴계연구소, 2005), 58~59쪽 참조.

권4는 따로 권의 표시 없이 '매헌선생문집부록梅軒先生文集附錄'이라고만 되어 있다. 부록에는 사우師友 즉 이황과 벗들이 기증한 시가 10편 수록되어 있다. 이황의 시는 한서암 근처에 거처를 마련한 금보에게 주는 내용이고, 조목趙穆과 오수영吳守盈·금난수琴蘭秀·김부륜金富倫 등이 금보의 시에 차운次韻한 시, 금응협琴應夾이 홍도紅桃를 읊으며 금보에게 준 시 등이 있고, 마지막으로 금보의 죽음을 애도하는 조목의 시가 실려 있다.

「가장」은 손자 금시양이 썼고, 「행장」은 10세손 금우열의 부탁으로 허전이 지었다. 「묘지명」은 1603년(선조 36) 금업이 지었으며, 「묘갈명」은 이휘재가 지었다.

부록 뒤의 권말卷末에는 1909년(순종 3) 김학진이 지은 발문과 1853년(철종 4) 문중 후손 금서술이 지은 발문, 1891년(고종 28) 10세손 금우열이 지은 발문이 각각 수록되어 있다.

마지막에는 금보의 사자嗣子인 금윤고琴胤古의 갈명도 덧붙여져 있는데, 금보의 행장을 지었던 허전이 지었다.

5. 『매헌집』의 의미와 가치

금보는 많은 저술 활동을 하였으나 1571년에 있었던 화재와 사후에 있었던 임진왜란 등으로 「심근강의」·「사례기문」·「사례정변」·「가선휘편」 등의 저술과 많은 시문이 소실되었다. 『매헌집』은 불에 타고 흩어져 사라져버린 나머지의 시문과 관계 문헌을 수집하여 금보의 10세손이 편찬한 것이다. 따라서 『매헌집』만으로 금보의 사상과 문학 전모를 살펴보기에 아쉬운 점이 없지는 않으나 『매헌집』은 퇴계 문하에서 공부하며 실천적 수양에 힘쓰던 금보의 학자적 면모를 여실히 살펴볼 수 있는 유일한 자료이다.

금보의 시는 퇴계 선생과 관련된 시, 동문수학한 제현들과의 교유를 담고 있는 시, 자기 수양의 실천적 유학 사상이 드러난 시 등으로 나누어진다. 비록 많은 편수가 남아 있지는 않지만 이들 작품에는 스승인 퇴계에 대한 숭모의 정과 퇴계 급문제자 간의 친밀한 교유가 잘 나타나 있다. 그리고 성리학적 수양에 힘쓰는 실천적 유학자의 면모 역시 그의 시 작품을 통하여 엿볼 수 있다.

그리고 예안향교를 중수한 경위에 대한 서술과 입약立約한 20조의 조문이 덧붙여져 있는 「향교를 중수하고 정한 입약의 서문[鄕校重修立約序]」과 역동서원의 창건 공사에 대한 기록을 담고 있는 「역동서원의 일을 기록하다[易東書院記事]」와 같은 글은 당시의 향교 입약 조문과 역동서원의 창건과 관련한 사실적 기록을 담고 있다는 점에서 그 자료적 가치를 부여할 수 있다. 또한 「도산기고증陶山記考證」과 「정존재잠고증靜存齋箴考證」 같은 글은 퇴계 문하의 치밀한 학문 방법을 보여준다는 점에서 가치가 인정된다. 마지막으로 그의 학문 저술 중 일실되지 않고 남아있는 거의 유일한 기록인 「사서질의四書質疑」는 스승께 수업 받으며 난해한 내용에 대하여 기록한 것으로 경전의 자구字句에 대한 해석의 문제에서부터 그 의미에 대한 심도 깊은 논의까지 다채롭게 드러나고 있다는 점에서 그 의의를 부여해 볼 수 있다.

요컨대, 『매헌집』은 퇴계 이황과 그의 제자 매헌 금보의 인간적 유대감과 따뜻한 사제간의 정의情誼를 담고 있으며, 나아가 퇴계 문하에서 공부하며 실천적 수양에 힘쓰던 금보의 학자적 면모를 여실히 살펴볼 수 있다.

매헌선생문집
梅軒先生文集

서

매헌선생문집서梅軒先生文集序

지난날 퇴도退陶 부자께서 주자朱子 문하의 여러 제자들에 대해 논하기를, "문하에 들어가 학업을 청하거나 책을 받들고 의심나는 곳을 물어서 선생께서 전한 뜻을 발휘한다면 사도斯道에 도움이 되는 길로 함께 갈 수 있으니, 이 또한 고정考亭[1]의 무리이다." 하였다. 아! 도학이 성대한 우리 동방에서 실로 주문朱門의 적통을 이어 받은 분은 우리 퇴도 선생님인데, 한 시대의 훌륭하고 뛰어난 선비들 중에 주문의 여러 제자들이 책을 받들고 의심나는 곳을 물어서 선생의 뜻을 발휘한 것과 같이 한 사람은 모두 몇 분인가? 매헌梅軒 금琴선생이 그 중의 한 분이다.

매헌 선생께서는 일찍부터 학문에 뜻을 두어 반드시 퇴도 선생으로 귀결처를 삼았다. 처음에는 한서암寒栖菴의 곁에서 지내다가, 끝내는 온계溫溪의 옆으로 옮겨서, 선생[2]을 아주 가까이에서 모시며 날마다 직접 가르침을 받았다. 선생의 학설을 독실하게 믿고 질문한 대로 기록하여 『사서질의四書質疑』·『심근강의心近講義』·『사례기문四禮記問』 등의 책을 남겼으니, 삼기당三棄堂[3]이 지은 가장家狀을 보면 그 편목篇目을 두루 살펴볼

---

1) 고정(考亭) : 복건성(福建省) 건양현(建陽縣) 서남쪽에 있는 지역의 지명이다. 주자가 이곳에 창주정사(滄洲精舍)를 짓고 강학하였으므로, 곧 주자를 말한다.
2) 선생[門牆] : '문장'은 선생의 문을 말한다. 노(魯)나라 대부 숙손 무숙(叔孫武叔)은 자공(子貢)이 중니(仲尼)보다 어질다고 하였다. 이를 자복 경백(子服景伯)이 자공에게 고하니, 자공이 "부자의 담은 몇 길이나 되어 문을 따라 들어가지 않으면 종묘의 아름다움과 백관의 넉넉함을 보지 못한다.[夫子之牆 數仞 不得其門而入 不見宗廟之美 百官之富]"라고 말한데서 유래한다.(『論語』「子張」)

수 있다.

『사례정변四禮正變』·『가선휘편嘉善彙編』 같은 책들은 비록 매헌 선생께서 직접 지은 것이나 실로 『주자가례朱子家禮』·『소학小學』의 나머지이고 보면 비슷한 내용끼리 모아 묶으면서 선생께 여쭈어서 결정하지 않았다고 볼 수 없다.

매헌 선생의 학문은 '사서四書'를 근본에 두고 『심경心經』·『근사록近思錄』·『주자서절요朱子書節要』로 서로 보완하여, 명예와 이득에 꾀이거나 빼앗기지 않고 오로지 의리를 강구하는 일에 노력하였다. 그러므로 퇴도 선생께서 시[4]와 편지를 보내어 집을 지으며 수고한 것을 칭찬하고는 침잠沈潛하여 흠뻑 빠지라고 권면하였으며, 일찍이 「경재잠도敬齋箴圖」를 써주어 학문하는 벽두를 제시하여 주었고 보면 책을 받들고 의심나는 곳을 묻는 즈음에 반드시 깊이 생각하고 잘 물어서 선생의 뜻을 두드려 발휘함이 있었을 것이며, 선생께서 전하는 정미한 의리와 깃들어 있는 오묘한 도리를 이로 인하여 얻음이 있었을 것이다. 매헌 선생과 같은 분이야말로 또한 어찌 퇴도 선생의 무리가 아니겠는가?

더구나 매헌 선생께서는 스스로 말하기를, "내가 마음을 다스림에는 하나의 경敬 자를 얻었으며, 사물을 접함에는 하나의 성誠 자를 얻었으며, 집안을 다스림에는 하나의 화和 자를 얻었으니, 이는 우리 유가에서만 고유하게 전승되는 삼자부三字符이다." 하였음에랴. 매헌 선생께서 이것을 얻어 마음을 다스리거나 사물을 접하거나 집안을 다스리는 즈음에 체험한 것은 영향을 받은 바가 있었음을 잘 알게 한다.

이를테면 정예한 필법筆法 같은 것은 매헌 선생에게 있어서 다만 여사餘事이다. 정대하고 사특함이 없는 글씨로 선생의 장려와 칭찬을 많이 받았으니, 또한 거의 주자朱子

---

3) 삼기당(三棄堂) : 금시양(琴是養, 1598~1663)의 호. 자는 자선(子善), 본관은 봉화이다. 1618년 향시(鄕試)에 입격하고 상경하여 응거하려 했지만, 당시 북인의 득세로 포기하고 귀향하였다. 이후 병자호란 때 성하지맹(城下之盟)의 소식을 듣고 은둔하였다. 정려를 받았다. 저서로는 『삼기집』이 있다.

4) 시 : 연보 36세 조목에 나온다.

「사자명寫字銘」[5]의 "그 덕德을 신명神明하게 한다."는 뜻을 엿보아 체득함이 있었을 것이다.

아! 퇴도 선생께서 이미 돌아가시고 나서 은미한 말씀이 점점 막혀버리니, 『용학석의庸學釋疑』는 이미 훼손되어 다시 알아보지 못하게 되었으며, 『심경강의心經講義』는 제가諸家들이 모은 학설이 가끔 나오기는 하나 더러 주문朱門과 같은 기술記述의 오류를 면하지 못하였으며, 『예설문답禮說問答』 또한 대부분 후인들이 유별로 모아 편집하였으나 전서全書는 아직까지 유행하지 않고 있다. 이로 말미암아 후대의 학자들이 오로지 구이口耳의 학문[6]만 숭상하게 되었으니, 과연 매헌 선생께서 일찍이 걱정한 것과 같다.

만약 매헌 선생께서 손수 기록한 것이 남아 있어서 참작하여 바로 잡을 수 있다면 사문에 큰 도움이 되었을 것이다. 그러나 불길의 재앙으로 다 없어져서 다시는 볼 수 없게 되었으니, 당시 매헌 선생께서 통곡하며 「감음感吟」 시를 지은 것이 어찌 선생의 가르침이 막혀서 만이겠는가? 실로 천고토록 이어온 오도吾道의 서운함을 대신하여 지은 것이다.

이제 『일고逸稿』에 실려 있는 것을 보니, 5언과 7언의 근체시 절구와 만사·제문 등과 짧은 편지 및 장뿐이나. 되는 대로 지어 주고받은 것이 비록 학문하는 일과는 상관이 없을 듯하나, 그 뜻이 깊고 운치가 높아서, 여기저기서 떼어내어 보기 좋게만 꾸민 세상의 글과는 비할 바가 아니다. 참으로 안목이 있는 이에게 읽어보게 하여 요약된 것을 통하여 박대博大한 면을 찾고 소략한 것을 통하여 정미精微한 면을 탐구하도록 한다면, 매헌 선생의 학문의 조예에 만에 하나라도 가까이 다가갈 수 있을 것이다. 어떻게 흩어진 조각들을 모은 것이라 하여 끝까지 후세에 전하지 않을 수 있겠는가?

하루는 매헌 선생의 후손 금우열琴佑烈[7]이 나에게 찾아와서 서문序文을 청하였는데,

---

5) 「사자명(寫字銘)」: 『주자전서(朱子全書)』 권66에는 「서자명(書字銘)」으로 나온다.
6) 구이(口耳)의 학문 : 귀로 듣고 입으로 말하는 천박한 학문을 말한다.
7) 금우열(琴佑烈, 1824~1904) : 자는 경조(景祖), 호는 자산(紫山), 본관은 봉화이다. 1885년에 진사시

그가 마음속으로 일고가 소략한 것을 개탄스러워하고 있는 듯하였으므로 내가 그렇지 않다는 이유를 써주어 돌려보낸다.

전 행통정대부前行通政大夫 승정원承政院 동부승지同副承旨 후학後學 진성眞城 이휘녕李彙寧[8]은 삼가 서문을 쓰다.

에 입격하였다. 저서로는 『자산집』이 있다.

8) 이휘녕(李彙寧, 1788~1862) : 자는 군목(君睦), 호는 고계(古溪), 본관은 진성이다. 1816년 생원시에 입격하였다. 1817년 참봉(參奉)을 거쳐 교관(敎官)·돈녕부 도정(敦寧府都正)등을 역임하였다. 가학(家學)으로 퇴계학 연구에 주력하였다. 저서로는 『고계집』·『예문류편(禮說類編)』 등이 있다.

매헌선생문집
梅軒先生文集

연보

매헌선생연보梅軒先生年譜

황명皇明 무종武宗 정덕正德 16년 중종대왕中宗大王 16년 신사(1521)

○4월 어느 날, 선생께서 봉화현奉化縣 남괴촌南槐村의 집에서 태어났다.

○선생의 형제는 세 사람인데, 선생은 그 중 둘째이다. 태어날 때 모습이 빼어나서 사람들이 모두 기이하게 여겼다.

세종世宗 가정嘉靖 원년 임오(1522) 선생 2세

2년 계미(1523) 선생 3세

3년 갑신(1524) 선생 4세

4년 을유(1525) 선생 5세

5년 병술(1526) 선생 6세

6년 정해(1527) 선생 7세

○비로소 글을 읽으며 글씨를 쓸 줄 알게 되었고, 장난치며 노는 것이 보통 아이들과는 달랐다.

○숙부 군수공郡守公[1])께서 특별히 아끼며 배와 밤을 주면서 "절을 하고 받아야 한다." 하니,

---

1) 군수공(郡守公) : 금원복(琴元福, 1480~1561)을 말한다. 자는 성지(成之)이다. 1514년 음보(蔭補)로

선생께서 "이는 단지 아이의 울음을 그치게 하는 음식입니다. 만약 붓·벼루·종이·묵을 주신다면 당연히 절하고 받겠습니다." 하였다. 공께서 마침내 문방文房에서 쓰이는 여러 도구들을 상으로 주니, 선생께서 과연 절을 하고 받았다. 공께서 기뻐서 말하기를, "이 아이가 반드시 우리 집안을 빛낼 것이다." 하였다.

7년 무자(1528) 선생 8세

8년 기축(1529) 선생 9세

9년 경인(1530) 선생 10세

10년 신묘(1531) 선생 11세

11년 임진(1532) 선생 12세

12년 계사(1533) 선생 13세

○ 첨정공僉正公[2]께서 선생에게 선현들의 격언을 써서 벽에 나누어 걸도록 명하였다.

ㅇ첨정공에게 안부를 물으려고 찾아온 손님들이 그 자획을 보고는 놀라 기특해 하고, 글씨를 구하는 자가 날마다 찾아왔다.

13년 갑오(1534) 선생 14세

14년 을미(1535) 선생 15세

○ 형인 송계[3]공松溪公 인軔과 풍정사楓井寺에서 책을 읽었다.

통례원 인의(通禮院引儀)를 거쳐 문경 현감(聞慶縣監)·면천 군수(沔川郡守) 등을 역임하였다.

2) 첨정공(僉正公) : 부친인 금원수(琴元壽, 1485~1570)를 말한다. 자는 일지(一之)이다. 음사(蔭仕)로 충순위 부사직(忠順衛副司直)·첨정(僉正)을 역임하였다.

3) 송계(松溪) : 금인(琴軔, 1510~1592)의 호. 자는 백임(伯任), 본관은 봉화이다. 1540년 진사에 입격하

○ 당시 선생의 문예가 일찍 성취되어 소문이 자자하였으며, 사람들이 난형난제難兄難弟[4] 라고 칭찬하였다.

15년 병신(1536) 선생 16세

16년 정유(1537) 선생 17세

17년 무술(1538) 선생 18세

○ 『중용中庸』을 읽고 「체용도體用圖」를 그렸다.

○ 송계공께서 말하기를, "아무개가 『중용』을 한번 연구하고는 성정性情·중화中和의 차이를 능히 이해하였으니, 그의 밝은 식견이 나보다 훨씬 뛰어나다." 하였다.

18년 기해(1539) 선생 19세

19년 경자(1540) 선생 20세

○ 부인 이씨를 아내로 맞이하였다.

○ 징사랑將仕郞 인寅의 따님인데, 퇴계 선생의 종손녀이다.

20년 신축(1541) 선생 21세

○ 「조보[5]론趙普論」을 지었다.

였다. 성균관에 유학할 때 정치의 문란상을 보고 출세를 단념한 후 봉화 도촌(桃村)에 은거하여 학문 연구와 후진 양성에 노력하였다. 저서로는 『송계일고』가 있다.

4) 난형난제(難兄難弟) : 서로의 우열을 가리기 어려움을 말한다. 중국 한(漢)나라 진 원방(陳元方)의 아들 장문(長文)과 사촌인 진 계방(陳季方)의 아들 효선(孝先)이 서로 자기 아버지의 공덕이 더 훌륭하다고 주장하다가 결말이 나지 않아 할아버지인 진식(陳寔)에게 가서 물었다. 그러자 진식이 말하기를, "원방은 형 되기 어렵고 계방은 동생 되기 어렵다.[元方難爲兄 季方難爲弟]"에서 유래한다. (『世說新語』)

5) 조보(趙普) : 자는 측평(則平)이다. 송 태조(宋太祖)를 도와 천하를 평정하는데 공이 컸다. 태종(太宗)

○재종형 남계공南溪公 축軸[6]이 선생의 문장이 넉넉하고 넓음을 아껴서 이 논을 짓게 하였는데, 읽어보고 칭찬하여 마지않으며, "아무개가 나이 겨우 약관弱冠[7]인데, 대의大義가 벌써 밝으니, 실로 우리 집안의 원대한 그릇이다." 말하였다.

21년 임인(1542) 선생 22세

22년 계묘(1543) 선생 23세

○ 비로소 온계溫溪에 거주하였다.

○매달 어버이에게 문안 인사드리는 일을 빠뜨리지 않았고, 어쩌다 맛있는 음식을 얻으면 반드시 일부러 아랫사람을 보내어 어버이의 입맛을 도왔으며, 먼저 먹은 적이 없었다.

○ 퇴계 이선생에게 수업받았다.

○퇴계 선생께서 천품天稟이 도에 가깝고 재질才質이 빼어남을 아껴서 자질들과 차별 없이 친절하게 가르쳤다.

23년 갑진(1544) 선생 24세

○ 가을, 용수사龍壽寺에서 책을 읽었다.

24년 을사(1545) 선생 25세

25년 명종대왕明宗大王 원년 병오(1546) 선생 26세

○ 4월, 증광시增廣試에서 생원과生員科 3등으로 입격入格하였다.

때에 태사(太師)가 되어 위국공(魏國公)에 봉해졌다. 죽은 뒤 한왕(韓王)에 추봉되었다.(『宋史』「趙普傳」)

6) 금축(琴軸, 1496~1561) : 자는 대임(大任), 호는 남계, 본관은 봉화이다. 1531년 생원시에 입격하였다. 학행으로 천거되어 재릉참봉(齋陵參奉)을 제수 받았다.

7) 약관(弱冠) : 스무 살 전후의 나이를 이르는 말이다. "20을 약관이라고 한다.[二十曰弱冠]"에서 온 말이다.(『禮記』「曲禮」)

26년 정미(1547) 선생 27세

27년 무신(1548) 선생 28세

○ 봄에 퇴계 선생을 단양군丹陽郡의 관사로 찾아가 뵙고, 『대학大學』과 『중용中庸』에 대하여 물었다.

○ 당시 퇴계 선생께서 단양을 다스렸는데, 선생께서 찾아가 뵈었다. 여러 날 강학하는 여가에 구담龜潭·도담島潭 등의 명승지를 유람하였다. 「산수록山水錄」이 있었으나 잃어버려 전하지 않는다.

28년 기유(1549) 선생 29세

○ 여름에 소백산小白山을 유람하고 백운동서원에 머물렀다.

○ 당시 선생께서는 송계공을 도촌桃村에서 뵙고, 풍기豊基·영주榮州의 벗들과 이곳에서 만날 것을 약속하여 여러 달을 강토講討하였다.

29년 경술(1550) 선생 30세

○ 9월, 이 정민[8]李貞愍 공 해瀣의 영전에 곡哭하고 기현丌峴으로 반구返柩하였다.

30년 신해(1551) 선생 31세

○ 가을에 태학太學에서 유학하였다.

○ 선생께서 항상 청직淸直으로 자신을 지키며 시론時論에 흔들리지 않으니, 당시의 명사名士들이 모두 추중推重하였다.

31년 임자(1552) 선생 32세

○ 봄에 면천군沔川郡[9]으로 가서 군수공을 뵈었다.

---

8) 정민(貞愍) : 이해(李瀣, 1496~1550)의 시호, 자는 경명(景明), 호는 온계(溫溪), 본관은 진보(眞寶)이다. 퇴계 선생의 형이다. 1528년 문과에 급제하여 사간(司諫)·도승지(都承旨) 등을 역임하였다. 명종 즉위 후 사간(司諫) 이무강(李無彊)의 탄핵을 받아 무고사건에 연루되어 귀양 가는 도중에 양주에서 병사하였다.

○ 당시 군수공께서 내직에서 나와 면천군을 다스렸다.

○ 가을에 고향으로 내려와 부모님의 안부를 살폈다.

32년 계축(1553) 선생 33세

○ 가을에 서울로 가서 조 월천[10]趙月川 목穆과 함께 성균관에 머무르며, 오로지 경전만을 강토講討하였다.

○ 퇴계 선생께서 월천에게 편지를 보내어, "금생琴生이 근자에 장족長足의 발전을 이룬 듯한데, 필시 자네와 서로 도운 효과일 것이니, 매우 기쁘네. 성균관에는 또한 맹문孟門[11]과 같은 난관이 있으니, 모든 일에 자신을 감추는데 힘을 쏟아 날로 유익함을 구하는 것이 중요한 법이네." 하였다.

33년 갑인(1554) 선생 34세

○ 7월, 주 신재[12]周愼齋 세붕世鵬 선생의 영전에 곡하였다.

34년 을묘(1555) 선생 35세

○ 2월, 퇴계 선생을 모시고 향리로 돌아왔다.

○ 선생께서 성균관에 유학한지 5년째이었다. 당시 당화黨禍를 겪었고 큰 변고가 일어날 조짐이 있어, 마침내 향리로 돌아올 것을 결정하였다. 이로부터 다시는 과거에 응시하지 않으면서

---

9) 면천군(沔川郡) : 홍주(洪州)의 3군 중에 하나이다.

10) 월천(月川) : 조목(趙穆, 1524~1606)의 호. 자는 사경(士敬), 본관은 횡성(橫城)이다. 1552년 생원에 합격한 뒤 대과를 포기하고 위기지학(爲己之學)에 전념하였다. 이후 여러 관직을 제수받았지만 나아가지 않았다. 만년에 스승을 추숭하고 유지(遺志)를 소술(紹述)하여 후진을 양성하는 사업에 진력하였다. 저서로는 『월천집』이 있다.

11) 맹문(孟門) : 황하가 산지에서 평지로 흘러 들어가는 곳에 있는 산인데, 황하가 이 산에 막혀서 자주 범람한다고 한다. 전의되어 험난한 지역을 뜻하는 말로 쓰인다.

12) 신재(愼齋) : 주세붕(周世鵬, 1495~1554)의 호. 자는 경유(景遊), 본관은 상주(尙州), 시호는 문민(文敏)이다. 1522년 급제하여 정자(正字)·부수찬(副修撰)·대사성(大司成)을 역임하였다. 1543년 주자(朱子)의 백록동학규(白鹿洞學規)를 본받아 사림자제들의 교육기관으로 백운동서원(白雲洞書院 ; 紹修書院)을 세워 조선 서원의 시초를 이루었다. 저서로는 『무릉잡고(武陵雜稿)』·『죽계지(竹溪誌)』·『동국명신언행록(東國名臣言行錄)』·『심도이훈(心圖彛訓)』 등이 있다.

말하기를, "명리名利에 골몰하여 날마다 더러운 추태를 좇기보다는 차라리 지업志業을 향상시켜 사람 모습을 만드는 것이 낫습니다." 하니, 첨정공僉正公께서 기뻐하며 말하기를, "네가 좋아하는 것을 따름이 옳다." 하였다.

○ 3월, 청음석清吟石을 유람하였다.

○ 6월, 이 농암[13]李聾巖 선생의 영전에 곡하였다.

○ 이 양곡[14]李暘谷의 영전에 곡하였다.

○ 이국량李國樑이다.

○ 제문이 있다.

35년 병진(1556) 선생 36세

○ 여름에 한서암寒栖菴의 남쪽 시냇가에 집을 지었다.

○ 퇴계 선생께서 시를 지어 주었다.

해와 별처럼 밝은 가르침 책에 실려 있으니	日星明訓載前書
이 엄한 스승을 대하면 절로 여유가 있네	對此嚴師自有餘
바닷가에서 악취 따름[15]은 참 이상한 일이라	逐臭海濱良異事
이웃에 집 지은 자네의 고생에 감탄하겠네	歎君辛苦築隣廬

또 「경재잠도敬齋箴圖」[16]를 써서 주니, 선생께서 족자로 만들어 벽에 걸어 두고 아침저녁으로 소리 높여 외우며 "엄한 스승께서 바로 여기에 계신다." 하였다.

---

13) 농암(聾巖) : 이현보(李賢輔, 1467~1555)의 호. 자는 배중(棐仲), 본관은 영천(永川), 시호는 효절(孝節)이다. 1498년 문과에 급제하여 정언(正言)·성주목사(星州牧使)·호조 참판(戶曹參判) 등을 역임하였다. 10장으로 전하던 「어부사(漁父詞)」를 5장으로 고쳐 지은 것이 『청구영언(靑丘永言)』에 실려 전한다. 저서로는 『농암집』이 있다.

14) 양곡(暘谷) : 이국량(李國樑, 1517~1554)의 호. 자는 비원(庇遠), 본관은 영천(永川)이다. 1546년 생원진사시에 입격하였다. 책상에 늘 주자의 시첩을 두고 스스로를 삼갔다고 한다.

15) 바닷가에서 악취 따름 : 변변찮은 자신을 찾아와 글을 배움을 말한다. 몸에서 고약한 냄새가 많이 나는 어떤 사람이 있었는데, 그의 친척이며 형제·아내·친구들이 모두 피하여서 바닷가로 나가 혼자 살았다. 그런데 바닷가 사람 중에 그 냄새를 좋아하는 자가 있어서 밤낮으로 그를 따라 다니며 떠나지를 않았다는 고사에서 유래한다.(『呂氏春秋』「遇會」)

16) 경재잠도(敬齋箴圖) : 퇴계 선생이 지은 「성학십도(聖學十圖)」중의 9번째 그림이다.

ㅇ매화를 헌함 앞에 심고 그것으로 호를 삼으니, 일휴당日休堂 금응협琴應夾[17]이 시를 지어 주었다.

계상의 한매와 비교하여 어떠한가　如何溪上寒梅樹
옥색의 깨끗한 자태 눈 속에 피었네　玉色氷姿雪裏披

○『주자서절요朱子書節要』를 썼다.

ㅇ당시 퇴계 선생께서『주자서절요』를 편차編次하고, 여러 문인들에게 베낄 것을 명하였다.

○ 11월, 계당溪堂에서 열리는 사마회司馬會에 참여하였다.

ㅇ창수唱酬한 시가 있다.

○ 주자朱子의 글을 읽어 사서四書를 보조하는 공부로 삼았다.

ㅇ퇴계 선생께서 일찍이 말하기를, "사람이 이 책을 잘 읽는다면 학문하는 방법을 알 수 있다. 이미 그 방법을 안 연후에 사서를 보면 성현의 말씀이 구구절절 맛이 있을 것이다." 하였다.

36년 정사(1557) 선생 37세

○『사서질의四書質疑』를 저술하였다.

ㅇ선생께서 평소 스승에게 물은 것으로 찬정撰定하였다.

37년 무오(1558) 선생 38세

○ 경敬·성誠·화和를 띠에 써서 삼자부三字符로 삼았다.

ㅇ일찍이 말하기를, "마음을 다스림에는 하나의 경敬 자를 얻었으며, 사람을 만남에는 하나의 성誠 자를 얻었으며, 집안을 다스림에는 하나의 화和 자를 얻었다." 하였다. 또「성경음誠敬吟」을 지었다.

---

17) 금응협(琴應夾, 1526~1596) : 자는 협지(夾之), 호는 일휴당, 본관은 봉화(奉化)이다. 1555년 생원시에 입격한 이후 음보(蔭補)로 참봉(參奉)·익찬(翊贊) 등을 제수 받았으나, 나가지 않았다. 1587년 하양 현감(河陽縣監)을 지냈다. 저서로는『일휴당집』이 있다.

한 성이 움직이는 곳 모든 거짓됨이 사라지고	一誠動處消千僞
한 경에 머무를 때 온갖 사특함 이기네	一敬居時勝百邪
성과 경 공부는 모름지기 함께 해야 하니	誠敬工夫須兩做
현인되고 성인됨을 어찌 다른 데서 찾으리오	爲賢爲聖豈求他

38년 기미(1559) 선생 39세

○ 봄, 경주를 유람하였다.

○「회고시懷古詩」가 있다.

39년 경신(1560) 선생 40세

○ 4월, 조 월천趙月川·김 읍청[18]金浥淸 부의富儀와 함께 퇴계 선생을 모시고 고산孤山을 유람하였다.

○「차제석벽次題石壁」[19] 시가 있다.

○『심경心經』·『근사록近思錄』을 읽고 『심근강의心近講義』를 지었다.

○ 겨울에 도산으로 가서 머물렀다.

○ 당시 서당書堂이 새로 지어졌다.

40년 신유(1561) 선생 41세

○ 4월, 군수공의 상喪을 당하였다.

○ 상주喪主인 여러 사촌들이 모두 어려서 선생께서 초상과 장례를 대신 치루었는데, 인정과 예의에 모자람이 없도록 하였다. 행력行歷을 간략하게 적어 퇴계 선생에게 묘갈명을 청하였다.

---

18) 읍청(浥淸) : 김부의(金富儀, 1525~1582)의 호. 자는 신중(愼仲), 본관은 광산이다. 1555년 생원시에 입격한 뒤 사섬랑(司贍郞)·집현전 참봉(集慶殿參奉) 등을 제수 받았으나 나가지 않았다. 저서로는 『읍청정유고』가 있다. 연보에서 읍청(浥淸)이라고 한 것은 읍청(挹淸)의 오기(誤記)로 보인다.

19) 차제석벽(次題石壁) : 원 제목은 「경신사월 약조 사경 김 신중 금 문원 배퇴계선생유고산 경차선생제석벽운[庚申四月 約趙士敬 穆 金愼仲 富儀 琴聞遠 蘭秀 陪退溪先生遊孤山 敬次先生題石壁韻」이다.

41년 임술(1562) 선생 42세

○ 「사물잠四勿箴」을 썼다.

○ 항상 책상 위에 두고서 시視·청聽·언言·동動하는 사이에 자세히 살피고 힘써 행하였다.

○ 『무이지武夷志』를 읽고 「구곡도가九曲櫂歌」에 차운하였다.

42년 계해(1563) 선생 43세

○ 3월, 황 금계[20]黃錦溪 준량俊良의 부고를 받고 곡하였다.

○ 『사례정변四禮正變』·『사례기문四禮記問』·『가선휘편嘉善彙編』 등의 여러 책을 저술하였다.

○ 이 책들을 언제 저술하였는지 아직 자세하지 않아, 우선 이 곳에 부쳐 둔다.

43년 갑자(1564) 선생 44세

○ 봄, 용수사龍壽寺를 유람하였다.

○ 4월, 퇴계 선생을 모시고 청량산을 유람하였다.

○ 당시 균헌筠軒 이문량李文樑과 동문인 읍청정挹淸亭 김부의金富儀·성재惺齋 금난수琴蘭秀·설월당雪月堂 김부륜金富倫·원암遠巖 이교李嶠·권공 경룡權公景龍·파산巴山 류중엄柳仲淹·겸암謙菴 류운룡柳雲龍·만취당晩翠堂 김사원金士元·몽재蒙齋 이안도李安道·간재艮齋 이덕홍李德弘·비지賁趾 남치리南致利 등이 모두 모여서 함께 갔다. 주고받은 시가 있는데, 그 소서小序의 대략은 다음과 같다. "요산요수樂山樂水[21]는 내가 능하지 못한 일인데, 너무나 다행스럽게 선생님을 모시고 물외物外의 지경을 소요하게 되었다. 기수沂水에서 목욕하고 무우舞雩에서 바람 쐰 일과 천년 뒤에서 서로 견줄 만하다. 여점與點의 탄식[22]이 어찌 꼭 예전에만 있었던 아름다운 일이겠는가?"

---

20) 금계(錦溪) : 황준량(黃俊良, 1517~1563)의 호, 자는 중거(仲擧), 본관은 평해(平海)이다. 1540년 문과에 급제하여 성균 박사(成均博士)·단양 군수(丹陽郡守)등을 역임하였다. 저서로는 『금계집』이 있다.

21) 요산요수(樂山樂水) : 체득한 인(仁)과 지(知)를 자연의 사물을 통하여 구체화시키는 모습을 말한다. "지자는 물을 좋아하고 인자는 산을 좋아하니, 지자는 움직이고 인자는 고요하며 지자는 즐기고 인자는 수를 한다.[子曰 知者樂水 仁者樂山 知者動 仁者靜 知者樂 仁者壽]"에서 유래한다.(『論語』「雍也」)

22) 기수(沂水)에서 …… 탄식 : 고상한 뜻을 가지고 자연 속에서 즐기는 낙과 이를 허락함을 말한다. 증점(曾點)이, "늦은 봄에 봄옷이 이루어지거든 관자 5·6인, 동자 6·7인과 함께 기수에서 목욕하고 무우에서 바람을 쐬고 읊으면서 돌아오겠습니다.[暮春者 春服旣成 冠者五六人 童子六七人 浴乎沂

44년 을축(1565) 선생 45세

○ 퇴계 선생께 『계몽啓蒙』에 대한 문목問目을 올렸다.

○ 당시 선생께서 『주역周易』 읽기를 좋아하여 의심나는 뜻을 연구하면서 자고 먹는 일까지 잊어버리기도 하였다.

45년 병인(1566) 선생 46세

○ 선생께서 계상서당溪上書堂에 종유從遊한 뒤로는 명리名利에 마음을 끊고 성리학에 침잠하며 아무 욕심 없이 유유히 자득할 뜻이 있었으니, 일찍이 말하기를, "칠정七情 중에 오직 욕欲이 제어하기 가장 어렵다. 욕을 성찰하면 마음은 저절로 차분해지고 일은 저절로 간이簡易해진다." 하였다.

○ 예안 현감禮安縣監 곽황郭趪[23]이 선생을 박학博學·다문多聞으로 천거[24]하려고 하니, 선생께서 편지를 보내어 말렸다. "저는 젊어서부터 어버이께 효행을 어겼고 스승께 학문을 저버렸습니다. 바야흐로 자신을 돌아보며[25] 두려워할 겨를도 없는데, 어찌 감히 명예를 훔쳐 벼슬을 차지할 계책을 꾸미겠습니까? 설령 취할 만한 것이 있다 하더라도 참으로 사람이 스스로 마땅히 하여야 할 도리를 하였을 뿐입니다. 원래 벼슬을 위한 것이 아니라 배움을 위한 것이었습니다." 조 월천趙月川 공이 듣고 말하기를, "우리들은 공公이 부끄러워하는 것을 하지는 않았는가? 공의 말씀은 참으로 명예를 구하는 사람이 깊이 경계하고 두려워할 만한 말이다." 하였다.

○ 3월, 권 송암[26]權松巖을 방문하였다.

○ 권호문權好文이다.

○ 준 시가 있다.

風乎舞雩 詠而歸]" 하니, 공자께서, "나는 점을 허여한다.[吾與點]"고 한 데서 유래한다.(『論語』「先進」)

23) 곽황(郭趪, ?~1569) : 자는 경정(景靜), 호는 읍청헌(挹淸軒), 본관은 현풍(玄風)이다. 예안 현감으로 있으면서 역동서원(易東書院)의 창건을 도왔다.

24) 천거[薦剡] : 중국 절강(浙江) 섬계(剡溪)의 물이 종이 만드는 데에 가장 좋기 때문에 섬(剡)땅의 종이는 유명하였다. 섬지(剡紙)에 추천의 글을 적었기에 천거의 의미로 사용되었다.

25) 자신을 돌아보며[拊躬] : 반궁(反躬)과 같은 표현이다. 자기 자신을 돌아보고 자신을 검속하는 것을 말한다.

26) 송암(松巖) : 권호문(權好文, 1532~1587)의 호, 자는 장중(章仲), 본관은 안동이다. 1561년 진사시에 입격하였다. 연이어 부모상을 당하자 관계로의 진출을 단념하고 청성산 기슭에 연어대(鳶魚臺)를 짓고서 유유자적하였다. 저서로는 『송암집』이 있다.

○ 8월, 류 겸암[27)]柳謙菴의 편지에 답하였다.

○ 편지의 대략은 다음과 같다. "보내주신 편지의 간절하고 끝없는 말씀은 마치 고인의 출처의 의리에 비교하는 듯하여 부끄러워서 많은 말로 대답하고 싶지 않습니다." 이는 바로 천거하는데, 고사固辭한다는 뜻이다.

목종穆宗 융경隆慶 원년元年 정묘(1567) 선생 47세

○ 봄에 역동서원易東書院 짓는 일을 감독하고는 창건록刱建錄을 적었다.

○ 퇴계 선생께서 우 좨주禹祭酒[28)] 께서 역학을 우리나라에 전한 공로가 있다고 생각하였기 때문에, 서원을 오담鼇潭의 물가에 창건한 것이다.

○ 퇴계 선생을 서재書齋에서 모셨다.

○ 퇴계 선생께서 자리에 있는 여러 사람들에게 말하기를, "유가의 의미는 저절로 구별되니, 문예를 숭상하는 것도 유가가 아니며, 과거 급제를 취하는 것도 유가가 아니다." 하고는, 이어서, "세간에 많은 영재들이 속학俗學에 빠져 있으니, 다시 어떤 사람이 있어 굴레를 벗어날 수 있겠는가?"라고 탄식하였다.

2년 선조대왕 원년 무진(1568) 선생 48세

○ 2월, 역동서원에 모여 제의祭儀와 규약規約을 의논하여 정하였다.

○ 퇴계 선생께서 편지를 보내어, "당堂·재齋 등의 이름을 이와 같이 할 수 있겠는가? 여러 사람들의 뜻에 맡지 않는 것은 함께 의논하여 고치게. 죽계서원竹溪書院에서 문성공文成公[29)] 을 제향한

---

27) 겸암(謙巖) : 류운룡(柳雲龍, 1539~1601)의 호. 자는 응현(應見), 본관은 풍산(豐山), 시호는 문경(文敬)이다. 음사(蔭仕)로 전함사별좌(典艦司別坐)를 지내고 이후 인동 현감(仁同縣監)·한성 판관(漢城判官)·원주 목사(原州牧使) 등을 역임하였다. 저서로는 『겸암집』이 있다.

28) 우 좨주(禹祭酒) : 우탁(禹倬, 1262~1342)이 성균 좨주(成均祭酒)를 지냈기에 부쳐진 이름이다. 자는 천장(天章), 호는 백운당(白雲堂), 본관은 단양(丹陽), 시호는 문희(文僖)이다. 1290년 문과에 급제하여, 영해 사록(寧海司錄)으로 부임해서는 민심을 현혹시키는 요신의 사당을 철폐하였다. 벼슬에서 물러나 단양과 예안에 은거하여 학문을 탐구하며, 후진을 양성하였다. 저서로는 『초학계몽편(初學啓蒙編)』·『도수편(徒酬編)』·『역론(易論)』·『역설(易說)』·『가례요정편(家禮要精編)』 등이 있었으나 화재로 소실되었으며, 현재는 『상현록(尙賢錄)』 만이 있다.

29) 문성공(文成公) : 안향(安珦, 1243~1306)의 시호. 자는 사온(士蘊), 호는 회헌(晦軒), 본관은 순흥이다.

의식의 등본謄本이 있으니, 함께 보고 가려서 다른 날 우공禹公을 제향하는 의식으로 삼는 것이 어떠한가? 또 이산서원伊山書院[30]의 규약이 퍽 자세하고 치밀하니, 그에 따라 새 규약을 의정議定하여도 되네." 하였다.

○ 4월, 정 문봉[31]鄭文峯 유일惟一 현감과 천남川南을 유람하며 우 간의禹諫議의 예전 거처를 방문하였다.

○주고받은 시가 있다.

○ 6월, 「도산기고증陶山記考證」을 수정하였다.

○선생께서 일찍이 『도산기陶山記』 한 벌을 깨끗하게 베껴서 읽다가, 의심나고 어려운 곳을 가려내어 본주本註와 함께 기록하여 전하였다. 만년이 되어 한번 소리 내어 읽고 말하기를, "마치 선생님을 천연대天淵臺와 농운정사隴雲精舍 사이에서 직접 모시는 듯하구나." 하였다.

○ 7월, 퇴계 선생께 편지를 올렸다.

○답서答書의 대략은 다음과 같다. "서울에 들어와서 어려운 일이 많아 돌아갈 계획이 아직까지 아득하니, 매우 후회가 되어 가만히 앉아 있지 못하고 있네. 계후 첩자繼後帖子[32]가 아직 내려오지 않아 우선 기다리고 있을 뿐이네."

○ 조카 윤고胤古를 양자로 데려왔다.

○아우 은轗의 둘째아들이다. 당시 11살의 나이로, 매일 퇴계 선생에게 수학하였다. 퇴계 선생께서 매우 아끼며 말하기를, "이 아이의 재품才品이 매우 뛰어나니, 훗날의 진취를 헤아릴 수 없다." 하였다.

○ 11월, 모부인 김씨의 상喪을 당하였다.

1260년 급제하여 상주 판관(尙州判官)·첨의찬성사(僉議贊成事) 등을 역임하였다. 원나라에서 『주자전서(朱子全書)』와 공자(孔子)와 주자(朱子)의 화상(畵像)을 가져옴으로써 주자학을 처음 도입하였다. 저서로는 『회헌실기』가 있다.

30) 이산서원(伊山書院) : 현재 영주시 이산면 내림리에 있다. 1554년에 건립하면서 서원의 원규를 퇴계 선생이 제정하였다.

31) 문봉(文峯) : 정유일(鄭惟一, 1533~1576)의 호, 자는 자중(子中), 본관은 동래이다. 1558년 문과에 급제하여 예안 현감(禮安縣監)·대사간(大司諫)·이조 판서(吏曹判書) 등을 역임하였다. 저서로는 『문봉집』이 있다.

32) 계후 첩자(繼後帖子) : 조선시대에 양자를 들일 때 생가(生家)와 양가(養家)의 집안 어른이 그 사유를 적어 예조(禮曹)에 내던 문서이다. 예조에서는 거기에 의견을 첨부하여 계문(啓聞)하였다.

3년 기사(1569) 선생 49세

○ 정월, 첨정공僉正公의 초상을 당하였다.

○3년 동안 흐느끼면서 이를 드러내 보인 적이 없었고, 거상居喪하는 절차는 모두 주 문공朱文公의 『가례家禮』를 따랐다.

○ 3월, 첨정공을 풍정楓井의 언덕에 장사지냈다.

○숙부인淑夫人 김씨와 합장하였다.

4년 경오(1570) 선생 50세

○ 11월, 퇴계 선생의 병이 깊어져 계당溪堂으로 가서 병문안을 하였다.

○ 12월, 퇴계 선생께서 돌아가셨다.

○선생께서 심상心喪 3년을 지내며 잔치에 참여하지 않았다. 제전祭典을 드리며 올린 글에, "깊은 은혜를 갚고자 하여도, 천지와 같아서 끝이 없습니다."라는 구절이 있다.

5년 신미(1571) 선생 51세

○ 2월, 구성龜城으로 옮겼는데, 집이 불에 타버렸다.

○서실에 보관하고 있던 선사先師의 수필手筆·잠명箴銘·간찰簡札 및 선생이 차록箚錄한 문자가 다 불타버리고, 「경재잠도敬齋箴圖」 및 『사서질의四書質疑』만이 겨우 화를 면하였다. 선생께서 통곡하며, "나의 필적은 아까울 것이 없으나, 한번 잃어버린 선사의 보배로운 묵적을 어떻게 다시 얻을 수 있겠는가?" 하였다. 「감회를 읊조리다[感吟]」라는 시가 남아 있다.

○ 3월, 상복을 벗었다.

○ 모여서 퇴계 선생의 장례를 거행하였다.

○ 4월, 김 후조[33]金後凋 부필富弼·금 일휴琴日休·금 성재[34]琴惺齋 등 여러 공들과 함께 향교에 모여

---

33) 후조(後凋) : 김부필(金富弼, 1516~1577)의 호, 자는 언우(彦遇), 본관은 광산(光山), 시호는 문순(文純)이다. 1537년 사마시(司馬試)에 입격하였으나 출사(出仕)를 단념하고 학문에 전심하였다. 저서로는 『후조당유고』가 있다.

34) 성재(惺齋) : 금난수(琴蘭秀, 1530~1604)의 호, 자는 문원(聞遠), 본관은 봉화(奉化)이다. 1561년

「유생벽불소儒生闢佛疏」의 통문通文에 답하였다.

○ 앞서 보우普雨[35]의 일로 유생들이 소疏를 올린 일이 있었는데, 퇴계 선생께서 유생들이 소를 가지고 궁궐로 나아가는 것은 또한 마땅한 일이 아니라고 경계한 적이 있었다. 이때에 와서도 또한 이러한 뜻으로 답하였다.

○ 「진정부陳情賦」를 지었다.

○ 그 대략은 다음과 같다. "대들보가 갑자기 꺾일 줄을 어찌 알았겠습니까? 목소리를 여러 달째 듣지 못하니, 참으로 이 도가 밝아지기 어렵습니다. 목 놓아 운들 어찌 돌이킬 수 있겠습니까?"

○ 6월, 동문의 여러 공들과 역동서원易東書院에 모여 선사의 문집을 편집하였다.

6년 임신(1572) 선생 52세

○ 봄, 맏형인 송계공이 와서 온계溫溪에 머물렀다.

○ 춘당春塘 오수영吳守盈[36]이 지은 시에, "어느 날 밤에 소요대에서 마주앉아, 깊은 정 나누며 밤을 지새랴.[何時對榻逍遙夜 說盡深情到五更]" 하였는데, 자첨子瞻[37] 형제들이 소요대逍遙臺에 묵으면서 감회를 추억한 고사를 썼다.

○ 김 학봉[38]金鶴峯 성일誠一·이 몽재[39]李蒙齋에게 편지를 보내어 퇴계 선생 문집 내의 「사칠변서四七

사마시(司馬試)에 입격하여 장흥고 직장(長興庫直長)·봉화 현감(奉化縣監) 등을 역임하였다. 임진왜란 때에 활약한 공로로 좌승지(左承旨)에 증직되었다. 저서로는 『성재집』이 있다.

35) 보우(普雨, 1509~1565) : 호는 나암(懶庵), 법명은 보우(普雨)이다. 문정대비(文定大妃)의 외호 아래, 도첩제도(度牒制度)와 승과제도(僧科制度)를 부활시키는 등 억불정책 속에서 불교 중흥을 위해 힘썼다. 문정대비가 죽자 1565년 제주도에 유배되었고, 제주 목사 변협(邊協)에 의하여 죽음을 당하였다.

36) 오수영(吳守盈, 1521~1606) : 자는 겸중(謙仲), 호는 춘당, 본관은 고창(高敞)이다. 1555년 진사시에 입격하여 부호군(副護軍)을 지냈다. 글씨를 잘 써서 선성삼필(宣城三筆)의 칭호를 얻었다. 저서로는 『춘당집』이 있다.

37) 자첨(子瞻) : 송나라 소식(蘇軾, 1037~1101)의 자, 호는 동파(東坡), 시호는 문충(文忠)이다. 왕안석(王安石)의 신법(新法) 추진을 반대였다. 당송팔대가의 한 사람이다. 저서로는 『동파전집』·『논어설(論語說)』·『구지필기(仇池筆記)』·『동파지림(東坡志林)』 등이 있다.

38) 학봉(鶴峯) : 김성일(金誠一, 1538~1593)의 호, 자는 사순(士純), 본관은 의성(義城), 시호는 문충(文忠)이다. 1568년 문과에 급제한 이후 사가독서를 하였다. 임진왜란이 일어나자 초유사(招諭使)·순찰사(巡察使)등을 역임하였다. 저서로는 『학봉집』·『상례고증(喪禮考證)』·『해차록(海槎錄)』 등이 있다.

39) 몽재(蒙齋) : 이안도(李安道, 1541~1584)의 호, 자는 봉원(逢原), 본관은 진성(眞城)이다. 퇴계

辨書」 편차를 논의하였다.

○ 4월, 역동서원에 모여 선사先師의 일록日錄을 수정하였다.

○ 여러 벗들과 부석사浮石寺를 유람하였다.

○김 후조金後凋·백담栢潭 구봉령具鳳齡·정 문봉鄭文峯·문곡文谷 이문규李文奎·서애西厓 류성룡柳成龍·금 일휴琴日休·금 성재琴惺齋 등이 함께 유람하였다. 주고받은 시가 있다.

○ 7월, 향교의 중수重修 서문을 지었다.

○입약立約한 20조가 있다.

○ 12월, 계상서당溪上書堂에 가서 선사先師의 영위靈位에 전奠을 올렸다.

신종神宗 만력萬曆 원년 계유(1573) 선생 53세

○ 봄에 향교의 낙성연落成宴에 참여하였다.

○이 날 향중의 여러 유생들이 모였다. 시를 지어 후학들을 권면하며 사기를 진작시켰다.

○ 3월, 김 후조金後凋·이 매암[40]李梅巖 숙량叔樑·금 성재琴惺齋·김 설월[41]金雪月 등 여러 공들과 확연정廓然亭에서 강신講信[42]하였다.

○정자는 낙동강 가의 부용봉芙蓉峯 아래에 있다.

○ 11월, 이산서원伊山書院에 가서 퇴계 선생의 위판位版을 봉안奉安하였다.

○돌아오는 길에 이 간재李艮齋·이 몽재李蒙齋·물암勿菴 김융金隆[43]·잠재潛齋 장근張謹[44] 등과 파

선생의 손자로 조부에게 성리학을 배웠다. 1574년 학행으로 천거되어 참봉(參奉)·직장(直長) 등을 역임하였다. 저서로는 『몽재집』이 있다.

40) 매암(梅巖) : 이숙량(李叔樑, 1519~1592)의 호, 자는 대용(大用), 본관은 영천(永川)이다. 1543년 진사시에 입격했으나, 출사 의지를 버리고 성리학에 전심하였다. 필치가 뛰어나 '선성삼필(宣城三筆)'로 일컬어졌다. 저서로는 『매암집』이 있다.

41) 설월(雪月) : 김부륜(金富倫, 1531~1598)의 호, 자는 돈서(惇敍), 본관은 광산(光山)이다. 1555년 생원시에 입격한 이후 유일(遺逸)로 천거되어, 집현전 참봉(集慶殿參奉)·돈녕부 봉사(敦寧府奉事) 등을 역임하였다. 임진왜란 때 가산을 털어 향병을 지원하였다. 저서로는 『설월당집』이 있다.

42) 강신(講信) : 봄가을로 모여서 계약(契約)을 수정하는 일을 말한다.

43) 김융(金隆, 1549~1594) : 자는 도성(道盛), 호는 물암, 본관은 함창(咸昌)이다. 봉화 적덕리에 서당을 지으니, 이황이 두릉서당(杜稜書堂)이라는 현판을 써주었다. 1592년 사림의 천거로 집현전 참봉(集賢殿參奉)에 임명되었다.

산사巴山寺에 자면서 각자의 비통한 심정을 토로하였다. 주고 받은 시가 있다.

2년 갑술(1574) 선생 54세

○ 선사께서 돌아가신 이후로 배우는 자들이 오로지 학문만을 숭상하는 폐습이 있으니, 선생께서 일휴공日休公에게 편지를 보내어, "덕성을 높이는 일과 학문을 탐구하는 일[45]은 어느 한 쪽도 폐할 수 없습니다. 근자에 우리들의 한담閑談이 구이口耳의 습성이 되어, 말학末學의 폐단을 열게 될까 염려됩니다. 큰 요체는 경敬에 머물러 그 근본을 세우며, 이치를 궁구하여 그 앎을 지극히 하며, 몸에 돌이켜 그 실제를 실천하는 것입니다. 이는 바로 우리 학문의 종지宗旨입니다." 하였다.

○ 도산서원 짓는 일을 감독하였다.

3년 을해(1575) 선생 55세

○ 봄에 백률당栢栗堂을 지었다.

○ 계상溪上의 옛 터가 물에 쓸려나가서 송내촌松內村으로 옮겨 거처하였다. 당堂의 좌우에다 토질에 맞는 나무를 심으니, 울창하게 숲을 이루었다. 잣나무와 밤나무가 가장 많아서 그 당의 이름을 '백률栢栗'이라 하고는, 그 속에서 책을 읽었다. 「우연히 읊어보다[偶吟]」라는 시가 있다.

작은 집에서 정신을 수양하려고 하니	矮屋將斯得養神
온천이 좋은 이웃 되어 얼마나 다행인가	溫泉何幸接芳隣
암서헌의 가르침 만년에도 저버리지 않고	暮年不負巖栖訓
밝은 창가에 홀로 앉아 책 속의 사람 마주하네	獨對明窓卷裏人

○ 5월, 금 첨지공琴僉知公[46] 헌憲의 영전에 곡하였다.

---

44) 장근(張謹, 1544~1619) : 자는 이신(而信), 호는 잠재, 본관은 단양(丹陽)이다. 퇴계 선생의 문인으로 성리학에 정통하고 경사(經史)에 통달하였다.

45) 덕성을 …… 일 : 도문학(道問學)은 학문을 익히는 것이며, 존덕성(尊德性)은 인간의 덕성을 높이는 것으로, 도문학 공부는 지(知)에, 존덕성 공부는 행(行)에 해당한다.(『中庸章句』 제27장)

46) 금 첨지공(琴僉知公) : 금헌(琴憲, ?~?)이 첨지중추(僉知中樞)를 지냈기에 부른 이름이다. 자는 헌지(憲之)이다. 성재(惺齋) 금난수(琴蘭秀)의 부친이다.

4년 병자(1576) 선생 56세

○ 2월, 도산서원의 신판神版에 글씨를 쓰고 석채례釋菜禮를 거행하였다.

○ 여러 벗들과 애일당愛日堂에 모였다.

○ 당시 이계李繼가 술을 가지고 왔고, 오 춘당吳春塘·조 월천趙月川·이 매암李梅巖·금 일휴琴日休 등이 함께 모였다. 주고받은 시가 있다.

5년 정축(1577) 선생 57세

○ 2월, 동암東巖으로 가서 퇴계 선생의 묘비문을 썼다.

○ 남 진사南進士[47] 서룡瑞龍 묘비의 음기문陰記文을 지었다.

○ 11월, 김 후조당金後凋堂의 제사를 지냈다.

6년 무인(1578) 선생 58세

○ 여름에 청음석淸吟石을 유람하였다.

○ 선생께서 동문의 여러 벗들과 종일토록 서성거리고는 말하기를, "선사의 자취와 향기가 시내 돌 위에도 남아 있어서 이곳에 오면 복잡한 가슴을 저절로 씻을 수 있습니다. 어찌 다만 경물景物이나 아끼고 흥이나 즐기고 말겠습니까?" 하니, 이 매암李梅巖이 말하기를, "그대를 국과 담장에서 요임금을 본 사람[48]과 같다고 할 수 있습니다." 하였다.

7년 기묘(1579) 선생 59세

○ 봄에 매정별서梅亭別墅에 머물렀다.

○ 별서는 용계龍溪의 물가에 있다. 선생께서 만년에 한가한 틈을 타, 항상 책상 위에 『심경心經』·

---

47) 남 진사(南進士) : 남서룡(南瑞龍, 1496~1562)을 말한다. 자는 운수(雲叟), 본관은 영양(英陽). 1522년 진사시에 입격하였다.

48) 국과 …… 사람 : 진심으로 선인(先人)을 추모하는 자세를 말한다. 요(堯)임금이 죽은 뒤에 순(舜)임금이 지극히 사모한 나머지, "자리에 앉으면 담에 요임금의 모습이 나타나는 듯하고 밥을 먹으면 국그릇 속에 요임금의 모습이 비치는 듯하였다.[坐則見堯於墻 食則覩堯於羹]"는 고사에서 유래한다.(『後漢書』「李固列傳」)

『근사록近思錄』·『주서절요朱書節要』·『계몽전의啓蒙傳疑』·『무이기武夷記』·『도산기陶山記』 등 여러 책들을 놓아두고 날마다 문생들과 함께 반복하여 강토하였는데, 하루 종일 골몰하여서 기력의 손상을 염려한 자질子姪들이 멈추기를 청하면 바로 말하기를, "내가 스스로 이 일이 즐거워서 날로 보탬을 추구하는데, 어찌 손상이 있겠느냐?" 하였다.

○ 아들 윤고胤古를 조 월천趙月川에게 수업 받게 하였다.

8년 경진(1580) 선생 60세

○ 금 성재琴惺齋에게 시와 편지를 보냈는데, 수운정水雲亭을 짓고 싶어서였다.

○ 하동河東 이군李君 유裕의 묘비명을 썼다.

○ 영천 군수榮川郡守로 재직하던 그의 아들 희득希得이 찾아와서 비문을 써주기를 청하였다. 물러나 사람들에게 말하기를, "금 매헌琴梅軒의 글씨를 얻지 못하였다면 내가 불효자가 되었을 것이다." 하였다.

9년 신사(1581) 선생 61세

10년 임오(1582) 선생 62세

○ 김 읍청정金挹淸亭의 제사를 지냈다.

○ 만사가 있다.

○ 8월, 이공李公[49] 빙憑의 사미정四美亭에 모여서 이야기를 나누었다.

○ 의성義城 이준李寯·오 춘당吳春塘·금 성재琴惺齋·지간芝澗 이종도李宗道[50] 등이 모두 와서 모였다.

○ 10월, 봉화奉化로 가서 선영에 성묘하였다.

---

49) 이공(李公) : 이빙(李憑, 1520~1585)을 말한다. 자는 보경(輔卿), 호는 만취헌(晩翠軒), 본관은 진성(眞城)이다. 퇴계 이황이 적어준 '사미정'을 온계의 상류에다 지어 학문에 정진하였다. 학행으로 천거되어 부솔(副率)·첨정(僉正)등을 역임하였다.

50) 이종도(李宗道, 1535~1602) : 자는 사원(士元), 호는 지간(芝澗), 본관은 진성(眞城)이다. 1579년 진사시에 입격하였다. 임진왜란 때 의병부장으로 손자 홍중(弘重)과 함께 김해(金垓)의 휘하에서 활약하였다.

○ 풍정楓井에 가서 첨정공僉正公의 묘비를 세웠다.

ㅇ앞서 비문을 정 문봉鄭文峯에게 받았다.

○ 이 하연[51)]李賀淵의 영전에 곡하였다.

ㅇ이중량李仲樑

ㅇ만사가 있다.

11년 계미(1583) 선생 63세

○ 이 의성李義城의 영전에 곡하였다.

ㅇ만사가 있다.

○ 가을에 도촌桃村으로 가서 백형을 문안하였다.

ㅇ선생께서 형제가 떨어져 지낸 것과 부모님을 끝까지 봉양하지 못한 것을 종신토록 한스러워 하였다.

○ 11월, 조 월천趙月川이 찾아왔다.

ㅇ주고받은 시가 있다.

○ 12월, 월천서당月川書堂으로 가서 모였다.

12년 갑신(1584) 선생 64세

○ 정월, 도산서원과 역동서원의 묘우에 참배하였다.

ㅇ당시 동문의 여러 공들과 함께 묘우에 세배를 하기 위하여 두 서원에 모이기로 기약하였다. 선생께서는 당시 이미 병이 깊었으므로 다시 참배하기 어려울 것을 염려하여 병을 무릅쓰고 참여하였다.

○ 2월, 병 때문에 정사精舍에서 조리하였다.

ㅇ당시 원근의 여러 벗들이 모두 찾아와 병문안을 하였는데, 선생께서 응대할 적에 반드시

---

51) 하연(賀淵) : 이중량(李仲樑, 1504~1582)의 호, 자는 공간(公幹), 본관은 영천(永川)이다. 1534년 문과에 급제하여 청송 부사(靑松府使)·우승지(右承旨)등을 역임하였다. 저서로는 『하연집(賀淵集)』이 있다.

의관을 차리고 평소와 같이 토론하였다. 어떤 사람이 말하기를, "공께서 어려서부터 학문에 힘을 쏟았으나 경세제민經世濟民의 길에는 참여한 적이 없으니, 이 점이 공을 위하여 안타깝습니다."하니, 선생께서 웃으며 답하기를, "나는 재주가 없어서 쓰여질 만한 자질이 못되어 일찍부터 연운淵雲의 사이에서 여유롭게 노닐며 부자夫子의 도를 들을 수 있었으니, 이 또한 매우 다행입니다. 또 다시 무엇을 구하겠습니까?" 하였다. 월천 또한 와서 문병하였는데, 시가 있다.

○ 3월, 병이 심하여져서 손님을 사양하고, 자질들에게 명하여 경전과 「경재잠도敬齋箴圖」를 별실로 옮겨 두었다.

ㅇ이날 자질들에게 경계하기를, "선생님께서 주신 잠명箴銘과 간찰이 적지 않았는데, 불난 뒤에 겨우 화를 면한 것이 단지 이 「경재잠도敬齋箴圖」 하나이다. 이것은 내가 일생토록 힘을 쏟은 곳이니, 잘 지켜서 잃어버리지 않는 것이 좋겠다." 하였다. 자질들이 집안일에 대하여 물었으나 대답하지 않았다.

○ 초7일, 정침正寢에서 돌아가셨다.

○ 9월 20일, 예안 용두산龍頭山 동쪽 기슭 대흥당大興堂 동향의 터에 장사하였다.

ㅇ집에서 10리 정도의 거리이다.

31년 계묘(1603)

○ 2월 어느 날 지제교知製教[52] 금업琴憬[53]이 묘지명墓誌銘을 지었다.

---

52) 지제교(知製教) : 국왕이 하달하는 지시문인 교서를 짓는 일을 맡은 벼슬아치이다.
53) 금업(琴憬, 1557~1638) : 자는 언신(彦愼), 호는 만수재(晩修齋), 본관은 봉화이다. 1601년 문과에 급제하여 사간(司諫)·창원 부사(昌原府使) 등을 역임하였다. 저서로는 『만수재집』이 있다.

매헌선생문집
梅軒先生文集

제1권

매헌선생문집 제1권

시詩

청음석에서 삼가 퇴계 선생 시에 차운하다[淸吟石 謹次退溪先生韻]

서문 병기

온계溫溪의 하류에 반석이 있는데, 지난 신미년(1511)에 강원도 관찰사로 재직 중이던 송재松齋[1] 선생 -우堣- 께서 오셔서 바위 위에서 놀며 지은 시가 있다. 정미년(1547) 늦은 봄에 퇴계 선생께서 이곳을 유람하며 이전의 일을 추억하여 송재 선생 시의, '맑은 읊조림이 도리어 흥을 깨다.[2] [淸吟還敗意]'[3] 에서 의미를 취하여 청음석淸吟石이라 이름을 붙였다. 그리고 그 시의 운을 사용하여 절구 두 수를 지으니 다음과 같다.

어려서 모시고 놀던 곳에	總角陪遊地
읊조리던 혼은 가서 오지 않는데	吟魂去不回

---

1) 송재(松齋) : 이우(李堣, 1469~1517)의 호이다. 자는 명중(明仲), 본관은 진성(眞城)이다. 1498년 문과에 급제하여 우부승지(右部承旨)·강원 감사(江原監司)·안동 부사(安東府使) 등을 역임하였다. 저서로는 『동국사략(東國史略)』·『송재집』 등이 있다.

2) 흥을 깨다[敗意] : 삼국 시대 때 위(魏)나라의 혜강(嵇康)·완적(阮籍)·산도(山濤)·유령(劉伶) 등이 죽림(竹林)에서 술을 마시고 있을 적에 왕융(王戎)이 그곳에 바로 뒤이어 도착하자, 완적이 핀잔을 주며 "속물이 이미 또 와서 사람의 흥치를 깨뜨린다.[俗物已復來 敗人意]" 한 데서 유래한다.(『世說新語』「排調」)

3) 원시는 『송재속집(松齋續集)』의 「아이들을 데리고 두계의 너럭바위를 유람하다[率兒輩遊兜溪盤石]」이다. "계산의 묘함을 얻으려고 송문을 홀로 돌아다니니, 맑은 읊조림이 도리어 흥을 깨어 누굴 보내 찰방을 오라고 할까?[欲得溪山妙 松門獨自回 淸吟還敗意 誰遣督郵來]"

시냇물만 반석을 쳐 울리니　　惟餘溪響石
위로받으러 다시 오신 듯하네　　似欲慰重來

제방에 큰 반석이 있어서　　坡陀巨石在
그윽한 시내 감돌아 흐르네　　窈窕一溪回
산 꽃 피기를 더 기다려야 하는데　　更待山花發
내 지금 조금 일찍 찾아왔네　　吾今較早來

드디어 절구 네 수를 차운次韻하여 퇴계 선생께 올리다.

봄을 찾는 흥취 못다 하여　　不盡尋春興
다시 왔다가 홀로 읊고 돌아서네　　重臨獨詠回
나막신 소리 멀리서 들려와　　遙知鳴屐意
어디쯤에서 걸어오고 있을까　　何許步歸來

꽃비는 시인을 재촉하고　　花雨催詩客
솔 그늘은 잠시 머물게 하네　　松陰暫駐回
푸른 산도 응당 아쉬움 있겠지　　碧山應有恨
맑은 날 다시 오기를 기다리세　　淸霽待重來

봄 찾으려는 생각 함께 못하여　　不共探春意
듣고서 몇 번이나 머리 돌렸던가　　遙聞首幾回
계산이 응당 나를 비웃겠지　　溪山應笑我
어느 날에나 사례를 할 건가　　何日就辭來

꽃 가득하니 봄 산이 넉넉하고　　花滿春山富
시내 맑으니 반석을 비추며 도네　　溪淸石照回
솔 그늘 원래 나쁘지 않은데　　松陰元不惡
게다가 저물녘 바람마저 불어오네　　更有晚風來

퇴계 선생께서 이 대성 문량[4]의 「평릉 우관[5]을 맡으며」 시를 화운한 시에 삼가 차운하여 대성 어른에게 올리다[伏次退溪先生 和李大成 文樑 之任平陵郵官韻 呈大成丈]

동해의 벼슬살이로 분천을 떠나니 宦遊東海謝汾川
맑은 강 흰 모래에 달빛만 교교하네 沙白江淸月獨姸
백로야! 지금 약속 어긴다 아쉬워마라 鷗鷺莫嫌今背約
다른 해에 만나도 역시 그대로인 것을 他年相對亦依然

선몽대에서 삼가 퇴계 선생의 시에 차운하여, 주인 이 정가 열도[6]에게 주다[仙夢臺 謹次退溪先生韻 贈主人李靜可 閱道]

지난날 세상에 찌든 마음 여기서 비웠으니 疇昔塵襟到此虛
대암에서 종일토록 흥이 얼마였을까 臺巖終日興何如
강물 소리에 갑자기 신선의 꿈 깨니 江聲忽碎遊仙夢
하늘 끝 석양에는 소낙비가 뚝뚝 떨어지네 天外斜陽白雨疎

---

4) 이문량(李文樑, 1498~1581) : 자는 대성, 호는 벽오(碧梧), 본관은 영천(永川)이다. 퇴계 이황과 교유하였으며, 문장과 기절이 있었다. 평릉도 찰방(平陵道察訪)을 지냈다. 저서로는 『벽오집』이 있다.

5) 평릉 우관(平陵郵官) : 지금의 강원도 동해시에 있었던 평릉역의 찰방을 말한다.

6) 이열도(李閱道, 1538~1591) : 자는 정가, 호는 우암(遇岩), 본관은 진성이다. 1576년 문과에 급제하여 형조 좌랑(刑曹正郞)·고령 군수(高靈郡守) 등을 역임하였다. 고령 군수 재직 시 선정비가 세워졌다. 귀향 후 선몽대(仙夢臺)를 짓고 여생을 보냈다.

무릉 주세붕 선생과 금 협지 응협이 청량산을 유람하고 시를 남겼는데, 병으로 함께 하지 못하여 그 시에 차운하다[茂陵周先生 世鵬 與琴夾之 應夾 遊清涼有詩 病未同賞 追次其韻]

늦은 가을 선산을 객들이 다시 찾으니 仙山秋晚客重尋
찬 바람 뼈 속으로 스며들까 두려웠네 却怕天風瘦骨侵
시 짓는 암자에는 산 그림이 펼쳐지고 詩到孤菴開活畵
달 비친 창가에는 벗들이 함께 하겠지 月生幽戶伴清襟
금강[7]의 꿈 깨어도 닭은 아직 조용하고 金剛夢罷雞含舌
은하수 빛나도 기러기 소리 들려오리라 銀漢波明鴈送音
마음만은 여러 공들과 같이 거침없어 意與諸公同放曠
성곽을 묻지 않고 청량산으로 달려가네 不論城郭向涼岑

무이지를 읽고 구곡도가 시에 차운하다[讀武夷志 次九曲櫂歌韻]

깨끗한 명승지가 기이한 모습 드러내니 蕭灑名區著異靈
굽이굽이 흐르는 시내는 차고 맑네 溪流曲曲澹寒清
그 속의 아름다운 풍경 아는 이 없어 箇中佳景無人識
한가로이 계옹의 노 치는 소리만 듣네 閒聽溪翁扣栧聲

일곡이라, 맑은 물굽이에 작은 배 매니 一曲清灣繫小船
우뚝한 뭇 봉우리 긴 시내에 늘어섰네 羣峯傑卓列長川

7) 금강(金剛) : 금(金) 중에 가장 강(剛)하다는 뜻을 취하여 불교에서는 본디 무기(武器)와 보석(寶石)에 비유하여 무너지지 않는 불법(佛法)을 말한다.

참 선비 가고 나니 산은 주인이 없고　　眞儒一去山無主
푸른 나무 붉은 벼랑 저녁 연기에 갇혔네　　碧樹丹崖鎖暮烟

이곡이라, 높이 높이 솟은 푸른 옥녀봉　　二曲崢嶸碧玉峯
선녀가 물가로 와 고운 모습을 다듬네　　仙娥臨水斂花容
양대의 옛 꿈[8] 이제 다시 어려워라　　陽臺舊夢今難再
눈길 속의 푸른 산 몇 겹이나 가렸는가　　望裏青山隔幾重

삼곡이라, 바위 벼랑에 낚싯배 대니　　三曲巖崖倚釣船
그대로의 풍경은 그 당시와 같네　　依然風景似當年
말씀 듣고 싶기에 늦었음을 탄식하며　　欲承謦欬嗟生晩
고산 우러러보고[9] 스스로 가련해하네　　仰止高山獨自憐

사곡이라, 금계[10]가 효암에서 우니　　四曲金鷄唱曉巖
시냇가에는 청초가 무성히 덮여있네　　溪邊青草碧毿毿
그윽한 삶 그냥 연하의 흥취[11] 있어　　幽居自有烟霞趣
긴 낚싯대 잡고 맑은 못에서 낚시질하네　　手把長竿釣碧潭

---

8) 양대의 예전 꿈[陽臺舊夢] : 만날 것을 기다림을 말한다. 초(楚)나라 회왕(懷王)이 꿈속에서 무산(巫山)의 신녀(神女)를 만나 하룻밤의 인연을 맺고 서로 작별할 적에, 그 신녀가 “아침에는 구름이 되고 저녁에는 내리는 비가 되어 언제까지나 양대의 아래에 있겠습니다.[旦爲朝雲 暮爲行雨 朝朝暮暮 陽臺之下]”라고 한 데서 유래한다.(『文選』)

9) 고산 우러러보고[仰止高山] : 높은 산을 우러러 보듯이 높은 덕을 지닌 분을 사모하는 심정을 말한다. “높은 산을 우러르고 큰길을 따라가네.[高山仰止 景行行止]”에서 온 말이다.(『詩經』「小雅·車牽」)

10) 금계(金鷄) : 전설상의 황금 닭이다. 이 닭이 부상(扶桑)의 산 위에서 한 번 울면 천하의 닭이 모두 따라 울면서 새벽이 밝아 온다고 전해진다.(『神異經』)

11) 연하의 흥취[烟霞趣] : 자연의 승경(勝景)에 대한 흥취를 말한다. 전유암(田游巖)이 당나라 고종(高宗)에게, “신은 물과 바위에 대한 병이 이미 고황에 들고 연무(煙霧)와 노을에 고질병이 들었는데, 성상의 시대를 만나 다행히 소요하고 있습니다.[臣泉石膏肓 煙霞痼疾 旣逢聖代 幸得逍遙]”라고 한 데서 온 말이다.(『舊唐書』「田游巖傳」)

오곡이라, 고요한 골짜기 깊은 곳	五曲沉沉洞壑深
대현께서 그때 구름숲에 은거하셨네	大贒當日隱雲林
숲속에서 일찍이 경륜의 뜻 품고서	林間早抱經綸志
계승하고 가르치신다[12] 얼마나 고심했을까?	繼往開來幾苦心
육곡이라, 구불구불 물굽이 감도는 곳	六曲逶迤遶碧灣
집을 짓고는[13] 소나무로 관문을 닫았네	架巖鑿谷閉松關
아름다운 산수에 봄바람이 불어오니	佳山好水春風到
울긋불긋 꽃 핀 고운 풍경이 한가롭네	萬紫千紅麗景閒
칠곡이라, 시냇가에는 돌 여울이 있고	七曲溪邊有石灘
하늘에는 밝은 달[14] 보기 좋게 떠 있네	天壺仙掌可堪看
맑은 바람 불어와 뜬 구름 다 걷어내니	清風吹盡浮雲捲
만 골짜기 천 봉우리에 달빛만 싸늘하네	萬壑千峯月影寒
팔곡이라, 깎인 벼랑에 푸른 절벽 펼쳐져	八曲懸崖翠壁開
우뚝 선 누암에 시냇물이 감돌아 흐르네	樓巖卓立水旋洄
한가로움 속의 참 흥취 끝이 없으니	閒中眞趣無窮極
음풍농월[15]하며 마음대로 오고 가네	弄月吟風任去來

---

12) 계승하고 가르치신다[繼往開來] : 성현의 가르침을 계승하고 후손에게 가르쳐 전하는 것을 말한다. "예전 성인을 잇고 후학을 열어준다.[繼往聖開來學]"의 준말이다.(「中庸章句序」)

13) 집을 짓고는[架巖鑿谷] : 계곡에 은거하는 집을 지은 것을 말한다. 한유(韓愈)의 「도원도(桃源圖)」 시의 "바위로 잔교 놓고 골짝에 길 내서 집을 짓고, 지붕과 담장 서로 연접한 지 천만 일이 되었네.[架巖鑿谷開宮室 接屋連牆千萬日]"에서 온 말이다.

14) 밝은 달[仙掌] : 선장(仙掌)은 한 무제(漢武帝) 때에 감로(甘露)를 받기 위하여 세웠다는 승로반(承露盤)을 말한다. 당나라 두목(杜牧)이 「조안(早雁)」 시에, "승로반 모양의 밝은 저 달빛 맞으면서 기러기 그림자 외로이 지나가누나.[仙掌月明孤影過]"라고 한 뒤로, 달을 형용하는 시어로 쓰이게 되었다.

15) 음풍농월[弄月吟風] : 자연과 함께 하는 기상을 말한다. 정호(程顥)가 염계(濂溪) 선생을, "내가 주무숙을 다시 뵙고 나서 음풍농월하며 돌아온 뒤로, '나는 증점과 함께하겠다.'는 뜻이 있게 되었다.[自

구곡이라, 산봉우리 형세 우뚝하고 九曲峯巒勢屹然
자욱한 구름 안개 앞 시내를 가두었네 雲烟靄靄鎖前川
도화류수 속에서 신선의 길 찾아 桃花流水尋眞路
병 속[16]의 천지에서 천명을 즐기네 壺裏乾坤自樂天

가흥[17] 역관에서 처조카 김 문경 기보[18] 시에 차운하다[可興郵館 次內姪金文卿 箕報 韻]

관광[19]하다가 국화 시기 그저 저버리고 觀光虛負菊初開
이 밤의 회포 한 잔 술에 붙이는데 此夜心懷付一杯
밝은 달도 비추고 물소리 울리니 明月又來江水咽
나그네의 맑은 흥취 커서 달래기 어렵네 客中清興浩難裁

원래 운[原韻]

하늘에 구름 걷히어 우주가 열리니 長天雲捲玉凾開

再見周茂叔後 吟風弄月以歸 有吾與點也之意]"라고 평한 말에서 온 말이다.(『伊洛淵源錄』)

16) 병 속[壺裏] : 별천지를 말한다. 호공(壺公)이란 신선이 저잣거리에서 약을 팔고 있었는데, 모두 그저 평범한 사람인 줄로만 알고 있었다. 하루는 비 장방(費長房)이란 사람이 호공이 천정에 걸어 둔 호로 속으로 들어가는 것을 보고는 매일같이 정성껏 그를 시봉(侍奉)하였다. 하루는 호공이 그를 데리고 호로 속으로 들어갔는데, 호로 속은 완전히 별천지로 해와 달이 있고 선궁(仙宮)이 있었다는 고사에서 유래한다.(『神仙傳』「壺公」)

17) 가흥(可興) : 지금의 충청북도 충주시에 있는 지명이다.

18) 김기보(金箕報, 1531~1588) : 자는 문경, 호는 창균(蒼筠), 본관은 안동이다. 음보(蔭補)로 언양 수령(彥陽守令)·회인 수령(懷仁守令)을 역임하였다. 회인 현감(懷仁縣監)으로 있을 때, 「팔폐소(八弊疏)」를 올려 당시 지방행정의 모순과 병폐를 지적하고 시정방안을 제시하였다.

19) 관광(觀光) : 우수한 문물을 접하여 견식을 넓히는 일이니, 매헌께서 서울에 머물던 시기를 말하는 것으로 여겨진다. "나라의 휘황한 빛을 봄이니, 왕에게 나아가 손님이 되는 것이 이롭다.[觀國之光 利用賓于王]"에서 유래한다.(『周易』「觀卦」)

앞 촌락에서 술 사와 달을 잔에 채우네 沽酒前村月滿杯
우습구나! 뜬 인생의 오랜 고달픔 堪笑浮生長役役
천 섬의 가을 회포를 잘라버린 듯하네 秋懷千斛若爲裁

농수[20] 종숙부의 사마회 시에 공경히 차운하다[敬次聾叟從叔父 司馬會韻]

【당시 무진장無盡藏에서 모임을 가졌는데, 친구의 정성 때문에 병중인데도 분운分韻을 맡아 절구 일곱 수를 지었다.】

여러 사마들 성대히 모였으니 司馬諸高會
다시 예전처럼 기뻐하겠네 應知欣復故
장상들이 모임 가지는 뜻은 相將修契義
참으로 말할 만하다네 誠信可堪道

일생을 쉼 없이 힘 쏟았기에 一生惟兀兀
백세를 바라보며 선인 되었네 期耋是仙人
조물주가 무진[21]을 담았으니 造物藏無盡
쌍청[22]을 저절로 누리게 되리라 雙淸也自因

사문의 수재들이 모인다기에 庠士斯文契
그 성의에 한번 부합하려고 期將一副誠
일곱 편의 백설시[23]를 읊으니 七章吟白雪

---

20) 농수(聾叟) : 금원정(琴元貞, 1472~1556)의 호. 자는 정숙(正叔), 본관은 봉화이다. 1501년 진사시에 입격하였다. 낙전당(樂全堂)을 건립하여 학문연구와 후진 양성에 힘을 쏟았다.

21) 무진(無盡) : 아무리 써도 다함이 없는 자연을 가리키는 말이다. 소식(蘇軾) 「전적벽부(前赤壁賦)」의, "이는 조물주가 선사한 무진장의 보배이다.[是造物者之無盡藏也]"에서 온 말이다.

22) 쌍청(雙淸) : 마음가짐과 하는 일이 모두 맑아짐을 말한다. 두보(杜甫) 「병적(屛迹)」 시의, "백발로 명아주 지팡이 짚으니, 마음과 자취 모두 맑아져 기쁘구나.[杖藜從白首 心迹喜雙淸]"에서 온 말이다.

모두가 약속하였던 그 정이네	都是約中情
온 자리의 위풍당당한 흥취	滿座軒軒趣
풍류 넘치는 선비 얼마인가?	風流幾彦駿
스스로 뽐내는 문주회[24]	自多文酒會
일단의 믿음을 보여주네	著却一端信
술동이 열어 흠뻑 취할 만하니	開樽堪取醉
흥 찾는데 어찌 병으로 사양하리	尋興豈辭病
만년의 청빈한 생계	晩歲清貧計
소나무 둥지의 늙은 학이라네	巢松老鶴影
술자리에서는 오건[25] 거꾸로 쓰고	酒席烏巾倒
꽃핀 정원에서는 나비 꿈[26] 꾸네	花園蝶夢中
한평생 불우한 일이 절반이더니	百年奇事半
오늘은 흥이 무르익을 만하네	今日興堪濃
명장[27]에서의 확락[28]이 서글퍼	名場悲濩落
천석에서 초가집을 지키고 있네	泉石守茅茨

---

23) 백설시[白雪] : 옛날 초나라의 백설(白雪)과 양춘(陽春) 두 가곡 중의 하나인 백설사(白雪詞)로, 뛰어난 시를 비유한다. 이 가곡은 곡조가 매우 고상하여 화답하는 사람이 아주 드물었다고 전한다.

24) 문주회(文酒會) : 문사(文士)들이 한 자리에 모여서 시를 짓고 술을 마시며 즐기는 일반적인 모임을 말한다.

25) 오건(烏巾) : 옛날에 은거하던 사람들이 즐겨 쓰던 검은 모자를 말한다.

26) 나비 꿈[蝶夢] : 인간의 굴레를 벗어나 자유롭게 노니는 것을 말한다. 장자(莊子)가 꿈속에서 나비가 되어 훨훨 날았는데 깨어나서 말하였다. “알지 못하겠다. 내가 꿈에서 나비가 된 것인가. 나비가 꿈에서 내가 된 것인가.[不知周之夢爲胡蝶與 胡蝶之夢爲周與]”에서 유래한다.(『莊子』「齊物論」)

27) 명장(名場) : 명리(名利)를 추구하는 곳을 말한다.

28) 확락(濩落) : 공확(空濩)하여 쓸모가 없는 것을 말한다. “쓸모없어 용납하는 것이 없음은 모두 텅 비어 크다. 내가 쓰임이 없는 것을 위하여 파헤친다.[瓠落無所容 非不呺然大也 吾爲其無用而掊之]”에서 온 말이다.(『莊子』「逍遙遊」)

술병 찬 것은 흥을 탐해서가 아니니 佩酒非耽興
숨겨진 회포를 뉘라서 알리요 逸懷有孰知

성경을 읊조리다[誠敬吟]

한 성이 움직이는 곳 모든 거짓됨이 사라지고 一誠動處消千僞
한 경에 머무를 때 온갖 사특함 이기네 一敬居時勝百邪
성과 경 공부는 모름지기 함께 해야 하니 誠敬工夫須兩做
현인되고 성인됨을 어찌 다른 데서 구하리오 爲贒爲聖豈求他

경신년(1560) 4월, 조 사경 목·김 신중 부의·금 문원 난수와 약속하여, 퇴계 선생을 모시고 고산을 유람하였다. 선생께서 석벽에 쓴 시에 공경히 차운하다[庚申四月 約趙士敬 穆 金愼仲 富儀 琴聞遠 蘭秀 陪退溪先生遊孤山 敬次先生題石壁韻]

고산의 학과 매화에게 물어보노니 爲問孤山之鶴梅
서호[29]와 동락[30] 중 어디가 좋으냐 西湖東洛孰勝否
노사께서 벽에 쓰신 시를 보시게나 請看老師題壁詩
아름다운 이름이 더욱 영원하겠지 也應佳名更悠久

---

29) 서호(西湖) : 매처학자(梅妻鶴子)라고 불렸던 북송(北宋)의 시인 임포(林逋)가 은거하였던 곳이다. 매화를 심고 학을 기르며 서호의 고산(孤山)에서 은거하였다.(『宋史』「隱逸列傳·林逋」)
30) 동락(東洛) : 서호에 있는 고산과 대비되는 동락에 있는 고산을 말한다. 현재 방문한 고산이 낙동강 상류에 있기에 '동쪽 낙동강'이라는 의미로 사용한 것으로 보인다.

청량산 연대사에서 퇴계 선생 시에 공경히 차운하다[淸凉蓮臺寺 敬次退溪先生韻] 서문 병기

갑자년(1564) 청화절淸和節[31]에 선생과 균헌筠軒 어른께서 여러 유생들을 데리고 청량산으로 들어가실 적에, 김 신중金愼仲·금 문원琴聞遠·김 돈서金敦敍 부륜富倫·이 군미李君美 교寯·권 시백權施伯 경룡景龍·류 경문柳景文 중엄仲淹·류 이득柳而得 운룡雲龍·김사원金士元 경방景龐·이 봉원李逢原 안도安道·이 굉중李宏仲 덕홍德弘[32]·남 성중南成仲 치리致利[33] 등 여러 사람이 모두 모였다. 날이 저물어 각자 보현普賢·문수文殊·만월滿月 등 여러 암자에서 잤다. 선생께서는 연대사蓮臺寺에서 잤는데, 먼저 율시律詩 한 수를 짓고는 여러 유생들에게 창화唱和하라고 하셨다. 아! 이번 유람이 어찌 우연이겠는가? 요산요수樂山樂水는 내가 능하지 못한 일인데, 이 얼마나 다행스러운 일인가! 선생님을 모시고 물외物外의 좋은 경치를 조용히 소요하니, 기수沂水에서 목욕하고 무우舞雩에서 바람 쐰 일과 천년이 지나서 서로 부합한다. 여점與點의 탄식이 어찌 반드시 예전에만 아름다운 일이었겠는가! 드디어 여러 공들과 함께 차운하다.

사랑스러운 청량산	可愛淸凉山
하늘로 우뚝 솟아 있네	碧空崢嶸勢
절경이라 봉영[34]에 견주고	異境擬蓬瀛

---

31) 청화절(淸和節) : 날씨가 청명하고 따뜻한 초여름으로, 음력 4월을 말한다.

32) 이덕홍(李德弘, 1541~1596) : 자는 굉중, 호는 간재(艮齋), 본관은 영천(永川)이다. 30세에 오계정사를 짓고 위기지학(爲己之學)에 힘썼다. 1578년 조정에 천거되어 집현전 참봉(集慶殿參奉)·세자익위사 부솔(世子翊衛司副率)을 역임하였다. 저서로는 『간재집』·『주역질의(周易質疑)』·『사서질의(四書質疑)』·『계산기선록(溪山記善錄)』·『주자서절요강록(朱子書節要講錄)』 등이 있다.

33) 남치리(南致利, 1543~1580) : 자는 의중, 호는 비지(賁趾), 본관은 영양(英陽)이다. 이황의 상내(喪內)에 동문제현이 그를 상례(相禮)로 추대하였다. 1578년 한강 정구(鄭逑)와 함께 유일(遺逸)로 천거되었다. 저서는 『비지집』이 있다.

명승이라 고려[35]에서 빼어났네	勝名擅高麗
물외에서 마냥 소요하니	物外放逍遙
속세가 멀어짐을 느끼네	塵寰覺迢遞
마음 터놓아 각자 뜻을 말하고	開懷各言志
진경을 찾아 옷소매 나란히 하네	探眞共連袂
게다가 함께 유람하는 사람	况是同遊人
이리도 많이 찾아 왔음에랴	來何盡濟濟
장난삼아 바위에 이름 써서	巖間戲題名
풍류를 기록하여 남기니	記取風流揭
천년 전의 읊고 돌아온 흥과	千載詠歸興
나의 숙원이 서로 부합되네	宿願暗相契
인자와 지자는 되지 못하여도	仁智縱未能
이 즐거움 예사는 아니라네	此樂非常例
각자의 뜻을 알고 싶어서	欲識箇中意
청아한 시를 더 읽어 보네	更看淸韻製

원래의 운[36][原韻]

연대사의 청정한 경계	蓮臺淸淨界
온 산이 마주한 형세이네	一山當面勢
금벽[37]의 빛 더욱 새로우니	金碧煥增新
상교[38]는 어찌 이리 화려한가	象敎何詭麗

34) 봉영(蓬瀛) : 봉래(蓬萊)와 영주(瀛洲)의 명칭으로, 방장(方丈)과 함께 바다 가운데 있다고 전하는 삼신산(三神山)을 말한다.
35) 고려 : 공민왕이 피난지로 삼았기 때문에 언급하였다.
36) 원래의 운[原韻] : 『퇴계선생문집』에는 「연대사(蓮臺寺)」로 보인다.
37) 금벽(金碧) : 금빛과 푸른 빛깔로 누각에 칠한 단청을 말한다.
38) 상교(象敎) : 불교를 상교(象敎)라고 하는 것은 형상을 만들어 교화하는 덕을 말해서이다.

알듯 모를 듯한 승려들이 居僧知不知
번갈아 맞이하며 위로하네 迎勞來更遞
대 위에서 일어나 바람 피하고 臺上起避風
당 앞에 앉아 옷소매 나란히 하네 堂前坐接袂
같이 유람하는 이 모두 뛰어나고 同遊盡英英
일찍 온 사람 또한 많고 많네 曾到亦濟濟
병을 기울여 작은 술잔 돌리고 傾壺細酌傳
포부를 열어 큰 담론을 하네 開抱宏論揭
의견이 어긋나도 싫증나지 않아 參差不厭煩
우연히 깊이 일치하기도 하네 邂逅或深契
어찌 수창의 시가 없겠는가 那無唱與酬
참으로 선현들의 선례가 있으니 前賢固有例
늙은 내가 먼저 짓고 나서 老我敢先挑
여러 훌륭한 작품을 지켜보리라 佇看諸盛製

이 대성 어른·이 대용 숙량·김 언우 부필·김 돈서·조 사경·금 문원·금 훈지 응훈[39]·류 미숙 빈[40]·이 보경 빙[41]·이 사거 충[42]·이 효장 건[43] 등과 용수사에서 모이기로 약속하여 모두 왔다. 먼저 율시 한 편을 지어 여러 공들

39) 금응훈(琴應壎, 1540~1616) : 자는 훈지, 호는 면진재(勉進齋), 본관은 봉화이다. 1570년 생원시에 입격하였다. 학행으로 천거되어 현감을 제수 받았다. 저서로는 『면진재집』이 있다.
40) 류빈(柳贇, 1520~1591) : 자는 미숙, 호는 권옹(倦翁), 본관은 풍산이다. 1561년 진사 초시에 입격하였으나 출사를 단념하고 학문에만 전념하였다. 저서로는 『권옹집』이 있다.
41) 이빙(李憑, 1520~1585) : 자는 보경, 호는 만취헌(晩翠軒), 본관은 진성이다. 학행으로 천거되어 부솔(副率)·첨정(僉正)을 역임하였다. 만년에 온계의 상류에다 사미정을 지어 학문에 정진하였다.
42) 이충(李沖, ?~?) : 자는 사거, 호는 고암(古庵), 본관은 진성이다. 정탁(鄭琢)의 천거로 수의부위(修義副尉)를 제수 받았다.
43) 이건(李騫, 1527~1585) : 자는 효장, 호는 사봉(思峰), 본관은 진성이다. 1585년 효행으로 천거되어 참봉(參奉)·직장(直長) 등을 역임하였다.

에게 보이다[約會龍壽寺 李大成丈大用 叔樑 金彦遇 富弼 惇敍趙士敬琴聞遠琴壎之 應壎 柳美叔 贇 李輔卿 憑 思擧 冲 孝章 謇 皆至 首成近體一律示諸公]

좋은 날 옛 절 곁에서 진경을 찾으니	勝日尋眞古寺傍
연이은 말고삐 옷소매가 줄을 지었네	聯鑣幷袂看成行
매화가지 버들눈 맑은 감상거리 되고	梅梢柳眼供淸賞
시냇물 솔물결은 아름다운 연주를 하네	溪響松濤奏雅商
퉁소 소리 파고들어 폐부를 씻어내고	爽籟入懷蘇肺氣
저녁연기 눈발 따라 산 남쪽에 피어나네	暮烟隨雪裊山陽
그대들은 시를 지어 차운 하겠으나	諸君有句應詮次
그림 속의 이 풍경 묘사하기 어려우리	畵裏難模此景光

병오년(1546)의 사마방목에 쓰다[題丙午司馬榜目]

등과한 이는 쉰 명이었으나	登科已五十
세상 떠난 이가 서른 명 넘으니	仙去逾三十
19년 전의 일로	十九年前事
별안간 탄식하며 슬퍼하네	瞥然吁可悒

병인년(1566) 늦은 봄에 권 장중 호문을 방문하여, 송암의 창수시에 차운하다[丙寅暮春 訪權章仲 好文 次松巖唱酬韻]

봄의 꽃과 버들은 솟은 바위틈에 끼어있고	春風花柳間危岑
산 위의 푸른 소나무는 마음이 변함없네	巖上蒼髥不易心

들은 지 10년 만에 비로소 와 보니　　聞說十年今始見
유인이 나보다 먼저 찾아 차지하고 있네　　幽人實獲我先尋

구 경서 봉령[44]의 시에 차운하여, 김 돈서·김호 경보와 작별하다[次具景瑞 鳳齡 韻 別金惇敍 金景保 壕]

이른 새벽에 각자 쌍옥병을 차고　　凌晨各佩玉瓶雙
친구를 보낸 뒤 취하여 창에 기대네　　相送親朋醉倚窻
외기러기 천망[45]에서 빠져나와 우니　　孤鴈哽哀天網漏
즐거이 봄 술 마시며 뱃놀이 하리라　　好將春酒泛春江

여러 벗들과 함께 현감 정유일과 약속하여 천남에 모였다. 우 간의가 예전에 살던 곳을 방문하고, 드디어 고암에 가서 흠뻑 마시다[與諸友 約鄭主倅 惟一 會川南 訪禹諫議故居 遂至阜巖暢飮]

지팡이 짚고 유허에서 선현을 찾으니　　散策遺墟訪昔賢
끝없이 너른 들판에 임천이 아름답네　　平疇無限好林泉
풍절이 당세를 초월하지 않았다면　　若非風節超當世

---

44) 구봉령(具鳳齡, 1526~1586) : 자는 경서, 호는 백담(栢潭), 시호는 문서(文瑞), 본관은 능성(綾城)이다. 1560년 문과에 급제하여 대사성(大司成)·이조 참판(吏曹參判) 등을 역임하였다. 시문에 능하였다. 저서로는 『백담집』이 있다.

45) 천망(天網) : 도저히 빠져 나올 수 없는 국법을 말하는데, 이 시로는 어떤 사건을 말하는지 자세히 알 수 없다. “하늘의 그물이 넓고 넓어 엉성하지만 놓치지 않는다.[天網恢恢 疏而不失]”에서 온 말이다.(『老子』 37장)

백세후에 어떤 이가 공경심 일으키겠는가　　百代何人起敬焉

선생의 풍절은 고려조에 떨치셨고　　先生風節振麗宗
도의와 경서는 뱃속에 가득하셨네　　道義經書滿腹中
당년에 학문 연구하던 자리 생각하니　　想得當年參究處
용문[46]의 심사와 어쩌면 서로 같네　　龍門心事倘相同

- 이상은 우 간의가 예전에 살던 곳에서 -

백척의 기이한 바위 푸른 강에 닿으니　　百尺奇巖枕碧江
우리 고장의 명승지 견줄 곳이 없네　　吾鄕形勝說無雙
어제는 바위 머리로 불러 술 마시니　　巖頭昨日相呼飮
구름 산이 눈 가득히 내려다보였네　　滿目雲山盡竪降

고암의 명승 크게 자랑할 만하니　　皐巖形勝足雄誇
팔방의 구름 산이 눈 아래 펼쳐있네　　八面雲山眼下多
고장에 일 좋아하는 사람 없어서　　只爲鄕無好事者
초동과 목동이 민둥산 만들도록 내버려두네　　放教樵牧兀山坡

- 이상은 고암에서 -

경주에서 예전 일을 회상하며[東京懷古]

강이 비껴 흐르는 옛 제왕의 성터에서　　控帶橫流古帝城
옛일을 찾으려니 절반은 가시밭이네　　欲尋舊事半榛荊

46) 용문(龍門) : 성망(聲望)이 높은 훌륭한 사람을 말한다. 후한(後漢)의 이응(李膺)은 명망이 높아서 선비들이 그에게 인정을 받으면 명성이 높아졌으므로 그의 접대를 받는 것을 등용문(登龍門), 즉 용문(龍門)에 오른다고 하였던 고사에서 유래한다.(『後漢書』「李膺列傳」)

육조[47]의 산 빛은 그 모습 그대로이나 六朝山色顔猶在
천겁의 강물소리 한 맺혀 고르지 않네 千怯江聲恨未平
요새였던 구릉에는 덩굴풀이 자라고 設險丘陵生蔓草
성곽 둘렀던 뽕나무는 새밭에 이어있네 遶闉桑柘接新耕
10년 만에 다시 오니 물어볼 사람 없어 十年重到無人問
홀로 서서 봄바람 맞으며 서글퍼하네 獨立東風一愴情

신미년(1571) 2월에 구성으로 나왔다가 집에 뜻하지 않은 실화가 나서 선생의 수필·잠명·간찰 및 써둔 여러 서책이 모두 재가 되고, 「경재잠도」·『사서질의』만이 겨우 화를 면하였다. 감회가 일어나 절구 한 수를 읊다[辛未二月 出龜城家偶失火 先生手筆箴銘簡札及所書書冊 盡入灰燼 惟敬齋箴圖四書質疑 僅免 因感吟一絶]

정성 다하여[48] 필적 대하니 뵙는 듯하고 盥薇對筆德容臨
열 겹 싸서 간직하니 옥구슬 안는 심정이네 十襲珍藏拱璧心
무슨 일로 불길의 시기함이 이리도 가혹하여 底事鬱攸猜戲劇
선생님 잃은[49] 슬픈 심정 더욱 깊게 만드나 樑摧哀臆轉增深

47) 육조(六朝) : 강남(江南)에 위치한 건강(建康, 지금의 남경)을 도읍으로 했던 오(吳)·동진(東晉)·송(宋)·제(齊)·양(梁)·진(陳)등 여섯 왕조이다. 이 시에서는 경주가 남쪽에 있는 도시임을 말하기 위하여 끌어왔다.
48) 정성 다하여[盥薇] : '관미'는 장미의 이슬 물을 받아 손을 씻는 것으로, 정성을 다하는 것을 말한다.
49) 선생님 잃은[樑摧] : '양최'는 선생님의 죽음을 말한다. 공자께서 돌아가시기 며칠을 앞두고 새벽에 일어나 "태산이 무너짐이여, 들보가 꺾어짐이여, 철인이 병들었음이여.[泰山其頹乎 梁木其壞乎 哲人其萎乎]"라고 노래한 이후 세상을 떠난 고사에서 유래한다.(『禮記』「檀弓上」)

김 돈서의 시에 사례하며[謝金惇敍韻]

오천이나 수곡이나	烏川唯樹谷
모두가 별천지[50] 라네	俱是別蓬壺
서로 멀지 않은 곳에서	去地無相遠
지혜롭다 어리석다 논하지 마세	休論智與愚

【수곡樹谷은 온계溫溪에 있다. 돈서의 시에서 지혜로움과 어리석음이 현격하다고 하며 스스로 겸손해하였다.】

정자 위에 먼저 녹기금[51] 상자 열어두고	亭上先開綠綺匣
시냇가에서 또 뛰어난 시인을 만났네	溪邊又值好詩人
서로 손잡고 한 잔 술을 권하노니	相攜勸進一杯酒
여러 해 만에 만난 고운 풍광을 위하세나	爲此韶華屢改春

우연히 읊다[偶吟]

작은 집에서 정신을 수양하려고 하니	矮屋將斯得養神
온천이 좋은 이웃 되어 얼마나 다행인가	溫泉何幸接芳隣
하해는 양이 깊어서 도랑물도 받아들이고	河海量深容細瀆
감형은 안목이 높아서 옥석을 분별하네	鑑衡度大辨珩珉
창고 넘친다고 어찌 부자에게 이어대랴	贏廩豈爲要繼富

---

50) 별천지[別蓬壺] : 봉호(蓬壺)는 신선이 살고 있다고 전해지는 동해의 삼신산 중의 봉래(蓬萊)·방호(方壺, 方丈)를 말한다.

51) 녹기금[綠綺] : 좋은 거문고를 말한다. 한나라 때 사마상여(司馬相如)가 「옥여의부(玉如意賦)」를 지어 양왕(梁王)에게 바치니, 양왕이 기뻐하여 사마상여에게 명금(名琴)인 녹기금(綠綺琴)을 하사하였다는 고사에서 유래한다.(『古琴疏』)

구황은 가난한 사람부터 하여야 하네	救荒聊可急周貧
암서헌의 가르침 만년에도 저버리지 않아	暮年不負巖栖訓
홀로 밝은 창을 마주하고 책에 파묻혀보네	獨對明窓卷裏人

김 언우의 매화시에 차운하여 보내다[次金彦遇梅韻 見寄]

소아[52]가 변하여 강 매화에 깃드니	素娥化作寄江梅
예쁜 꽃으로 점점이 피려고 하네	欲使鉛華點樹開
다만 세상 사람들이 탐낼까 두려워	只恐世人貪翫得
짐짓 한밤에 추위 뚫고 피게 하였네	故敎三夜犯寒來

김 언우·이 경소 문규[53]·구 경서·금 협지·금 문원·정 자중·류 이현 성룡[54] 등과 부석사를 유람하고 수창하여 짓다[與金彦遇李景昭 文奎 具景瑞琴夾之琴聞遠鄭子中柳而見 成龍 遊浮石寺 唱酬韻]

구장[55]을 짚고 표연히 앞서고 뒤서며	鳩杖飄然共後先

52) 소아(素娥) : 월궁(月宮)에 있다는 백의 선녀(白衣仙女)를 말한다. 일반적으로 달을 가리킨다.
53) 이문규(李文奎, 1513~?) : 자는 경소, 호는 문곡(文谷), 본관은 진성이다. 중년에 사마시(司馬試)에 입격한 후 학문에 전념하였다 만년에 학행으로 천거되어 참봉(參奉)을 지냈다.
54) 류성룡(柳成龍, 1542~1607) : 자는 이현, 호는 서애(西厓), 시호는 문충(文忠), 본관은 풍산(豊山)이다. 1566년 문과에 급제하였다. 1592년 임진왜란이 일어나자 영의정에 올라 어려움을 극복하였다. 난이 끝난 이후 고향으로 물러나 여생을 보냈다. 저서로는 『서애집』·『징비록(懲毖錄)』 등이 있다.
55) 구장(鳩杖) : 옛날 노인의 지팡이에 비둘기의 모양을 새겼는데, 그것은 비둘기가 먹다가 잘 체(滯)하므로 노인이 음식을 조심하라는 뜻이라고 한다.

청화절 좋은 날에 봉산 정상에 오르니	淸和佳節鳳山巓
난정의 멋진 모임[56]이 무어 부러우랴	蘭亭勝會何須羨
이번 길 모두 지선[57]이라고 다투어 말하네	爭道今行總地仙

이산서원에 퇴계 선생의 위판을 봉안하고 돌아오는 길에, 이 봉원·이 굉중·김 도성 융[58]·장 이신 근[59] 등 제군들과 파사에 묵으면서 각자 슬픈 감회를 서술하다[伊山書院 奉安退溪先生位版 歸路 與李逢原李宏仲金道盛 隆 張而信 謹 諸君同宿巴寺 各敍悲感之懷]

봄바람[60] 같은 선생님 모신지 몇 해였나	春風座下幾年廻
이 날의 문생들 백발을 재촉하네	此日門生白髮催
아! 못난 나는 더 나아가기 어려우나	噫我駑才難進步
그대들 부디 용맹전진하여 맴돌지 말게	須君勇邁莫徘徊

---

56) 난정의 …… 모임 : 동진(東晉) 목제(穆帝) 영화(永和) 9년(353) 3월 3일에, 왕희지(王羲之)와 사안(謝安) 등 42인의 명사(名士)가 산음(山陰) 난정(蘭亭)에서 수계(修禊)를 하고 시를 지으며 즐긴 일을 말한다.

57) 지선(地仙) : 육신을 유지한 채 인간 세상의 자연 속에서 노니는 신선을 말한다. “상사는 육신을 지닌 채 하늘로 올라가니 천선이라고 하며, 중사는 명산에 노니니 지선이라고 하며, 하사는 죽은 뒤에 몸을 벗으니 시해선이라고 한다.[上士 擧形昇虛 謂之天僊 中士 遊於名山 謂之地僊 下士 先死後蛻 謂之尸解僊]”에서 온 말이다.(『包朴子』「論仙」)

58) 김융(金隆, 1549~1594) : 자는 도성, 호는 물암(勿巖), 본관은 함창(咸昌)이다. 임진왜란 때 상중임에도 불구하고 인근 고을에 격문을 띠웠다. 저서로는 『물암집』·『삼경강록(三經講錄)』·『소학석의(小學釋義)』 등이 있다.

59) 장근(張謹, 1544~1619) : 자는 이신, 호는 잠재(潛齋), 본관은 단양(丹陽)이다. 성리학에 정통하고 경사(經史)에 통달하였다.

60) 봄바람[春風] : ‘춘풍’은 스승의 온화한 기운 속에 있었음을 말한다. 주공섬(朱公掞)이 여주(汝州)에 가서 명도(明道) 선생을 뵙고 돌아와서는 사람들에게, “내가 한 달 동안이나 봄바람 속에 앉아 있었다.[某在春風中坐了一箇月]”라고 말한 데서 온 말이다.(『近思錄』 卷14)

외람되게도 못난 자질로 가르침을 받아 猥將駑質荷鞭加
문로에서 끝까지 정사를 가리도록 하셨네 門路終教下正邪
제향 올리고 돌아오는 길 감회가 많은데 薦豆歸來多少感
깊은 밤 산창에는 등불마저 꺼져 있네 山窻深夜落燈花

다음 날 파사에서 제군들과 작별하다[巴寺翌日別諸君]

어제는 이산에서 작별을 하였는데 昨日伊山曾別處
오늘 아침에 또 헤어지며 정을 남기네 今朝又別總留情
나는 슬픈 감회 다하기 더욱 어려우니 此中悲感尤難旣
그대들과 나 어느 때에 한을 풀어볼까 君我何時恨卽平

도산서원의 일을 감독하는 여가에 읊어서 여러 공들에게 보여주다[陶山書院董役之暇 吟示諸公]

도에 뜻 두어도 방 안 엿보기 어려웠고 志道難窺室
문장을 익혀도 진수를 맛보지 못하였네 攻文未嚼英
끝내 사공도의 분수 헤아림 알아서이지 終知圖揣分
처음부터 어찌 곽문처럼 무정해서이랴 初豈郭無情
다행히도 고을에 선비가 많은 덕분에 幸賴邦多士
의리로 명분 돌아볼 것을 기약하여보네 相期義顧名
장수[61] 할 곳을 넉넉하게 얻었으니 藏修贏得地
어찌 또한 인의 영화에 힘쓰지 않으랴 盍亦勵仁榮

【사공도司空圖가 중조산中條山에 머물며 정자를 짓고 삼휴三休라고 이름 하였다. 재주를 헤아려보니 첫 번째로 마땅히 쉬어야 하며, 분수를 헤아려보니 두 번째로 마땅히 쉬어야 하며, 늙고 귀가 먹었으니 세 번째 마땅히 쉬어야 한다는 의미이다. 온교溫嶠가 곽문郭文에게, "배고프면

먹을 것을 생각하고 장성하여서는 아내를 생각하는 것은 자연의 이치입니다. 선생께서만 유독 감정이 없습니까?" 물으니, 곽문이 대답하기를, "감정은 생각을 거쳐서 나오는데, 나는 생각하지 않으므로 감정이 없습니다." 하였다.】

여러 벗들과 애일당에 모여 조 사경의 시에 차운하다[與諸友會愛日堂次趙士敬韻]

새는 좋은 나무를 찾아 앉고	禽尋佳木集
바람은 예쁜 꽃을 보내오네	風送好花來
풍경을 마주하니 감회 다시 이는데	對景還成感
당 마루 비었고 예전 길만 나있네	堂虛古徑開

원래 운[原韻]

높은 정자에 올라 한잔 마시니	一酌高亭上
친한 벗들이 사방에서 찾아 왔네	親朋四鼎來
마시는 양은 서로 달라도	飮雖隨量異
그나마 좋은 회포 풀어보세	聊與好懷開

금 문원의 고산서재에 부치다[寄聞遠孤山書齋]

고산서재 서쪽의 우뚝한 고산	孤齋西畔峙孤山

---

61) 장수(藏修) : 마음을 항상 학업에 두어 수습(修習)을 중단하지 않는 것을 말한다. "군자가 학문할 적에 장하고 수하며[君子之於學也 藏焉 修焉]"에서 유래한다.(『禮記』「學記」) 그 주소에 '장'이란 마음에 항시 학업을 생각함이요, '수'란 수습(修習)을 폐하지 않음이라고 하였다.

산 아래 평평하여 두어 칸 집 세울 만하네 山下容開屋數間
내가 산의 절반을 빌릴 수 있다면 可得借儂山一半
이 몸도 수운의 한가함을 힘께 하리라 此身同伴水雲閒

【수운정水雲亭을 짓고자 하였기 때문에 한 말이다.】

월천서당에 모여서 조 사경에게 읊어 보여주다[會月川書堂 吟示趙士敬]

환한 거울 속을 백발로 마주하니 鏡裏光華白髮臨
지금은 어릴 적 마음 다시 생기지 않네 至今非復少年心
만약에 무사하여 몸이 항상 강건하다면 若爲無事身常健
촌 술로 정담 나누려 날마다 찾아오리라 村酒情談日日尋

저녁 산봉우리 노을이 술잔에 어리니 晩峯霞影酒杯臨
흉금 털어 환호함이 오늘의 마음이네 傾倒懽呼此日心
어지러운 세상일을 말하여 무엇하랴 世事紛紛何足道
저녁 구름 사라지니 푸름이 천길이네 暮雲歸盡碧千尋

산 그림자 날마다 창가에 와 닿으니 山影當窻日日臨
산촌의 그윽한 흥취 그대 마음에 맞겠네 村居幽興稱君心
친구 불러 막걸리 거르며 진솔회[62] 이루어 呼朋漉酒成眞率
절로 풍류 있으니 밖에서 찾을 것 없네 自有風流不外尋

---

62) 진솔회[眞率] : 송나라 사마광(司馬光)이 벼슬길에서 물러나 낙양에 있으면서 자기 형인 사마단(司馬旦)을 위시하여 석여언(席汝言)·왕상공(王尙恭)·초건중(楚建中)·왕근언(王謹言) 그리고 자가 숙달(叔達)이라는 인물 등 일곱 사람으로 결성한 모임이다. 65세부터 78세까지이며, 모임을 가질 때는 술은 다섯 순배를 넘지 않고 음식도 다섯 가지를 넘지 않는 것으로 정하여 검소하게 모이는 것을 추구하였다.(『聞見前錄』)

해 저무는 산창에 섣달이 다시 오니　　歲晏山窻月復臨
산 속 생활은 일 없어 마음이 끌리네　　幽居無事了關心
종이 위에 적힌 그대의 시 두 편을 보니　　看君一紙題雙韻
고상한 뜻 깊은 정이 글자마다 느껴지네　　雅意深情字字尋

【임臨은 섣달 괘이다.】

솔과 국화는 풍상 속에서 절조 지키고　　松菊風霜節操臨
책 속에는 예전 성현의 마음이 남아 있네　　書存前古聖賢心
노쇠한 선비 선경[63] 속에서 지내며　　頹然一士中何有
귀밑머리에 세월 찾아온 것만 느끼네　　惟覺頭邊歲月尋

관찰사 이 공간 중량을 애도하다[挽李觀察使公幹 仲樑] 임오(1582)

풍운[64]처럼 천년 만에 지음[65]을 만나니　　風雲千載遇知音
훌륭한 덕과 풍채는 세상이 다 공경하였네　　宿德英儀世共欽
고을 다스린 명성은 소부[66]보다 뛰어났고　　治郡惠聲超召父

---

63) 선경[何有] : '하유'는 무하유지향(無何有之鄕)의 줄임말이다. 아무 것도 없이 끝없이 펼쳐진 적막한 세계로 장자(莊子)가 말한 이상향(理想鄕)이며 선경(仙境)을 말한다. "그대가 큰 나무를 갖고서 아무 쓸모가 없다고 걱정하고 있는데, 어찌하여 그 나무를 무하유지향의 광막한 벌판에 심어 두고서 하릴없이 그 곁을 서성이거나 그 밑에 누워서 소요해 볼 생각은 하지 않는가?[今子有大樹 患其无用 何不樹之於无何有之鄕 廣莫之野 彷徨乎无爲其側 逍遙乎寢臥其下]"에서 유래한다.(『莊子』「逍遙遊」)

64) 풍운(風雲) : 서로 뜻이 맞는 사람끼리 어울리는 것을 말한다. "구름은 용을 따르고 바람은 호랑이를 따른다.[雲從龍 風從虎]"에서 유래한다.(『周易』「乾卦」)

65) 지음(知音) : 서로의 마음을 알아주는 진정한 벗을 말한다. 춘추 시대 거문고의 명인 백아가 높은 산에 뜻을 두고 연주하면, 친구인 종자기가 평을 하였다. "멋지다, 마치 태산처럼 높기도 하구나.[善哉 峩峩兮若泰山]"라고 평하였고, 흐르는 물에 뜻을 두고 연주하면 "멋지구나, 마치 강하처럼 넘실대는구나.[善哉 洋洋兮若江河]"라는 고사에서 유래한다.(『列子』「湯問」)

66) 소부(召父) : 아버지처럼 백성을 보살펴 준 소신신(召信臣)을 말한다. 전한(前漢)의 소신신과

물고기 물리친 청검은 양금[67] 보다 나았네　　卻魚淸儉邁楊金
승정원 후설[68] 되어 나라의 도를 논하였고　　入司喉舌論邦道
관동의 관찰사로 나가 경륜을 펼쳤네　　出按關東布政心
팔십의 세월이 번개 같이 지나갔으니　　八十光陰隨電瞥
백수에 옷깃 적시는 눈물 어이 감당하랴　　何堪白首涕霑襟

생원 김 신중을 애도하다[挽金生員 愼仲]

생각난다! 서로 알고 지낸 40년 세월이　　追憶相知四十春
게다가 한 고장에서 이웃하며 지냈음에야　　況今同住一鄕隣
망형[69] 으로 오래 공경하니 정 너무 깊었고　　忘形久敬情偏重
책선[70] 하여 인을 미루니 우의 더욱 친하였네　　責善推仁誼益親
큰 복은 절로 후손이 넉넉히 받을 텐데　　遐福自來應裕後
무슨 일로 묵은 병이 몸을 괴롭혔는가?　　沉痾何事苦嬰身

후한(後漢)의 두시(杜詩)가 남양 태수(南陽太守)가 되어 다 같이 덕정(德政)을 베풀었으므로 남양 백성들이 말하였다. "앞에는 소부가 있고 뒤에는 두모가 있다.[前有召父 後有杜母]" 한 데서 온 말이다.(『漢書』「循吏傳·召信臣」)

67) 양금(楊金) : 동한(東漢) 때 형주 자사(荊州刺史)를 지낸 양진(楊震)이 금(金)을 물리친 일을 말한다. 하루는 그의 천거로 창읍(昌邑)의 영(令)이 된 왕밀(王密)이 찾아와서 감사의 표시로 황금 10근을 바치니, 양진이 사양하며 "나는 그대를 아는데 그대는 어찌하여 나를 모르는가?"라고 하였다. 왕밀이 받기를 청하며 "어두운 밤이라 아는 사람이 없습니다." 말하였다. 양진이 나무라며 "하늘도 알고 신도 알고 나도 알고 그대도 아는데, 어찌 아는 사람이 없다고 하는가?" 하니, 왕밀이 부끄러워하며 금을 가지고 돌아간 일에서 유래한다.(『後漢書』「楊震列傳」)

68) 후설(喉舌) : 왕명의 출납을 맡은 승지(承旨)를 말한다. "왕명을 출납하니, 왕의 후설이다.[出納王命 王之喉舌]"에서 온 말이다.(『詩經』「大雅·烝民」)

69) 망형(忘形) : 형체와 자취를 벗어나 너와 나를 가리지 않는 좋은 벗을 말한다. 당(唐)나라 백거이(白居易)는 시에서, "나에게 정다운 벗이 있으니, 아득한 이와 원이네.[我有忘形友 迢迢李與元]"라고 하였다.

70) 책선(責善) : 상대방에게 선행을 하라고 권면하는 것을 말한다. "선을 구함은 붕우 사이의 도리이다.[責善 朋友之道也]"에서 온 말이다.(『孟子』「離婁下」)

후조당[71]이 돌아가시고 공이 따라가니	後凋已矣公隨逝
백발의 서글픈 회포는 풀 길이 없네	白髮傷懷悵莫伸

의성 이 정수[72] 준을 애도하다[挽李義城廷秀 寯]

선한 이 복 받음은 변함없는 천도이기에	福善由來天道常
오늘의 이 죽음은 생각지도 못하였네	不圖今日慟云亡
한 번의 찰방으로 넓은 은혜 베풀었고	一爲郵督推恩普
세 번 찬 동장[73]은 큰 은택을 남겼네	三佩銅章惠澤滂
여러 아들 뜰에서[74] 함께 입설[75] 하였기에	諸子庭趨同立雪
하늘이 사문 버려서 대들보 무너졌지만	斯文天喪奈摧樑
기구[76]의 사업 계승할 훌륭한 아들 많으니	箕裘承業多賢子
이밖에 무어 좋고 나쁨을 비교하겠는가	此外何須較短長

---

71) 후조당(後凋堂) : 김부필(金富弼)의 호이다. 1577년에 세상을 떠났다.

72) 정수(廷秀) : 이준(李寯, 1523~1583)의 자. 본관은 진성(眞城)이다. 1555년 집경전 참봉(集慶殿參奉)을 지내고 영은전 참봉(延恩殿參奉)을 제수 받았으나 부임하지 않았다. 1569년 연로한 부친을 위해 향리에서 가까운 봉화 현감(奉化縣監)으로 이직하여 어진 정사를 펼쳤다.

73) 동장(銅章) : 한(漢)나라 때 2천 석(石) 이하의 관리가 몸에 찼던 동인(銅印)과 묵수(墨綬)를 말한다. 이후 일반적으로 현령(縣令)을 말하게 되었다.

74) 뜰에서[庭趨] : 추정지훈(趨庭之訓)의 줄임말로 아들이 뜰에서 아버지에게 가르침을 받는 것을 말한다. 공자(孔子)가 집에 혼자 서 있을 때, 아들이 종종걸음으로 뜰을 지나가자[鯉趨而過庭], 시와 예를 배우도록 가르쳤던 고사에서 유래한다.(『論語』「季氏」)

75) 입설(立雪) : 제자로서의 예를 잘 갖추고 문하에 들어가는 것을 말한다. 송나라 때 유조(游酢)와 양시(楊時)가 어느 날 정이(程頤)를 방문하였는데, 정이가 명상에 잠겨 앉아 있었다. 이에 양시가 곁에 시립(侍立)한 채 떠나지 않았는데, 정이가 명상에서 깨어났을 때에는 문 밖에 눈이 한 자가 쌓였다는 고사에서 유래한다.(『宋史』「道學傳·楊時」)

76) 기구(箕裘) : 세업(世業)을 말한다. “훌륭한 대장장이의 아들은 반드시 갖옷 만드는 것을 배우고, 훌륭한 활 만드는 사람의 아들은 반드시 키 만드는 것을 배운다.[良冶之子 必學爲裘 良弓之子 必學爲箕]”에서 유래한다.(『禮記』「學記」)

부賦

진정부陳情賦

아! 받은 명이 기구하고 천박하나	嗟賦命之奇薄
살아온 지 어언 51년이나 되었네	歷歲元兮五十一
젊어서부터 남다른 명성 없었고	自少壯而無異聞
속절없이 늙어서 질병만 안고 있네	空潦倒而抱疾
학해[77]를 바라보니 하늘 오름과 같아서	望學海有若登天
재주와 식견이 용렬함을 부끄러워하네	愧才鈍而識劣
병오년 봄 소과의 선발에 입격하여	屬丙午之春選
외람되이 200명[78] 중에 참여하였네	試叨參於二百
5년 동안 성균관에서 국록 먹으며[79]	歲周五兮竊廩
취우[80]하며 함께 함을 부끄러워하였네	混吹竽兮赬顏

---

77) 학해(學海) : 학문의 길이 한없는 바다같이 넓음을 말한다. "수많은 내는 바다를 배워서 바다에 이르며 구릉은 산을 배우지만 산에는 이르지 못한다.[百川學海而至于海 丘陵學山而不至于山]"에서 온 말이다.(『法言』「學行」)

78) 200명 : 『경국대전(經國大典)』의 소과(小科)의 입격(入格) 인원을 살펴보면, 경상도에는 생원시(生員試)에 100명 진사시(進士試)에 100명으로, 합쳐서 200명을 선발하였다.

79) 오년 …… 먹으며 : 「연보」를 살펴보면, 31세에 성균관으로 들어가 35세에 벼슬길에 마음을 접고 고향으로 내려온 것으로 되어 있다.

80) 취우(吹竽) : 자격도 없는 사람이 관리들 틈에 섞여 지냈음을 말한다. 전국 시대 제 선왕(齊宣王) 때에 수백 인의 악공(樂工)을 모집하였는데, 남곽처사(南郭處士)가 피리를 불지도 못하면서 섞여 지내며 대접을 잘 받았다. 선왕이 죽고 민왕(湣王)이 즉위한 뒤, 한 사람씩 나와서 악기를 연주하게

집이 가난하고 어버이 늙음을 생각하면	念家貧而親老
따뜻하고 배부른들 무슨 관심 있으랴	縱溫飽兮何關
물러나 스스로 나의 몸을 살피니	退自省夫吾身
농사에 묻히는 일 만한 것이 없네	曷若投分於農畝
홀로 따로 떨어져서 무리 짓지 않고	判獨離兮不羣
밤낮 두려워하며 허물을 없애리라[81]	日夕惕而無咎
골몰한 내가 미치지 못할 것만 같으니	汨余若將不及
겨우 저장하여 겨울을 대비[82]하여야 겠네	聊可旨蓄而御冬
일찍부터 어버이 떠나 스승을 따라서	蚤辭親而從師
자식의 도리 못한 것이 개탄스럽네	慨子職之未供
어찌하여 풍수[83]의 탄식 멈추지 않아	何風樹之不止
참혹하게도 호시[84]께서 연이어 돌아가셨네	慘怙恃之繼禍
통곡하며 부르짖어도 어쩔 수 없고	痛號踊而無逮
스스로 죽으려 하여도 하지 못하였네	欲自滅又不果
세상 일이 못난 나[85]에게 부여되어	付世故於葑菲

하자 도망쳤다는 고사에서 유래한다.(『韓非子』「內儲說上」)

81) 밤낮으로 …… 없애리라 : 종일토록 부지런히 하고 날이 저물어서도 두려워하는 자세를 말한다. "군자가 종일토록 힘쓰고 힘써 저녁에도 두려워하면 위태로우나 허물이 없으리라.[君子 終日乾乾 夕惕若 厲 无咎]"에서 유래한다.(『周易』「乾卦」)

82) 저장하여 겨울을 대비 : 맛있는 채소를 저장하여 겨울을 대비하듯이 준비하는 것을 말한다. "내가 맛있는 채소를 저장하는 것은, 또한 겨울을 대비하기 위해서이다.[我有旨蓄 亦以御冬]"에서 온 말이다.(『詩經』「邶風·谷風」)

83) 풍수(風樹) : 자식의 마음과 달리 세월은 기다려 주지 않음을 말한다. 공자(孔子)가 길을 가는데 고어(皐魚)란 사람이 슬피 울고 있기에 까닭을 물었더니, 고어가 답하기를, "나무는 고요하고자 하여도 바람이 그치지 않고 자식이 봉양하고 싶어도 어버이는 기다려 주지 않는다.[夫樹欲靜而風不止 子欲養而親不待]" 한 데서 유래한다.(『韓詩外傳』)

84) 호시(怙恃) : 부모를 말한다. "아버지 아니시면 누구를 의지하며, 어머니 아니시면 누굴 믿을까.[無父何怙 無母何恃]"에서 유래한다.(『詩經』「小雅·蓼莪」)

85) 못난 나[葑菲] : '봉비'는 훌륭하지는 못하나 취할 것이 있음을 말한다. "순무를 캐고 순무를 뜯는 것은, 뿌리 때문이 아니네.[采葑采菲 無以下體]"에서 유래한다.(『詩經』「邶風·谷風」) 그 주에 봉미를 캐는 자는 그 뿌리가 나쁘다고 줄기의 아름다움을 버리지 말아야 한다고 하였다.

향화를 영원히 받들기로 기약하였네	期永奉乎香火
	- 원문 빠짐-
아! 슬퍼라	嗚呼噫嘻
질박한 도가 이미 흩어지고 나니	大樸已散
순박한 풍속 사라져 버렸네	淳風不復
인정은 반복하여 무상하고	人情兮飜覆
세도는 어지럽고 각박하네	世道兮淆薄
생명이 있으면 욕심이 있으니	覽有生之有欲
그 욕심 부귀와 안일함에 있네	在富貴與安佚
누가 부귀를 거절하고 가난할 것이며	孰辭富而居貧
누가 재물 앞에서 욕심을 끊겠는가?	孰臨財而截欲
고인 물이 쉽게 마름을 잊어버리고	忘潦深之易渴
어리석게도 이곳에 엎드려 있네	昧倚伏之在是
원헌[86]의 가난을 지키고자 함이여	欲守原憲之貧兮
즐거움이 안자[87]만 못하여 부끄럽네	愧所樂不如顏子
옛 사람을 흉내 낼 줄[88]만 알았지	惟知效嚬於古人

86) 원헌(原憲) : 춘추 시대 노(魯)나라 사람으로, 송나라 사람이라고도 한다. 자(字)는 자사(子思) 혹은 원사(原思)라고 하는데, 공자의 제자이다. 원헌은 쑥대를 짜서 문을 겨우 만들어 단 가난한 집에 살면서도 정좌하고 거문고를 타며 노래를 불렀다. 출세한 자공(子貢)이 찾아와 가난한 모습을 보고 무슨 병이 있느냐고 물으니, 원헌이 답하였다. "나는 들어보니, 재물이 없음을 가난이라 하며 도를 배우고도 행동하지 못하는 것을 병이라고 하더라. 지금 나는 가난한 것이지 병든 것은 아니라네.[憲聞之 无財 謂之貧 學道而不能行 謂之病 今憲 貧也 非病也]"(『莊子』「讓王」)

87) 즐거움이 안자 : 가난 속에서도 자신의 의지를 바꾸지 아니하고 도를 즐기는 안연의 자세를 말한다. "누추한 거리에서 지내는 것을 딴 사람들은 그 근심을 견디지 못하는데, 안회는 그 즐거움을 변하지 않으니, 어질다. 안회여.[在陋巷 人不堪其憂 回也不改其樂 賢哉 回也]"에서 유래한다.(『論語』「雍也」)

88) 흉내 낼 줄[效嚬] : 맹목적으로 흉내 내는 것을 말한다. "서시가 가슴이 아파 얼굴을 찡그리자, 그 마을의 추녀가 보고는 아름답게 여겨 돌아가 자기도 가슴을 쓰다듬으면서 얼굴을 찡그렸다. 그 마을의 부자는 그것을 보고 문을 굳게 닫고 나오지 않았으며, 빈자는 그것을 보고 처자를 데리고

군자의 지학[89]에는 이르지 못하였네	未達君子之志學
번수가 농사일 배운 것[90]을 뒤따르고	踵樊須之學稼
자공이 재물 늘인 것[91]을 모방하니	倣子貢之貨殖
염구처럼 부를 도운 것[92]이 아니고	非冉求之爲富
그저 가난 대비하여 급할 때 구제함이네	聊備荒而救急
만약 석서[93]가 야유하여 지붕을 뚫는다면	若有碩鼠揶揄而穿屋
어느 한 사내가 감히 구휼하랴	孰一夫之敢恤
곁에 있는 한 사람이	旁有一人
거듭거듭 나를 꾸짖어 말하네	申申其詈余曰
"어디인들 유독 방초가 없겠는가?	何所獨無芳草
자네는 어찌하여 가난하게 지내는가?	爾胡爲乎窘步
접역[94] 전 지역을 살펴보면	洞相觀乎鰈域
살 만한 곳이 허다하네	有可居者幾許

그 곳을 떠났다.[西施病心而矉其里 其里之醜人 見之而美之 歸亦捧心而矉其里 其里之富人 見之堅閉門而不出 貧人 見之 挈妻子而去走.]"에서 유래한다.(『莊子』「天運」)

89) 지학(志學) : 배움에 뜻을 두었음이니 학문하는 시초를 말한다. "나는 15세에 배움에 뜻을 두었고[吾十有五而志于學]"에서 유래한다.(『論語』「爲政」)

90) 번수가 …… 것 : 수(須)는 공자(孔子)의 제자인 번지(樊遲)의 이름이다. "번지가 농사일을 배울 것을 청하자, …… 소인이로다! 번수여. …… 어찌 농사짓는 일을 쓸 필요가 있겠는가.[樊遲請學稼 …… 小人哉 樊須也 …… 焉用稼]"에서 유래한다.(『論語』「子路」)

91) 자공이 …… 것 : 자공은 공자의 제자로 성은 단목(端木), 이름은 사(賜)인데, 위(衛)나라 사람이다. "자공은 천명을 받지 않고도 재물을 늘였으나 억측하면 자주 들어맞는다.[賜 不受命 而貨殖焉 億則屢中]"에서 유래한다.(『論語』「先進」)

92) 염구처럼 …… 것 : 여유 있는 데도 계속 도우는 것을 말한다. "자화가 제나라에 심부름을 가자, 염구가 그의 어머니를 위해 곡식을 줄 것을 요청하였는데, …… 군자는 곤궁한 이를 보살피고 부유한 이에게 계속 대주지 않는다.[子華使於齊 冉子爲其母請粟 …… 君子 周急 不繼富]에서 유래한다.(『論語』「雍也」)

93) 석서(碩鼠) : 폭정을 말한다. "큰 쥐야 큰 쥐야, 우리 기장을 먹지 말지어다. 삼 년 동안이나 괴롭히고도, 그래도 나를 봐주지 않누나.[碩鼠碩鼠 無食我黍 三歲貫女 莫我肯顧]"에서 온 말이다.(『詩經』「魏風·碩鼠」)

94) 접역(鰈域) : 가자미[鰈魚]는 동해(東海)에서 나기 때문에, 한반도 지역을 접역(鰈域)이라고 한다.

골짜기에서는 고반[95]의 즐거움을 읊고　　澗谷詠考槃之樂
형문[96]에는 느긋이 머무를 곳이 있다네　　衡門有棲遲之處
자네가 참으로 가서 머문다면　　子苟往而居之
또 장소 없음을 걱정하지 않아도 되네　　又不患其無所
일찍 도모하여 농장으로 물러나지 않는가?　　何不蚤圖而退莊
참으로 한탄스럽고 괴이한 일이네　　誠可歎而可怪
아! 도도한 세상 사람들이여　　嗟世人之滔滔
다들 옻으로 머리 감고 풀리기를 구하네[97]"　　總沐㯃而求解
이 말 듣고 문득 마음속으로 깨달으니　　忽聞言而心寤
우리 객의 깊은 경계에 감동하였네　　感吾客之深戒

- 원문 빠짐-

결어에 이르노니 그만이구나!　　誶曰已矣
백년의 절반이 지나도록　　百年強半
어려움 헤친 적 없으니　　未曾涉難
머리는 이미 세었으나　　頭雖已白
계획을 진작 세우지 못하였네　　計不宿筭
우러를 만한 것은　　所可仰者
선생님의 문하에서　　函丈門下

---

95) 고반(考槃) : 고(考)는 이루다는 뜻이고, 반(槃)은 한가히 노닌다는 뜻으로 은거하는 집이나 은거하는 것을 말한다. "고반이 시냇가에 있으니, 훌륭한 분이 태연히 거처하네.[考槃在澗 碩人之寬]"에서 온 말이다.(『詩經』「衛風·考槃」)

96) 형문(衡門) : 나무를 가로질러 만든 보잘 것없는 문으로, 안분자족(安分自足)하는 은자의 거처를 말한다. "형문의 아래에서, 느긋하게 지낼 만하다.[衡門之下 可以棲遲]"에서 온 말이다.(『詩經』「陳風·衡門」)

97) 옻으로 …… 구하네 : 경제에 매여 벼슬을 물러나지 못하는 신세를 말한다. 송(宋)나라 장뢰(張耒)의 「송진소장서(送秦少章序)」에서 진관(秦觀)이 가족을 위해 관리(官吏) 노릇을 벗어날 수 없는 자신의 신세를 한탄하며, "옻으로 머리감으면서 머리를 펴기를 구하는 것과 같다.[如沐漆而求解]"라고 한데서 유래한다.(『古文眞寶』)

어지신 보살핌 많이도 받았지 　濫荷仁眷
정성스럽게 가르치시고 　諄諄誨橥
끊임없이 바로잡아 주시어 　針砭不倦
사랑이 이 몸에 사무쳤으니 　愛澈微軀
참으로 잊기 어렵네 　誠所難忘
맹세컨대 위급하여도 변절하지 않고 　矢顚沛而不渝
한 마음으로 끝없이 받들고자 하네 　奉一心於無疆
대들보 서둘러 꺾일 줄 어찌 알았으랴 　何知樑木之遽摧
말씀을 듣지 못한지가 여러 달이네 　曠謦欬於屢月
참으로 이 도를 밝히기 어려우니 　誠此道之難明
비록 통곡한들 어찌 따라잡겠는가 　縱啜泣兮何及
우러러 선성[98]의 훌륭한 말씀 중에 　仰宣聖之至言
덕은 덕으로 보답하라는 말씀 있네 　有德報以德恩
바라건대, 마음에 새겨 잃지 말아서 　庶佩服而勿失
성문에 저버림이 없기를 기약하네 　期無負於聖門

---

98) 선성(宣聖) : 대성지성문선왕(大成至聖文宣王)의 약칭으로 공자를 말한다.

매헌선생문집
梅軒先生文集

제2권

매헌선생문집 제2권

서書

퇴계 선생께 올린 『역학계몽』에 대한 문목[上退溪先生 啓蒙問目]

"원圓은 별이다."를 묻습니다. 『서경書經』「요전堯典」에서 "해와 달과 성신星辰을 역상曆象[1]하다." 하였습니다. 이는 하늘과 해·달의 만남을 관찰하여 책력을 만들었고, 천상天象을 살필 때 반드시 별로써 도수를 삼는다는 것입니다. 예를 들어 28수宿로 하늘의 도수를 나누어 천체天體로 삼은 것이 이것입니다. 그러므로 "책력을 기록하는 법은 여기에서 시작한다."[2] 하였습니다.

퇴계 선생께서 답하기를, "옳네." 하다.

'오운五運'[3]을 묻습니다. 지이地二[4]의 화火는 소음少陰에 속하면서, 또 소양少陽에 속하는 것은 왜입니까? 천오天五의 토土가 태음太陰에 속하며, 지사地四의 금金이 양명陽明에 속하는 것은 또 무슨 의미입니까?

퇴계 선생께서 답하기를, "다만 『소문素問』[5]의 사상四象 이외에 양명陽明과 궐음厥陰[6]을

---

1) 역상(曆象) : 책력으로 기록하고 관상(觀象)하는 기구로 관찰하는 일을 말한다.
2) 책력을 …… 시작한다 : 이는 소옹(邵雍)의 말이다.
3) 오운(五運) : 수(水)·화(火)·금(金)·목(木)·토(土) 오행의 운행을 말한다.
4) 지이(地二) : 『주역(周易)』「계사상(繫辭上)」에 나온다.

더하여 육기六氣가 되었네. 뜻을 만드는 것이 이미 『주역』의 사상四象과 같지 않고 보면 나누어 소속시킨 것이 어찌 『주역』 사상의 설에 모두 일치하기를 바랄 수 있겠는가?" 하다. -선생께서 개정하다.-

주註의 "양이 변하고 음이 합하여 처음으로 수화水火가 생겨난다."를 묻습니다. 주자朱子께서 말하기를, "양이 움직이고 음이 따르므로 변變과 합合을 말하였다. 이제 양이 변하고 음이 합하여 처음으로 수화가 생겨난다 말하고 보면, 수水는 참으로 그러하다. 오직 화火는 지이地二[7]에서 생겨나 천칠天七에서 이루어지니, 양이 먼저이고 음이 뒤라고 말할 수 없다. 어떠한가?" 하였습니다. 혹자는 말하기를, "양이 변하여 수水를 낳았다와 음이 합하여 화火를 낳았다는 두 조항으로 보아야 한다. 수가 음에 관여하지 않고 화가 양에서 이루어지지 않는다고 말한 것은 아니다. 단지 그 생성된 것으로써 말하였다."고 하였으며, 혹자는 말하기를, "화가 비록 음에서 나서 양에서 이루어졌으나, 양에서는 합을 말할 수 없고 음에서는 변을 말할 수 없다. 그러므로 이와 같이 묶어서 말하였다."고 하였으며, 혹자는 말하기를, "성수成數는 비록 양이나 바로 음을 낳고, 생수生數는 비록 음이나 바로 양을 이룬다. 그러므로 이와 같이 조합하여 말하였다."고 하였습니다. 세 사람의 학설이 모두 비슷하여, 누구의 설이 확론確論인지 모르겠습니다.

퇴계 선생께서 답하기를, "아마도 통합하여 말한다면 단지 양이 변하고 음이 합한다네. 그 속에서 한 물物이 생성하는 것을 각각 말하면, 처음에는 누가 낳고 누가 이루어지

---

5) 『소문(素問)』: 중국 최고(最古)의 의학책을 말한다. 황제(黃帝)가 지었다고 하나, 진한(秦漢) 시대에 이루어진 것이라는 학설이 통설이다. 『황제소문(黃帝素問)』은 『황제내경(黃帝內逕)』 18권 가운데 앞의 9권에 해당한다.

6) 양명(陽明)과 궐음(厥陰) : 오운육기(五運六氣)를 말한다. 오운육기는 소음군화(少陰君火)·태음습토(太陰濕土)·소양상화(少陽相火)·양명조금(陽明燥金)·태양한수(太陽寒水)·궐음풍목(厥陰風木)이다.

7) 지이(地二) : 천지의 수에 양의 기수(奇數)와 음의 우수(偶數)를 말한 것 중의 하나이다. "천이 1이고 지가 2이며, 천이 3이고 지가 4이며, 천이 5이고 지가 6이며, 천이 7이고 지가 8이며, 천이 9이고 지가 10이니[天一地二天三地四天五地六天七地八天九地十]"에서 온 말이다.(『周易』「繫辭上」)

는 나누어짐이 있다네. 변과 합은 아버지가 낳고 어머니가 품는 것과 같을 뿐이네." 하다. - 선생께서 개정하다. -

면재勉齋[8])가 "기수奇數와 우수偶數가 많고 적다."고 말한 것을 묻습니다.

퇴계 선생께서 답하기를, "기수 중에 1·3은 적고 7·9는 많으며, 우수 중에 2·4는 적고 8·10은 많네. 본래 적고 본래 많음은 부득불 그러하여서 한 말이라네." 하다. -선생께서 개정하다.-

묻습니다. 순서가 같지 않음을 말한 것은 왜입니까? 소주小註에서 옥재玉齋[9])가 "생겨나는 것과 생겨 이루는 것이다." 하였습니다. 생겨나는 것은 어쩌면 중오中五에서 사방四方의 수를 추출한 것이라고 여겨지는데, 생겨나는 것이라고 한다면 아마도 온당하지 않을 듯합니다. 생겨나는 것은 단지 천일天一이 수水를 낳고 지이地二가 화火를 낳는 차례일 뿐이며, 생겨 이루는 것은 무엇이 낳고 무엇이 이루어지는 차례일 뿐입니다. 그러나 대주大註로 살펴보면, 아래에서 시작하여 차츰 올라간다고 합니다. 아래에서 시작함이 어찌 1을 생겨나게 하는 것만을 취하고, 이룬 수인 6을 가리키지 않겠습니까? 차츰 올라감이 어찌 2를 생겨나게 하는 것만을 설명하고 유독 이룬 7을 언급하지 않았겠습니까? 끝내 어떻게 보아야 마땅할지 모르겠습니다.

퇴계 선생께서 답하기를, "중오中五에서 추출한다는 설이 낳는다가 아니고 보면 단지 오행이 생겨나는 차례이네. 생겨 이루는 것은 바로 무엇이 낳고 무엇이 이루어짐을 말한 것이네. 그 아래에서 시작한다고 함은 수가 아래에서 비로소 낳는 것을 말하

---

8) 면재(勉齋) : 송나라 도학자 황간(黃榦, 1152~1221)의 호. 자는 직경(直卿), 시호는 문숙(文肅), 민현(閩縣) 사람이다. 주자와 유청지(劉淸之)에게 수학하였는데, 주희는 그의 능력을 인정하여 학문을 전수하고 사위로 삼았다. 백록동서원(白鹿洞書院)에서 강학하였다. 저서로는 『육경강의(六經講義)』·『예기집주(禮記集注)』 등이 있다.
9) 옥재(玉齋) : 송나라 호방평(胡方平)의 호이다. 특히 『주역(周易)』에 정통하여 『역학계몽통석(易學啓蒙通釋)』을 저술하였다.

네. 그러나 1과 6은 생겨 이루어진 수라서 겸하여 거론한 것이요, 1과 2를 거론하고 6과 7을 빠트린 것은 아니네. 이는 「낙서洛書」에서 음양을 나누고 하나하나 세어서 말한 것과는 같지 않네. 그러므로 옥재는 '모두 뒤섞어서 뜻을 취한다.'고 말한 것이네." 하다. -선생께서 개정하다.-

묻습니다. 「원괘획原卦畫」[10]의 형이상形而上은 형을 넘어서 있는 것이고, 형이하形而下는 형의 아래에 있는 것입니다. 만약 형의 아래에 있다면 상과 하의 사이에 따로 형을 지닌 사물이 있는 듯합니다.

퇴계 선생께서 답하기를, "옳네." 하다.

묻습니다. 영零과 성星에서, 영은 수의 나머지이고 성은 저울대의 눈금입니까?

퇴계 선생께서 답하기를, "나머지 수는 소수小數이네." 하다.

묻습니다, 기중氣中이 있는데, 기중이 느려지는 이유는 무엇입니까?

퇴계 선생께서 답하기를, "'기중이 느려지는 것이다.'의 아래에서 옥재玉齋의 설이 이미 분명하니, 다시 설명할 필요는 없네. 다만 자세히 보면 이 기중이 매월의 중中을 말하는 것이 아니고, 기는 바로 춘분과 추분의 음양陰陽과 한서寒暑의 중간을 지적하여 말한 것이네. 만약 처음 나서 이에 이르기까지 달을 따라 날을 계산하여 보면 본래 일정한 수가 있으니, 성글다거나 촘촘하다고 논의하는 것은 마땅하지 않네. 이제 음양과 한서의 중간으로써 말한다면 양이 처음 나고 음이 오히려 성대한 때이네. 양의 기운이 중을 얻으면 마땅히 늦추어 성글어졌다가, 이미 성대하여진 뒤에 또 마땅히 재촉하여 촘촘하여지니, 음이 또한 그러하네. 그러므로 옥재玉齋의 설이 이와 같네." 하다. -선생께서 개정하다.-

---

10) 「원괘획(原卦畫)」: 『역학계몽』의 편명이다.

'한번 교역과 다시 교역[一交再交]'을 묻습니다. 혹자는 말하기를, "진震과 손巽은 절로 서로 교역하고, 태兌·리離·감坎·간艮도 절로 서로 교역한다." 하였으며, 혹자는 말하기를, "만약 앞의 설과 같으면 특별한 의미가 없어서 옥재玉齋가 굳이 말하지 않았을 것이다. 처음 교역하여 진震과 손巽이 되고, 다시 교역하여 태·리·감·간이 된다. 다만 위에서 말하였듯이 건과 곤은 정위定位이니, 바로 이어서 한 번 교역하고 두 번 교역한다고 하면 건과 곤이 처음 교역하여 진과 손이 되고, 다시 교역하여 태·리·감·간이 된다." 하였습니다. 두 설이 모두 타당하지 않으니, 단지 음과 양이 처음 교역하고 다시 교역하여 육자六子[11]가 되는 것입니다.

퇴계 선생께서 답하기를, "이른바 한번 교역하고 다시 교역한다는 것은 후천괘後天卦의 일색一索과 재색再索[12]의 설과는 다르네. 단지 음과 양이 한번 교역하고 다시 교역하여 육자가 되는 것을 말하네. 만약 건과 곤의 교역이라고 여기면, 그 위에 정위로서 건곤을 말하지는 않았을 것이네. 대개 정위의 설은 교역한다는 뜻에서 취하지 않았네." 하다. -선생께서 개정하다.-

주註의 '분한分限'을 묻습니다. '나누어서는 한정한다.'라고 풀이합니까?

퇴계 선생께서 답하기를, "『운회韻會』에 거성去聲의 분分 자는 나누어 양을 한정짓는다는 훈이 있고 보면 나누며 한정한다고 하여야 하네. 분分 자가 나눈다는 뜻이 되는 것은 앞서 이미 논의하였네. 옥재玉齋가 분한分限으로 풀이하였지만, 애초에 소자邵子의 본뜻이 아니어서 뜻이 서로 맞지 않네. 그러므로 아래의 글에서 왕왕 모두가 나눈다고

---

11) 육자(六子) : 팔괘(八卦)에서 건(乾)은 부(父), 곤(坤)은 모(母)가 되는데, 이 두 괘가 낳은 여섯괘[六卦]를 말한다. 즉 진(震)은 장남, 손(巽)은 장녀, 감(坎)은 중남, 리(離)는 중녀, 간(艮)은 소남, 태(兌)는 소녀이다.

12) 일색(一索)과 재색(再索) : 첫 번째로 구하고, 두 번째로 구하는 것을 말한다. 순음(純陰)으로 된 곤(坤)이, 순양(純陽)으로 된 건(乾)에서 일색(一索)을 하여 맨 밑에 양효(陽爻)를 얻어 오면 진(震)이 되는데 이를 장남(長男)이라고 한다. 재색(再索)을 하여 중간의 양효를 얻어 오면 감(坎)이 되는데 이를 중남(中男)이라고 한다. 삼색(三索)을 하여 맨 위의 양효를 얻어 오면 간(艮)이 되는데 이를 소남(少男)이라고 하였다.(『周易傳義大全』「文王八卦次序圖」)

설명하였는데, 이곳과는 본래 서로 부닥치게 되어 그 그릇됨을 볼 수 있네." 하다. -선생께서 개정하다.-

"무극의 이전이다."의 소주小註에 "모름지기 유무有無가 있다."고 한 것을 묻습니다. 혹자의 의견은 "이미 무극無極이라 하였으면 모름지기 유극有極이 있어야 하는 것이 아닌가? 이미 전후가 있다고 하였다면 또한 반드시 유무가 있어야 하는가?"라고 여겼습니다. 말하자면, 형상이 없는 것은 전후로 말할 수 없습니다. 소자邵子의 설이 무극의 이전에 이미 전후로 말하였고 보면 무극이 또한 반드시 형상의 유무가 있어서 지적하여 말할 수 있다는 것입니까?

퇴계 선생께서 답하기를, "본래 전후로 말할 수 없네. 소자邵子는 여기에서 다만 괘기卦氣의 순환으로써 곤괘坤卦로부터 뒤집어 구괘姤卦를 지적한 것을 이전이라고 하였을 뿐이네. 실지로 전후는 없네." 하다. -선생께서 개정하다.-

묻습니다. 『계몽전의啓蒙傳疑』의 역수易髓에서 말하고 있는 "건곤 두 괘를 또 임계壬癸에 납속納屬한다." 이하의 뜻이 분명하지 않습니다.

퇴계 선생께서 답하기를, "이 글은 또 임壬·계癸·갑甲·을乙 열 두지지에 납속한다고 하여야 하네. 만일 건괘의 초효가 갑자·임자와 동행한다면 사효는 임오·갑오와 동행하게 되며, 곤괘의 초효가 을미·계미와 동행한다면 사효는 계축·을축과 동행하게 되네. 나머지 효들도 모두 이러한 관점으로 이와같이 미루어 보아야 바야흐로 완전히 갖추어질 수 있네." 하다.

묻습니다. 기氣와 삭朔이 나누어져 가지런해짐이 기영氣盈과 삭허朔虛[13]가 나누어져서 서로 가지런해지는 것입니까?

---

13) 기영(氣盈)과 삭허(朔虛) : 해가 하늘과 만날 적에는 5일과 940분의 235일이 더 많은데, 이것을 기영이라고 하고, 달이 해와 만날 적에는 5일과 940분의 592일이 적은데, 이것을 삭허라고 한다.

퇴계 선생께서 답하기를, "아마도 이 분分 자는 거성去聲으로 나누어 한정한다는 뜻일 것이네. 기영과 삭허를 합치면 윤달이 생겨나기 때문에 해와 달이 모이면서 소수 592분이 생기네. 이 수로부터 끊어 계산하여 들어가서 윤달을 만드네. 이른바 348분이라는 것은 실지로 일 년 동안 달이 움직여 지나가는 분이네. 줄어들어 윤달을 만드는 수에는 들어가지 않기 때문에 다시 말하지 않은 것이네. 아래의 19년 동안 분分을 쌓아서 날을 이룬다는 자리의 소수 673분 또한 이 뜻과 같네."하다.

「고변점考變占」의 '길이 정貞하다[永貞]'를 묻습니다.

퇴계 선생께서 답하기를, "길이 정하다의 정貞은 건괘의 정이네. 건이 아니면 길이 정함을 얻을 수 없네." 하다.

김 사순 성일·이 봉원과 함께 퇴계 선생과 존재[14] 기 명언 대승이 논한 『사칠변서』[15]의 편차를 논의한 별지[與金士純 誠一 李逢原 論先生與存齋奇明彦 大升 四七辨書編次 別紙]

존재存齋의 사단칠정설四端七情說 중에 첫 번째 편지는 덧붙여 기록할 필요가 없습니다. 존재의 후설後說은 사단칠정설의 마지막에 써야 하며, 총론은 존재 후설의 앞에 써야 합니다. 존재의 「논태극서論太極書」와 베껴서 부친 「숙매계관宿梅溪館」[16] 과 별지의 「무이도가

14) 존재(存齋) : 기대승(奇大升, 1527~1572)의 호. 다른 호는 고봉(高峰), 자는 명언, 시호는 문헌(文憲), 본관 행주(幸州)이다. 1558년 문과에 급제하여 사가독서(賜暇讀書)를 하였다. 전한(典翰)·대사성(大司成)·대사간(大司諫) 등을 역임하였다. 저서로는 『고봉집』·『주자문록(朱子文錄)』·『논사록(論思錄)』 등이 있다.

15) 『사칠변서(四七辨書)』: 1559년에서 1566년까지 8년 동안에 퇴계 선생과 고봉 기대승 간에 이루어진 사칠논변(四七論辨)을 묶은 책이다. 이는 조선 유학 사상에 지대한 영향을 끼친 논쟁으로 평가되고 있다.

16) 「숙매계관(宿梅溪館)」: 주자(朱子)가 담암(澹菴) 호전(胡銓)을 위하여 지은 절구 두 수를 말한다.

武夷櫂歌」, 이 세 글은 부록할 필요가 없을 듯합니다. 사단칠정을 논변한 편지이고 보면 다 기록하는 것이 비록 번거롭고 쓸데없을 듯하더라도 다 기록한 연후에야 바야흐로 의론議論의 본말을 알게 되니, 뺄 수 없을 듯합니다.

존재가 왕복하며 변론한 글 가운데 선생께서 답한 몇 조목을 만약 존재의 변론에서 뺀다면 영쇄零碎해져서 부칠 곳이 없습니다. 「논태극서論太極書」와 「논매계시論梅溪詩」 두 글의 앞에 끌어다 둠으로 앞글의 뒤를 이어서 왕복하신 논변의 뜻이 확연히 관통되도록 하는 것이 어떠하십니까? 만약 이 여러 조목들을 이 두 글의 뒤에 되는대로 기록한다면, 후인들이 논의한 의도를 알지 못하여 차례를 이루지 못하게 될까 염려스럽습니다.

존재가 세 번 올린 편지 중에 반드시 선생께서 답하신 편지가 있을 것인데, 여러 조목의 변론한 말만 있는 것은 왜입니까? 아니면 다시 왕복한 편지는 없고, 이 여러 조목의 말만 있습니까? 아직 알 수 없습니다. 만약 다시 왕복한 편지가 있다면 존재의 편지에 맞추어 편입할 것이요, 혹시라도 없다면 이 여러 조목들을 선생의 두 번째 편지의 후론後論의 뒤와 답하여 보내신 「논태극서論太極書」의 앞으로 끌어 기록한다면 거의 비슷한 의미끼리 서로 따르게 되어 발명하신 뜻을 찾아 캐묻기에 어렵지 않습니다. 그러나 이는 답하신 편지가 없어서 부득이하게 조치한 것이요, 만약 답하신 편지가 있다면 비록 회암의 「숙매계관서宿梅溪館書」의 뒤에 편입하더라도 다시 어찌 찾아 캐묻기가 쉽지 않음을 근심하겠습니까?

제 생각으로는, 선생께서는 모두 답을 하였습니다. 이 편지에서 절목節目을 따라 두 줄로 분주分註한 것이 답한 변론입니다. 그 이외에 변론이 없는 것은 변론할 필요가 없었기 때문입니다. 존재의 글을 자세히 살펴보면 선생께서 변론하지 않으신 뜻을 알 수 있습니다.

선생께서 답한 조목을 비록 따로따로 기록하여 전하더라도 잘못하는 일은 아닙니다. 만약 묻는 말이 없어서 답한 것이 더러는 분명하지 않기 때문이라면 물은 것을 간략하게 적어, 『주자대전朱子大全』의 문목의 예와 같이 답한 조목마다의 위에 덧붙여 기록한다면 아마도 또한 분명하여 질 것입니다. 다만 문목은 한 칸 내려 쓰고 답한 조목은 올려 쓰는 것이 옳습니다. 그러나 존재의 변론은 달리는 말처럼 기세가 빠르고 규모가 커서 천박한 이가 헤아릴 수 있는 것이 아니요, 반드시 당상堂上[17]의 사람인 연후에야 합당하게 간추릴 수 있습니다. 바라건대, 조 사경趙士敬과 상의하여 보십시오.

곽 후 황에게 올리다[上郭侯 趪] 병인(1566)

이즈음 화창한 봄날 정사를 보시며 지내는 기거起居가 신의 도움으로 매우 복되시다니, 위로와 감축을 견디지 못하겠습니다.

근일 유천儒薦을 한다고 하니, 무슨 시론이 잘못 일어나 현감의 귀를 더럽혔습니까? 사람들이 어울리지 않게 추천하였습니다. 돌아보건대, 용렬하고 어리석은 제가 무엇으로 생각지도 못한 영예를 감당하겠습니까? 대저 사람 쓰는 일의 득실은 풍속과 교화에 크게 관계있는 일이니, 합하閤下께서는 또한 자세히 살피지 않을 수 없습니다. 만약 제가 명실名實을 돌아보지 않고 추천을 따라 함부로 나가서 태연히 부끄러움을 알지 못한다면 또한 앞에서 넘어지고 뒤에서 비웃음을 당하게 될 것입니다. 이는 스스로 돌이켜 두렵고 움츠려들어 용납하지 못하는 이유입니다. 어찌 감히 숨기고 다 말하지 않겠습니까?

저는 젊어서부터 어버이 곁을 떠나 수십 년 동안 스승을 따랐으나 이름을 이룬 것이 없습니다. 어버이에게는 효도를 어겼고 스승에게는 학문을 저버려서 바야흐로 삼가 몸을 어루만지며 두려워할 겨를도 없는데, 어찌 감히 이름을 훔쳐 함부로 벼슬을 탐할 계책을 세우겠습니까? 설령 취할 만한 것이 있어도 이는 참으로 사람이 마땅히

---

17) 당상(堂上) : 진리에 접근하여 분별력을 갖춘 사람을 말한다. “무엇을 지언이라 하는가?[何謂知言]”(『孟子』「公孫丑上」) 그 주(註)에서 정호(程顥)가 맹자의 지언(知言)이란, 바로 사람이 당상(堂上)에 있어야만 비로소 당하(堂下)에 있는 사람들의 곡직(曲直)을 분별할 수 있는 것과 같다. 만약 자신이 아직도 당하에 있는 사람들 속에 끼어 있는 일을 면하지 못한다면, 그 곡직을 분별하여 결정할 수 없을 것이라고 한 데서 온 말이다.

해야 할 것을 하였을 뿐이지, 원래 벼슬을 위하여 학문한 것은 아닙니다.

적이 살피건대, 대저 한 세대 선배들도 대부분 착실히 공부하지 않고 마음은 현달함에 물들어 끝내 이름을 훔치고 남몰래 취하는 행위를 면하지 못하였는데, 하물며 저 같이 못나서 선배들보다 모자라는 자이겠습니까? 제가 비록 매우 어리석고 비루하여도 일찍이 고인의 글을 읽어 평생토록 이러한 이야기를 강론하였기에, 이와 같이 하는 것은 마땅하지 않다고 생각합니다.

지금 합하의 이번 천거로 인하여 제가 그만 평생의 말은 돌아보지 않고 존귀와 명예에 급급하여서 실행實行을 천시하며 자신을 굽혀서 남을 따른다면 마음 안에 어그러짐이 있을 뿐 아니라, 무엇으로 당세 사군자士君子들의 공론公論에 장차 답을 하겠습니까?

저는 지난날 성균관에서 지내며 단지 숫자만 채우고 시간을 허비하였기에, 스스로 터럭 같은 재주로는 세상의 쓰임에 맞지 않음을 알게 되었습니다. 그래서 궁벽한 산속으로 물러나 힘써 갈무리하면서 오히려 스스로 만족해하지 못하고 있습니다. 합하께서는 저를 담대澹臺[18]와 같은 그런 사람으로 여기십니까? 자장子張처럼 녹祿을 구하는[19] 사람으로 여기십니까? 아직 알 수 없습니다.

또 우리 고을의 많고 많은 문학하는 선비 중에는 저보다 뛰어난 분이 수없이 많은데, 잘하는 이를 버리고 부족한 이를 취하며 빈 것을 잡고 차기를 요구하십니까? 이것이 한 쪽으로 치우쳐진 과장된 칭찬으로 제대로 살피지 못하여 이러한 지경에 이른데 불과하니, 합하의 오늘의 일은 대단히 잘못되었을 뿐 아니라 저의 마음도 이미 결정되었으므로 분명히 출사를 할 수 없습니다.

---

18) 담대(澹臺) : 춘추 시대 노나라의 무성(武城) 사람으로 충직한 성품을 가졌던 담대멸명(澹臺滅明)을 말한다. 무성의 원이 된 자유에게 공자께서 물었다. "너는 사람을 얻었느냐.[女得人焉爾乎]" 자유가 대답하였다. "담대멸명이라는 자를 있으니, 다닐 적에 지름길로 다니지 않으며 공사가 아니면 저의 집에 온 적이 없습니다.[有澹臺滅明者 行不由徑 非公事 未嘗至於偃之室也]"에서 온 말이다.(『論語』「雍也」)

19) 자장(子張)처럼 …… 구하는 : 자장이 녹봉을 구하는 방법을 공자에 물은 것을 말한다. "자장이 녹을 구하는 방법을 배우려고 하였다.[子張 學干祿]"에서 온 말이다.(『論語』「爲政」)

삼가 바라건대, 합하께서는 여러 가지로 살피어 어리석은 저의 분수를 편안하게 하여 주십시오. 구구한 저의 간절한 축원이 지극합니다.

류 응현 운룡에게 답하다[答柳應見 雲龍] 병인(1566)

오래도록 뵙지 못하여 한스러움을 스스로 펼 길이 없었습니다. 저를 비루하게 여기지 않고 보내주신 편지의 정중한 뜻을 가득 담은 말을 받아보고는 마치 성대한 정성을 느끼는 듯하였습니다. 근일 맑고 화창한 날씨 속에 정양靜養하시며 책을 읽는 맛이 청중淸重하십니까? 연못과 섬돌의 대숲 사이에서 형제분이 마주 앉아서 있노라면 초연한 정취를 스스로 모를 수도 있으나 한 동네의 잘 아는 사람과 앉아 있는 그 속의 풍광이 또 어떠하겠습니까? 대개 마음으로 상상할 수 있어 자못 스스로 위로됩니다.

보輔는 또한 스스로 자잘한 일을 달가워하지 않으나 이치를 궁구하며 응대하는 일이 도심道心의 본말을 손상시키지 않을 수 없습니다. 허다한 서책들은 혹 정밀히 보아 맛을 얻은 바가 있으나, 또한 넉넉한 거리는 되지 못합니다. 우습게도 평생토록 빠트린 곳은 가난 속의 요긴한 공부입니다.

생각하시는 노을과 구름 속으로 지팡이 짚고 소매 날리며 소백산小白山을 유람하는 일은 짧은 언덕과 얕은 모래톱을 보며 유람하는 일에 견주어볼 때 땅벌레와 고니[20] 처

20) 땅벌레와 고니 : 현격히 차이가 나는 것을 말한다. 노오(盧遨)가 북해에 노닐다가 몽곡의 들에 이르러 한 선비를 보았다. 노오가 말하였다. "부자는 나와 더불어 벗이 되어 주겠소.[夫子可與遨爲友矣]" 선비는 한탄하며 말하였다. "나는 방금 남으로 망랑의 들에 노닐었고, 북으로 침묵의 고을에 쉬었고, 서로 명명의 마을에 닿았고, 동으로 홍몽의 빛을 꿰뚫었습니다.[我方南遊乎罔浪之野 北息乎沈默之鄉 西窮冥冥之里 東貫鴻蒙之光]" 그리고 몸을 솟구쳐 구름 속으로 들어가니, 노오가 쳐다보며 말하였다. "나는 부자에 비하면 땅벌레와 고니의 관계와 같다.[吾比夫子 猶黃鵠之與壤蟲]"에서 유래한다.(『淮南子』「道應」)

럼 현격한 차이가 날 뿐이 아닙니다. 지금 끝내 아직 못하고 있다는 말씀을 듣고 나니, 이에 다만 짧은 언덕이 갑자기 우뚝하여지고 얕은 모래톱이 도리어 깊어지는 것을 느끼면서도, 스스로 이른 약속을 지키지 못한 한을 펼 수 있겠습니까? -원문 빠짐-

고을의 경계를 지나가시며 부탁하여 보내신 편지의 자상한 이야기는 옛 사람의 출처의 의리에 견줄 만한 것이었으나 부끄러워 많은 말로 대답하지 못하였습니다.

금 문원에게 보내다[與琴聞遠]

근래의 추운 날씨 속에 지내시는 경체經體가 어떠하십니까?

역동서원易東書院에서의 모임이 풍설風雪로 막혀서 원근의 동지들이 끝내 시간에 맞추어 자리하지 못하였다고 하니, 매우 한스럽고 한스럽습니다.

보輔는 쇠약과 질병이 날로 심해져서 즐거운 일이 전혀 없습니다. 게다가 또 최근에 겪은 일들로 다만 스스로 자중自重이 깊지 못하였음을 느꼈습니다.

고산孤山의 승경을 마음에 담아 둔 지 오래되었으니, 바라건대 저에게 초막집을 지을만한 땅을 빌려 주십시오. 심지를 확 펴며 그윽한 근심을 풀 것이며 편액은 수운水雲이라고 할 것입니다. 「소유선小遊仙」 시의 이른바, "가난 속에 함께 마시며 수운강水雲岡[21]을 노니네."는 바로 저의 만년의 지원志願입니다. 그러나 끝내 나이는 들고 계책은 졸렬하여 시는 지었는데 집은 이루지 못하였다는 탄식을 하게 되지나 않을까 모르겠습니다.

맡기신 「도산잡영陶山雜詠」은 말씀대로 베껴 보내고자 하였으나 이곳에는 적당한 종이가 없으니, 군君께서 보내주실 수 없겠습니까? 매우 바라고 있습니다.

---

21) 수운강(水雲岡) : 물이 흐르고 구름이 떠도는, 풍경이 맑고 그윽한 곳의 언덕을 말한다. 일반적으로 은자가 사는 곳이다.

김 돈서에게 답하다[答金惇敍]

심부름꾼이 와서 안부를 물어주니, 참으로 위로됩니다.

알려주신 일들은 과연 낭패인 듯하니, 그대를 위하여 모의하는 사람들이라면 누구인들 깊이 염려하지 않겠습니까? 그러나 실제 하나로 모우기는 어려워도 나가지 않을 수 없다는 것이 바로 대체적인 논의입니다. 그 사이에 왕래하며 생긴 곡절의 어려움이 또한 이와 같아 다른 사람에게 처리하도록 한다면 반드시 족하足下께서 우려하는 바와 같이 될 것이니, 또한 살펴서 처리함이 어떠하십니까?

금 협지에게 답하다[答琴夾之] 갑술(1574)

덕성을 높이는 일과 학문을 강구하는 일[22]은 어느 한 쪽도 폐할 수 없습니다. 근자에 우리들의 한담閑談이 구이口耳의 습성이 되어, 말학末學의 폐단을 열게 될까 염려됩니다. 큰 요체은 경敬에 머물러 그 근본을 세우며, 이치를 궁구하여 그 앎을 지극히 하며, 몸에 돌이켜 그 실지를 실천하는 것입니다. 이는 바로 우리 학문의 종지宗旨입니다.

---

22) 덕성을 …… 일 : 도문학(道問學)은 학문을 익히는 것이며, 존덕성(尊德性)은 인간의 덕성을 높이는 것으로, 도문학 공부는 지(知)에, 존덕성 공부는 행(行)에 해당한다.(『中庸章句』 제22장)

제문祭文

퇴계 선생을 애도하는 제문[祭退溪先生文] 신미(1571)

아!	嗚呼
원기가 모여	元氣之會
큰 덕을 낳았으니	篤生大德
자질은 순수하였으며	純粹之質
학문은 중정하였습니다	中正之學
수사[23]를 연원으로 하고	淵源洙泗
염락[24]을 사모[25]하여	羹牆濂洛
천년의 서업緖業을 이으니	續千載緖
백대의 스승이 되었습니다	爲百世師
선비는 교악[26]처럼 우러렀고	士瞻喬嶽

23) 수사(洙泗) : 공자의 학문세계를 말한다. 중국 산동성(山東省) 곡부(曲阜)에는 사수(泗水)와 수수(洙水)가 흐르는데, 이곳이 공자가 제자를 가르친 곳과 가깝다.

24) 염락(濂洛) : 염락관민(濂洛關閩)의 줄임말로, 성리학을 말한다. 염계(濂溪)의 주돈이(周敦頤), 낙양(洛陽)의 정호(程顥)·정이(程頤) 형제, 관중(關中)의 장재(張載), 민중(閩中)의 주희(朱熹) 등 송나라 성리학자들이다.

25) 사모[羹牆] : '갱장'은 선인(先人)을 사모하는 것을 말한다. 요(堯)임금이 죽은 뒤에 순(舜)임금이 지극히 사모한 나머지, "앉으면 요임금이 담에 보이는 듯 하며 밥을 먹으면 요임금이 국그릇 속에 비치는 듯하였다.[坐則見堯於墻 食則覩堯於羹]"는 고사에서 유래한다.(『後漢書』「李固列傳」)

26) 교악(喬嶽) : 가만히 있어도 그 덕에 감화될 만한 분을 말한다. 소식(蘇軾) 「제구양공문(祭歐陽公文)」의, "군자들은 믿는 바가 있어서 두려워하지 않고, 소인들은 두려워하는 바가 있어 나쁜 짓을 하지 못한다.

나라엔 시귀[27]가 있었습니다	國有蓍龜
영남에 우뚝 서니	卓立東荒
고반[28]이 언덕에 있었습니다	考槃在阿
퇴수는 넘실거리고	退水活活
영지산[29]은 우뚝한데	靈芝峩峩
이에 세 칸의 집 엮고서	爰結三椽
한서암이라 이름하였습니다	命曰寒栖
우러러 생각하고 숙여 읽으며	仰思俯讀
서책을 가까이 하였습니다	左圖右書
엄숙하게 마주하고서[30]	肅然對越
종일 부지런히[31] 하였습니다	終日乾乾
힘써 실천하고 마음으로 얻어	力踐心得
스승에게 전해 받지 않았습니다	不由師傳
『사서』를 연구하고	紬繹四子

비유하자면 큰 내와 큰 산이 비록 그 움직임을 볼 수 없으나 공효와 이익이 상대방에게 미치는 것을 숫자로 계산하여 두루 알 수 없는 것과 같다.[君子有所恃而不恐 小人有所畏而不爲 譬如大川喬嶽 雖不見其運動而功利之及於物者 蓋不可數計而周知]"에서 온 말이다.(『古文眞寶後集』)

27) 시귀(蓍龜) : 점을 치는 시초(蓍草)와 원귀(元龜)의 줄임말로, 국가에서 믿고 의지할 수 있는 원로를 말한다. 소식(蘇軾) 「제구양공문(祭歐陽公文)」의, "백성에게는 부모가 있고, 나라에는 원로가 있고, 사문에는 전함이 있고, 학자에게는 스승이 있게 되었다.[民有父母 國有蓍龜 斯文有傳 學者有師]"에서 온 말이다.(『古文眞寶後集』)

28) 고반(考槃) : 고(考)는 이루다의 뜻이고 반(槃)은 한가로이 노닌다는 뜻으로, 은거하는 집을 말한다. "고반이 시냇가에 있으니 훌륭한 분이 태연히 거처하네.[考槃在澗 碩人之寬]"에서 온 말이다.(『詩經』「衛風·考槃」)

29) 영지산[靈芝] : 안동시 도산면 선양리에 있는 443m의 산이다. 도산서원의 배산(背山)이다.

30) 마주하고서[對越] : '대월'은 상제를 우러러 마주하는 지극한 정성을 말한다. "하늘에 계신 분을 대하고, 사당에 계신 신주를 분주히 받든다.[對越在天 駿奔走在廟]"에서 온 말이다.(『詩經』「周頌·淸廟」)

31) 부지런히[乾乾] : '건건'은 쉬지 않는 하늘의 운행처럼 사람도 자신의 계발을 위해서 끊임없이 노력하는 것을 말한다. "군자가 종일토록 힘쓰고 힘써 저녁까지 두려워하면 위태로우나 허물이 없으리라.[君子 終日乾乾 夕惕若 厲無咎]"에서 온 말이다.(『周易』「乾卦」)

『주역』을 탐구하였습니다	硏窮易學
환히 밝히지 않음이 없었고	無微不燭
이르지 않음이 없었습니다	無物不格
말하지 않아도 믿음 있었고	不言而信
노하지 않아도 위엄있었습니다	不怒而威
가을 햇살[32]같이 따뜻하고	曝之秋陽
봄빛과 같이 온화하였습니다	藹然春輝
맑은 바람 개인 달과 같으며[33]	風光月霽
우뚝한 산 맑은 연못과 같았습니다	山立淵澄
사물을 응접할 적에는	接應事物
기운 편안하고 정신 모았습니다	氣平神凝
나아가면 따뜻하고	卽之也溫
바라보면 씩씩하였습니다	望之也莊
의리를 추환[34]처럼 즐겼기에	芻豢義理
작록을 잊어버렸지만	爵祿是忘
선왕[35]께서 예우하시어	先王側席
은명이 자주 내려졌습니다	恩命屢至
출처에 도가 있어	出處有道

32) 가을 햇살[秋陽] : '추양'은 훌륭한 도덕성을 말한다. 공자의 삼년상을 마친 제자들이, 유약(有若)이 공자와 비슷하게 생겼다 하여 그를 공자 대신으로 섬기려 하였다. 증자(曾子)가 불가하다고 하면서 공자의 도덕을, "강한으로 씻으며 가을 햇살로 내려쬐는 것과 같아서 호호하여 더할 수 없다.[江漢以濯之 秋陽以暴之 皜皜乎 不可尙已]" 한 데서 온 말이다.(『孟子』「滕文公上」)

33) 맑은 …… 같으며[風光月霽] : 광풍제월과 같은 말로 고아한 인품을 말한다. 송나라 황정견(黃庭堅) 「염계시서(濂溪詩序)」의, "용릉의 주무숙은 인품이 매우 고아하여 흉중이 쇄락하기가 마치 맑은 바람 갠 달과 같았다.[舂陵周茂叔 人品甚高 胸中灑落如光風霽月]"에서 유래한다.

34) 추환(芻豢) : 추(芻)는 풀을 먹는 짐승으로 소·양 따위이며, 환(豢)은 곡물을 먹는 짐승으로 개·돼지 따위를 말한다. "의리가 나의 마음을 즐겁게 함이 추환의 고기가 나의 입을 즐겁게 함과 같다.[義理之悅我心 猶芻豢之悅我口]"에서 온 말이다.(『孟子』「告子上」)

35) 선왕(先王) : 조선 14대왕인 선조(宣祖, 1552~1608)를 말한다.

개이면 가고 비오면 멈추었습니다 霽行潦止
집안에서 나라까지 自家而國
고르고 곧게 하였습니다 準平繩直
문명의 시대를 만나[36] 際會文明
경연에서 차분히 아뢰었습니다 雍容經幄
도는 성학십도로 드러내고 道揭十圖
정성은 육조소[37]로 다하였습니다 誠殫六條
일곱 번 나아가고 물러나니 七進七退
세 조정에 드러났습니다 顯揚三朝
벼슬하며[38] 윤택할 적에는 軒駟孔阜
스스로 대단치 않게 여기더니[39] 自視囂囂
나이 들어 산림으로 돌아와서는 歲暮丘林
바로 초복[40]을 손질하였습니다 迺修初服
백수로 성은에 사례하고 白首謝恩
돌아오는 배에서는 머뭇거렸습니다[41] 歸帆三宿

---

36) 만나[際會] : '제회'는 명군(明君)과 양신(良臣)이 서로 만나는 것을 말한다. "구름은 용을 따르고 바람은 범을 따른다.[雲從龍 風從虎]"에서 유래한다.(『周易』「乾卦」)

37) 육조소[六條] : '육조'는 퇴계 이황(李滉)께서 1568년(선조 1)에 올린 이른바 「무진육조소(戊辰六條疏)」를 말한다.

38) 벼슬하며[軒駟] : '헌사'는 사마헌거(駟馬軒車)의 준말로 높은 벼슬을 하여 호사를 누리는 것을 말한다.

39) 대단치 않게 여기더니[囂囂] : '효효'는 자득하여 욕심이 없는 모습을 말한다. "그대가 유세하기를 좋아하는가? 내가 그대에게 유세하는 법을 말해 주겠다. 사람들이 알아주어도 효효하고 사람들이 알아주지 않아도 효효하는 것이다.[子好遊乎 吾語子遊 人知之 囂囂 人不知 囂囂]"에서 온 말이다.(『孟子』「盡心上」)

40) 초복(初服) : 벼슬을 그만두어 관복을 벗고 당초에 입었던 옷을 다시 입는 것으로 처음에 품었던 학문의 길을 가는 것을 말한다. "물러나 장차 다시 나의 초복을 손보리라.[退將復修吾初服]"에서 온 말이다.(『楚辭』「離騷」)

41) 머뭇거렸습니다[三宿] : '삼숙'은 연연(戀戀)하여 잊지 못하고 머뭇거리는 것을 말한다. "내가 사흘 잔 뒤에 주 땅에서 나갔으나, 마음에 오히려 빠르다는 생각이 들었다.[予三宿而後出晝 於予心 猶以爲速]"에서 온 말이다.(『孟子』「公孫丑下」)

저 한강에서 잔질하며	酌彼漢水
작별의 아쉬움을 시에 담았습니다	臨分寫愁
하늘이 고르게 하지 않으니	天不欲平
사람을 장차 어찌 탓하겠습니까?	人將何尤
하해는 깊고 깊어	河海量濙
모든 도랑물이 모이듯이	衆瀆所聚
원근의 석학들이	近遠鴻碩
제자 되어[42] 모셨습니다	立雪軒右
조용히 강토를 하니	從容講討
그윽하던 도산에	窈窕陶丘
편지가 상자에 넘쳐났지만	書疏溢篋
물 흐르듯 손수 답하였습니다	手答如流
의심은 완전히 풀고	疑曆冰解
의리는 자세히 분석하였습니다	義利毫析
선현을 잇고 후학을 열어주니[43]	繼往開來
옛 현인과 공을 같이 하였습니다	昔贒同烈
제가 약관의 나이로	小子弱冠
다행히 문하[44]에 들어가니	幸窺門牆
매우 다정하게 장려하시어	奬掖諄至

---

42) 제자 되어[立雪] : '입설'은 제자로서의 예를 잘 갖추고 문하에 들어가는 것을 말한다. 송나라 때 유조(游祚)와 양시(楊時)가 어느 날 정이(程頤)를 방문하였는데, 정이가 명상에 잠겨 앉아 있었다. 이에 곁에서 시립(侍立)한 채 떠나지 않았는데, 정이가 명상에서 깨어났을 때에는 문 밖에 눈이 한 자가 쌓였다는 고사에서 유래한다.(『宋史』「道學傳·楊時」)

43) 선현을 …… 열어주니[繼往開來] : '계왕계래'는 성현의 가르침을 계승하고 후손에게 가르쳐 전하는 것을 말한다. "옛 성현을 잇고 후학들을 열어준다.[繼往聖開來學]"의 줄임말이다.(『中庸』「序文」)

44) 문하[門牆] : '문장'은 스승의 문을 말한다. 노(魯)나라 대부 숙손 무숙(叔孫武叔)이 자공(子貢)이 중니(仲尼)보다 어질다고 하니 이를 들은 자공이, "부자의 담은 몇 길이나 되어 문을 따라 들어가지 않으면 종묘의 아름다움과 백관의 넉넉함을 보지 못한다.[夫子之墻數仞 不得其門而入 不見宗廟之美 百官之富]"고 말한 데서 유래한다.(『論語』「子張」)

대강 바른길[45]을 알게 되었습니다 粗知義方
저를 구덩이에서 벗어나게 하고 脫我坑塹
저를 평탄한 길로 인도하였습니다 道我坦夷
용렬함을 스스로 돌아보면 自顧駑庸
그냥 어리석은[46] 이 되었을 것입니다 坐成不移
중년에 성균관에서 유학하며 中年遊泮
갈피 잡지 못함을 근심하였는데 顚沛是虞
이때 선생께서 于時先生
부름을 받아 한양에 오셨습니다 被召入都
남행길을 모시며 叨陪南爲
채찍을 잡고 앞섰습니다 執策前之
돌아와 잘못을 보완하려고[47] 歸來補過
서재를 남계 가에 지었습니다[48] 築室溪湄
해와 별처럼 밝게 가르치며 日星明訓
시로써 면려하였습니다 詩以勉爲
문을 닫고 뜻을 구하며 杜門求志
책을 안고 의문을 질정 받았습니다 抱卷質疑
소인배는 벗어났으니 得免小人

---

45) 바른길[義方] : '의방'은 교육을 통하여 자제에게 바른길을 제시하는 것을 말한다. 위(衛)나라 장공(莊公)의 아들 주우(州吁)가 오만 방자하게 굴자, 석작(石碏)이 장공에게, "아들을 사랑한다면 그에게 바른길로 가도록 가르쳐서 잘못된 곳으로 빠져들지 않게 해야 한다.[愛子 敎之以義方 弗納於邪]"고 간하였던 고사에서 온 말이다.(『春秋左氏傳』「隱公三年」)

46) 어리석은[不移] : '불이'는 어리석어 선(善)으로 옮겨가지 못하는 지경이 된 것을 말한다. "오직 상지와 하우는 옮기지 않는다.[唯上知與下愚 不移]"에서 온 말이다.(『論語』「陽貨」)

47) 잘못을 보완하려고[補過] : '보과'는 군자가 물러나 하는 일반의 행위를 말한다. 공자께서 말하였다. "군자가 임금을 섬김에, 나가서는 충성을 다할 것을 생각하고 물러나서는 허물을 고칠 것을 생각하여, 장차 임금의 아름다운 점은 받들어 따르고 잘못된 점은 바로잡아 구제하여야 한다.[君子之事上也 進思盡忠 退思補過 將順其美 匡救其惡]"에서 온 말이다.(『孝經』「事君」)

48) 서재를 …… 지었습니다 : 「연보」 선생 36세 조를 참조.

이외에 무엇을 구하겠습니까?	此外何求
집에서는 반드시 가르침을 받고	居必薰炙
나갈 때에는 번번이 모셨습니다	駕輒陪遊
아름다운 산수에서	佳山勝水
두루두루 모시고[49] 다녔습니다	杖屨周流
연대암에서 밤을 보내고	蓮臺夜闌
오담에서 밝은 달을 보며	鼇潭月明
저의 심지를 터주었고	暢我心志
저의 정신을 일깨워 주었습니다	悟我神精
자못 받들어 주선함에	庶奉周旋
더러 실추함은 없었습니다	無或墜失
은혜를 갚고자 하여도	欲報之恩
천지처럼 다함이 없습니다	天地罔極
아! 슬픕니다	嗚呼哀哉
어찌 생각했겠습니까? 한 병이	豈意一疾
사도의 재앙이 될 줄을	爲斯道孽
나라가 초췌하여지고	邦國之瘁
사림이 슬퍼하였습니다	士林之慼
신룡[50]이 떠나가니	神龍其逝
어류와 패류[51]는 의지할 곳 잃었습니다	鱗介靡依

49) 모시고[杖屨] : '장구'는 지팡이와 신발을 꾸려 모시고 다니는 것을 말한다. 그 사람에게 딸린 물건을 들어 스승에 대한 존경하는 마음을 표시하였다.

50) 신룡(神龍) : 세상을 떠난 퇴계 선생을 말한다. 『시경』「빈풍(豳風)·낭발(狼跋)」을 해설한 송(宋)나라 범조우(范祖禹)의 글에, "신령스러운 용은 물에 잠길 수도 있고 날아다닐 수도 있으며 커질 수도 있고 작아질 수도 있으니, 그 변화는 실로 헤아릴 수가 없다고 할 것이다.[神龍 或潛或飛 能大能小 其變化不測]"라는 내용이 나온다.

51) 어류와 패류[鱗介] : '인개'는 비늘을 가진 어류와 딱딱한 껍질을 지닌 패류를 가리키지만, 그와 같이 어리석은 소인을 비유하게 되었다. "광무가 서역국과 단절하여, 개린으로 하여금 우리의

유종께서 돌아가시니 儒宗其亡
오당은 누굴 스승으로 모실까요? 吾黨誰師
운이 이미 다하였으니 運旣極矣
통곡한들 무엇하겠습니까? 痛哭何追
하늘 끝까지 영원히 막혔으니 終天永隔
이 한은 끝이 없습니다 此恨未涯
초라한 제물을 올리니 薦此菲素
바라건대, 강림하십시요 庶冀格思
아! 슬픕니다 嗚呼哀哉

김 신중을 애도하는 제문[祭金愼仲文] 임오(1582)

아! 우리 형이여 嗚呼吾兄
벌써 이 지경이 되었는가? 已至斯耶
가을날에 슬피 우니 哭盡秋天
만물도 슬픔을 머금었네 雲物含悲
생각하니 병자년[52] 여름에 憶在丙夏
백씨께서 병이 들어 令伯有疾
차분하게 위로하며 從容寬譬
분주히 의원과 약을 구하였네 奔走醫藥

의상으로 바꿔 입지 못하게 하였다.[光武 絶西域之國 不以介鱗 易我衣裳]"에서 유래한다.(『後漢書』「楊終列傳」) 이현(李賢)이 주석에서 개린은 먼 오랑캐를 비유하니, 그 사람들이 물고기나 자라와 차이가 없기 때문이라고 하였다.

52) 병자년 : 망자인 김 신중의 형인 후조당(後凋堂) 김부필(金富弼)의 졸년(卒年)인 정축년(1577)보다 한해 전인 1576년이다.

그 길로 중풍에 걸리니	仍致風疢
근심과 수고로 손상 되어서라네	憂勞所傷
형제[53]에게 화가 혹독하여	鴒原禍酷
심장이 찢어지는 듯하였네	摧心裂腸
위태로움 속에 겨우 보존하여	幾危得保
신명이 조섭을 도우니	神明是攝
다행히도 병이 조금 나아[54]	勿藥少慶
수레 타고 양곡으로 갔었네	輿往暘谷
죽연정을 새롭게 엮어	竹淵新構
선대[55]의 뜻을 따랐네	以追先志
나는 듯한 당우에	堂宇旣翼
담장 또한 갖추었네	牆垣亦治
발길을 돌려 돌아와	言旋言歸
오천의 예전 집에서	烏川舊廬
여러 가지로 조리하며	調護多方
회복되기를 바랐네	以冀如初
아! 우리 형이여	嗚呼吾兄
순후하고 아름다운 자질로	醇美之質
어디서 덕을 취하였는가?[56]	斯焉取斯

---

53) 형제[鴒原] : '영원'은 우애 있는 형제간을 말한다. "할미새가 언덕에 있으니, 형제들이 서로 도운다네. 언제나 좋은 벗 있지만, 길이 탄식만 할 뿐이라네.[脊令在原 兄弟急難 每有良朋 況也永歎]"에서 유래한다.(『詩經』「小雅·常棣」)

54) 병이 조금 나아[勿藥] : '물약'은 치료하여 병이 나아감을 말한다. "구오는 잘못이 없는 병이니 약을 쓰지 않아도 나을 것이다.[九五 无妄之疾 勿藥有喜]"에서 온 말이다.(『周易』「无妄卦」)

55) 선대(先代) : 김 신중의 부친인 운암(雲巖) 김연(金緣, 1487~1544)을 말한다. 운암의 다른 호가 죽연(竹淵)이다.

56) 어디서 …… 취하였는가[斯焉取斯] : 김 신중의 덕의 유래가 있는 것을 말한다. 공자께서 제자 자천(子賤)을 군자답다고 칭찬하면서 말하였다. "노나라에 군자가 없었다면 이 사람이 어디에서 이러한 덕을 취하였겠는가?[魯無君子者 斯焉取斯]"에서 온 말이다.(『論語』「公冶長」)

학문에 전념하여서라네	終始于學
명예 취함은 못하여도	短於取名
덕을 닦음은 잘하였네	長於修德
말은 꾸미지 않고	辭辯不飾
한계[57]는 두지 않았네	畦畛不設
친족간에는 정 두텁고	睦婣之厚
형제간에는 우애 독실하여	友愛之篤
도리원 안에서와 같이	桃李園中
즐거운 일이 한 없었네[58]	樂事無極
형제간에 서로 좋아[59]	式相好矣
영원토록 변함없자 하였네	永世無斁
이치는 이리도 아득하며	理何茫茫
하늘은 어이하여 막막한가?	天胡漠漠
칠년을 병으로 고생하다	一疾七載
갑자기 세상을 떠났네	遽至不淑
목이 쉬도록 통곡하여도	失聲長慟
갈수록 더욱 메이기만 하네	轉增哽塞
공경과 정성을 다하여	起敬致誠
이 초라한 제물을 바치니	奠此菲薄
혼령이 남아 계신다면	不亡者存
바라건대, 강림하소서	庶賜歆格

57) 한계[畦畛] : '규진'은 논과 밭 사이로 난 두둑으로, 한계를 두는 것을 말한다.

58) 도리원 …… 없었네 : 집안이 모여 즐기는 한없는 기쁨을 말한다. 이백(李白) 「춘야연도리원서(春夜宴桃李園序)」의 "더구나 따스한 봄이 아지랑이 낀 경치로 나를 부르고, 천지가 나에게 문장을 빌려 주었는지라, 복사꽃 오얏꽃이 만발한 꽃다운 동산에 모여, 형제들끼리 천륜의 즐거운 일을 펴노라.[況陽春召我以煙景 大塊假我以文章 會桃李之芳園 序天倫之樂事]"에서 유래한다.

59) 서로 좋아[式相好矣] : 형제간에 우애로워 화목한 것을 말한다. "형과 아우들이여, 서로 화목하게 지낼 것이요, 서로 도모하려 하지 말지어다.[兄及弟矣 式相好矣 無相猶矣]"에서 온 말이다.(『詩經』「小雅·射干」)

이 비원 국량을 애도하는 제문[祭李庇遠 國樑 文]

아! 혼령이시어	嗚呼惟靈
호매함은 타고 난 것이고	豪邁出天
풍도는 비할 사람 없었네	風標絶倫
일찍부터 문학을 익혀	蚤事文學
명망이 고장과 이웃에 퍼졌네	譽洽鄕隣
퇴계 선생을 찾아 뵐 적에는	立雪溪軒
나와 함께 나아갔네	洎余同趨
퇴수의 굽이와	退水之曲
도산의 모퉁이에서	陶山之隅
조용히 선생님 모셨고	從容函席
물러나 앞서거니 뒤서거니 하였네	退與後先
약관의 나이에 함께 장가들고	弱冠同贅
같은 해 소과에 입격하였네	占額同年
행장과 취사를	行藏取舍
하나같이 하였네	一轍之歸
학문60) 하며 서로 맞았으니	麗澤相孚
그대 같은 이 드물었네	如君幾希
부모상에 흘린 피 눈물로	丁憂泣血
갑자기 병이 들었네	疾病遽嬰
효심으로 얻은 병이라	孝感所格
신명의 도움을 바랐는데	庶獲神明
나이 마흔이 되지 않았는데	年未不惑

60) 학문[麗澤] : '이택'은 태괘(兌卦)인데, 벗이 되어 서로 도와 학문을 닦고 힘쓰는 것을 말한다. "두 개의 택이 나란히 있는 것이 태괘이니, 군자가 이 괘를 써서 붕우 간에 학문을 강습한다.[麗澤兌 君子以 朋友講習]"에서 온 말이다.(『周易』「兌卦」)

갑자기 세상을 떠났네	奄然就木
오당이 이러한 화를 당하니	吾黨斯刖
저 하늘은 헤아리기 어렵네	彼蒼難測
이미 후함을 베풀고도	旣施其厚
어찌 빼앗음은 빠른가?	何奪之速
원헌 같은 가난[61]은 의심스럽고	憲貧可訝
안연 같은 죽음[62]은 슬프네	顔殀可戚
유택[63]에서 이별을 고하는데	佳城告別
사마라 적힌 한 기만 펄럭이네	一司馬旐
그대는 귀신 나는 사람	君鬼我人
이제부터 길이 다르네	自玆殊道
저 분천[64] 한 편의	彼汾一方
이슬 맺힌 갈대 푸르고 푸르네	葭露蒼蒼
내 와서 영결을 하니	我來陳訣
혼령은 반드시 성대히[65] 강림하소서	靈必洋洋
아! 슬프도다	嗚呼哀哉

61) 원헌 같은 가난[憲貧] : 원헌은 춘추 시대 노나라 사람으로 자는 자사(子思) 또는 원사(原思)이며 공자의 제자이다. 너무 가난하여 토담집에 거적을 치고 깨진 독으로 구멍을 내서 바라지 문으로 삼았는데, 지붕이 새어 축축한 방에서 바르게 앉아 금슬(琴瑟)을 연주하였다 한다.(『莊子』「讓王」)

62) 안연 같은 죽음[顔殀] : 공자의 고제자인 안연이 32세의 나이로 죽었음을 말한다.(『史記』「仲尼弟子列傳」)

63) 유택[佳城] : 등공(滕公)으로 불린 서한(西漢)의 하후영(夏侯嬰)이 생전에 땅을 파다가 석곽(石槨)을 얻었는데, 거기에서, "가성이 어둠에 묻혔다가 3천 년 만에 해를 보리니, 아, 등공이 이 방에 거하리로다.[佳城鬱鬱 三千年見白日 吁嗟滕公居此室]"라는 명문이 나온 일에서 온 말이다. 등공이 죽은 뒤 이곳에 장사를 지내니, 이후 무덤을 말하게 되었다.(『西京雜記』)

64) 분천 : 낙동강 상류에 흐르는 강 이름이다.

65) 성대히[洋洋] : '양양'은 신의 기운이 유동(流動)하고 충만(充滿)하여 성대함을 말한다. "신의 기운 충만하여 위에 있는 듯하다.[洋洋乎如在其上]"에서 온 말이다.(『中庸』 제16장)

갈문碣文

숙부 통훈대부 행 면천 군수 부군 갈문의 초략문[叔父通訓大夫 行沔川郡守府君 碣文抄略]

공의 휘는 원복元福이고, 자는 성지成之이며, 성씨는 금씨琴氏로 본관은 봉화奉化이다. 고려 한림학사翰林學士 태보太保66) 문하시랑 평장사門下侍郎平章事67)로 물러난 영렬공英烈公 휘諱 의儀68)의 후손이다. 그 뒤로 벼슬이 끊어지지 않았다. 조선에 들어와 비순위備巡衛69) 영중랑장領中郎將을 지낸 휘 용화用和는 공의 증조할아버지가 된다. 할아버지 휘 준准은 승훈랑承訓郎 은진 현감恩津縣監이시다. 아버지 휘 계啓는 통훈대부通訓大夫 군위 현감軍威縣監이시니, 월성 이씨月城李氏 대사헌大司憲 승직繩直의 아들인 생원 시민時敏의 따님에게 장가들었다. 성화成化70) 경자년(1480) 어느 달 어느 날, 공을 낳았다.

어려서부터 영민함이 뛰어났으나 아버지를 일찍 여의어 배울 시기를 놓쳤다. 자라서는 충순위忠順衛71)에 들어가 사졸들의 대오 속에 묻혀 지냈다. 그 뒤로 더욱 몸을

---

66) 태보(太保) : 고려 때의 삼공(三公) 중의 하나로, 정1품 벼슬이다.
67) 문하시랑 평장사(門下侍郎平章事) : 고려 때 나라의 정치를 통일적으로 관장하였던 내사문하성(內史門下省)의 정2품 벼슬이다.
68) 의(儀, 1153~1230) : 초명은 금극의(琴克儀), 자는 절지(節之), 본관은 봉화(奉化)이다. 1184년 과거에 급제하여 내시(內侍)·지이부사(知吏部事)·정당문학 수국사(政堂文學修國史) 등을 역임하였다. 문장이 뛰어나 『한림별곡(翰林別曲)』에는 금학사(琴學士)로 나온다.
69) 비순위(備巡衛) : 고려시대의 중앙군인 육위의 하나인 금오위(金五衛)를 고려말에 바꾼 명칭이다. 조선시대에도 그 이름이 남아 있었다.
70) 성화(成化) : 명나라 헌종(憲宗, 1465~1487)의 연호이다.
71) 충순위(忠順衛) : 관료의 자제들을 위하여 설치한 양반숙위군이다.

낮추고 힘써 노력하니, 세상에 점점 알려졌다. 정덕正德[72] 갑술년(1514), 음보蔭補[73]로 통례원 겸인의通禮院兼引儀[74]가 되었다. 경진년(1520), 봉렬대부奉列大夫로 승진하여 인의引儀가 되었다. 신사년(1521) 봄, 사헌부 감찰司憲府監察에 임명되었으며, 가을에 어머님를 봉양하기 위하여 외직을 구하니, 단성 현감丹城縣監이 되었다. 재직한 지 3년 만에 어사에게 작은 일을 지적당하여 파직되었다.

병술년(1526), 다시 서용된 뒤, 승진하여 통훈대부 사헌부 감찰司憲府監察이 되었으며, 가을에 문경 현감聞慶縣監에 제수되었다. 경인년(1530), 숙인淑人 이씨의 상을 당하여 3년 동안 피눈물을 흘렸다. 임진년(1532), 상복을 벗었다. 계사년(1533), 다시 인의가 되었다가 옮겨 함창 현감咸昌縣監에 임명되었다. 무술년(1538), 체직되어 대각臺閣에 들었다가 충익부 도사忠翊府都事와 장례원 사예掌隷院司議를 거쳤다. 얼마 지나지 않아 외직으로 나와 성주 판관星州判官이 되었다. 임기가 차서 군자감 판관軍資監判官으로 옮겼다.

갑진년(1544), 함양 군수咸陽郡守에 임명되었는데, 이 해 가을에 재해를 단속함이 성실하지 못하였다고 파직되었다. 경술년(1550), 군자감 첨정軍資監僉正으로 서용되었다가, 광흥창 수廣興倉守[75]로 옮겼다. 연이어 면천 군수沔川郡守에 임명되었다. 계축년(1553), 일로 인하여 파면되어 돌아왔는데, 고을의 백성들이 경계에서 길을 막고 외치며 안타까워하였다. 이후 다시는 벼슬길에 나가지 않았다. 기미년(1559) 4월, 대로大老[76]로서 성은을 입어 통정대부에 올랐다.

가정嘉靖[77] 신유년(1561) 4월 12일, 병으로 집에서 생을 마치니, 향년 82세였다. 그 해 8월 15일, 봉화현 동아고개 동향의 터에 장사를 지냈는데, 선영을 따랐다.

공은 덕과 기량이 중후하고 풍채가 빼어났으며 말씀과 행동을 반드시 하나하나 절도

---

72) 정덕(正德) : 명나라 무종(武宗, 1506~1521)의 연호이다.
73) 음보(蔭補) : 조상의 공덕으로 벼슬을 얻는 일을 말한다.
74) 통례원 인의(通禮院引儀) : 궁중의 각종 의식에 관한 일을 맡은 관청의 종6품 벼슬이다.
75) 광흥창 수(廣興倉守) : 광흥창은 벼슬아치들의 녹봉에 관한 일을 맡아보던 관청이다. 수(守)는 정4품의 벼슬이다.
76) 대로(大老) : 덕과 명망이 높은 나라의 큰 어른을 말한다.
77) 가정(嘉靖) : 명나라 세종(世宗, 1522~1566)의 연호이다.

에 맞추었다. 사물을 응접함에 곡진하고 마땅하지 않음이 없었다. 통례원通禮院에 있는 8년 동안 의관을 갖추고 홀笏을 단정히 잡았다. 조정의 대례大禮가 있을 때마다 동료들이 공을 추천하여 어려운 일을 감당하였으나 공은 일 없는 듯이 처리하여 한 시대의 추중推重 받는 인물이 되었다. 다섯 고을을 다스리면서 비록 피폐하고 복잡한 고을을 맡더라도 업무를 모두 잘 수행하고 일을 모두 잘 처리하여 사람들은 일처리를 잘한다는 칭찬을 하고 백성들은 적당하게 거두는 혜택을 입었다. 이상의 일들은 모두 관직 생활의 대략이다.

나이가 들어 집에서 지낼 적에는 지기志氣가 쇠퇴하지 않고 풍류가 소탈하였으며, 매번 각건과 야복 차림으로 붉은 말을 타고 종과 함께 계산溪山을 출입하며 격일로 사냥을 즐겼다. 자질子姪들을 가르침에는 반드시 공손과 검소로 하였으며, 잘못이 있는 자는 비록 많은 사람들이 함께 앉아 있는 자리이더라도 조금도 용납하지 않고 한결같이 법도를 따르게 하였다. 이 때문에 당세에 기절氣節을 숭상하는 자들이 본받지 않음이 없었다.

공은 선산 김씨 교수敎授 신伸의 따님에게 장가들었다가, 성주 이씨 학생學生 세균世鈞의 따님에게 다시 장가들었다. 3남 5녀를 두었다. 장남 팽조彭祖는 내금위內禁衛이고 세 딸은 군수郡守 안수安琇, 습독習讀 권응세權應世, 유학幼學 이사청李思淸에게 각각 시집갔으니 김씨의 소생이고, 두 아들은 응기應期와 응시應時이며 두 딸은 시집가지 않았으니 이씨의 소생이다. 측실의 아들 넷은 응회應會·응해應諧·응신應辰·봉이奉伊이며, 딸 셋 중 1명은 배흥조裵興祖에게, 2명은 각각 첨지 류중영柳仲郢, 생원 김수金綏에게 내주었다.

내금위는 김씨와 강씨에게 장가들었는데 후손 없이 공보다 먼저 세상을 떠났고, 응기와 응시는 아직 장가들지 않았다. 외손 중에 군수공의 아들 제霽 이하는 다 기록하지 못한다.

공을 장사지낼 적에 묘비명墓碑銘을 묘도에 세워서 당일의 행적을 드러내려고 하였으나, 여러 아들들이 다 미성년이라서 이름난 이의 앞으로 나가 호소할 수가 없었습니다. 그래서 제가 감히 듣고 본 일들을 대충 기록하였으나 소략함이 너무 심하여 실정에 맞지 않을까 염려됩니다. 그러나 가만히 생각하여보면, 선생님께서는 숙부에게 본래 도타운 교분이 있었고 보면 반드시 보고 아시는 것이 자세할 것입니다. 삼가 너그러이 살펴보시고 가려 주시기를 바랍니다.

성균 진사 남공의 묘갈문 음기[78][成均進士南公墓碣陰記]

공의 본관은 영양英陽이고, 휘는 서룡瑞龍이며, 자는 운수雲叟이다. 먼 조상은 낭장 동정郞將同正[79] 군보君甫인데, 동정공이 전서공典書公 약若을 두었다. 전서공이 제술과製述科에 급제한 비備를 두었으며, 급제공이 동정同正 성로星老를 두었다. 또 동정공이 전서典書 유손有孫을 두었으며, 전서공이 전리 판서典理判書[80] 휘주暉珠를 두었다. 판서공이 호조 참판戶曹參判 민생敏生을 두었으며, 참판공이 의량義良을 두었는데, 벼슬하지 않고 은거하였다. 의량이 진사進士 치정致晶을 두었으며, 진사공이 항년恒年을 두었는데, 중종中宗 때의 정국공신靖國功臣이다. 강양江陽 이요李瑤의 손자 현감縣監 택澤의 따님에게 장가들었다.

홍치弘治[81] 병진년(1496), 공을 낳아 계부季父 창년昌年의 후사로 삼았는데 가정 임오년(1522), 진사進士가 되었다. 무신년(1548) 11월, 세상을 떠나서 이듬해 겨울에 안동부安東府 남봉南峯 지산枝山 곤좌坤坐 터에 장사하였으니, 선영을 따랐다.

공의 부인 박씨는 판윤判尹 번蕃의 손녀이자, 참봉 효증孝曾의 따님인데, 공보다 16년 뒤에 세상을 떠났다.

4남 2녀를 낳았는데, 아들은 호선好善·계홍繼洪·호문好問·호학好學이고, 딸 중에 장녀는 권영權榮에게 시집갔으며, 차녀는 신사 이중립李中立에게 시집갔다.

계홍은 1남 3녀를 낳았는데, 아들은 섭燮이고, 딸 중에 장녀는 생원 금복고琴復古에게 시집갔으며, 차녀는 이여필李汝馝에게 시집갔으며, 삼녀는 권덕영權德榮에게 시집갔다. 호문은 1남 4녀를 낳았는데, 아들 황煌은 어리고, 장녀는 문부사文府使 신의립辛義立에게 시집

78) 음기(陰記) : 비석의 뒤에 새기는 글을 말한다.
79) 낭장 동정(郞將同正) : 낭장(郞將)은 정6품의 무관 벼슬이다. 동정(同正)은 고려시대에 6품 이하의 문관과 5품 이하의 무관에게 주던 정직(正職)에 준하는 명예직이다. 처음으로 벼슬길에 오르는 경우에 주었으며, 정직 이름 밑에 붙여 썼다.
80) 전리 판서(典理判書) : 전리(典理)는 충렬왕 1년에 이부와 예부를 합쳐서 만든 관청이다. 판서(判書)는 육부의 우두머리인 상서(尙書)를 고쳐 부른 이름이다.
81) 홍치(弘治) : 명나라 효종(孝宗, 1488~1505)의 연호이다.

갔으며, 차녀는 이상룡李祥龍에게 시집갔으며, 나머지는 시집가지 않았다. 호학은 1남 1녀를 낳았는데, 모두 어리다. 삼가 그 전말顚末을 이상과 같이 기록한다.

만력萬曆 5년 정축(1577) 2월 어느 날 성균관 생원 금보琴輔가 짓다.

잡저雜著

조보론趙普論

논하여 말한다.

조 한왕趙韓王은 송 태조宋太祖를 도와 천하를 안정시켰으며, 송 태종宋太宗을 도와 태평성대를 이루었다. 두 조정에서 재상을 지내며 천하의 중임을 맡아 30년 동안 정치를 하였으니, 참으로 한 시대의 명신이라고 할 만하다. 그러나 행적의 대절大節을 살펴보면 군자들이 재능의 넉넉함은 치하하지 않고 심술心術의 부정함을 안타까워하지 않은 적이 없었으니, 왜인가?

묘당廟堂에 앉아서 백관들을 진퇴시키고 법을 창안하며, 옳은 것은 올리고 그른 것은 버렸으며, 도모함이 치밀하고 처리함이 적절하여 당년에는 제업帝業을 도우고 후세에는 큰 계획을 남겼으니, 재능이 넉넉하다고 칭송하기에 충분하다.

개국 원로로서 태후太后의 고명顧命[82]을 받들고 천하의 큰일을 맡아서 사직社稷의 무거운 책임이 매인 만큼, 대신이 된 사람으로서 시종 한 마음으로 남긴 뜻을 삼가 준수하여 평탄하거나 험난하거나 지조를 바꾸지 않고 죽으나 사나 절개를 지켜서 위로는 부탁하신 명을 저버리지 않고 아래로는 본연의 내 마음을 속이지 않은 연후에야, 내려보나 올려보나 부끄럽지 않으며 저승에서나 이승에서나 부끄럽지 않을 수 있다.

위태롭고 의심스러운 즈음에 함부로 총애를 훔칠 궁리만 하여 왕릉王陵[83]처럼

---

82) 고명(顧命) : 임금이 유언으로 나라의 뒷일을 부탁하는 것을 말한다.

정쟁廷爭[84]을 하지 못하면서 도리어 이적李勣[85]이 아첨한 일을 본받아서, 태제太弟는 애매한 죄를 쓰도록 하고 황제는 동생을 죽였다는 이름을 남기도록 하였다. 무덤의 흙이 겨우 말랐는데, 고명의 부탁이 어디에 있는가? 맹세를 변질시키는 대악大惡은 사람들이 어려워하는 일이나 조금도 망설임이 없었으며, 군주를 저버리는 불의는 사람들이 부끄러워하는 일이나 또한 거리낌이 없었다. 이를 차마 할 수 있었으니, 무슨 일인들 차마 할 수 없었겠는가?

가령 두후杜后[86]의 뜻이 삼대의 대를 이어온 의리에 어긋남이 있어서 말세에 시행하기 어렵고 속임수 많은 술책이라서 영원토록 폐단이 없을 도리는 아니더라도, 저 조보라는 자가 당시 대상大相의 임무를 맡아 국사를 의논하였고 보면 당연히 의리상 잘못된 것을 극력 간하고 숨김없이 할 말을 다하여 후일의 폐단을 막는 것이 그의 직분이다. 이미 그렇게 할 생각이 없었으나 스스로 맹세문을 쓰고 부추겨 일을 성사시켜서 태종으로 하여금 황통을 잇게 하였고, 시우석柴禹錫[87]이 변고를 알리자 도리어 몰래 사주하고 도와서 황제의 마음을 움직여 마침내 조정미趙廷美가 폄척貶斥을 당하도록 만들었다.

아! 태조 때에는 그의 잘못을 모르다가 태종 때에 와서 그의 잘못을 알았다는 말인가? 태조 때에는 그의 잘못을 말하지 못하다가 태종 때에 와서 그의 잘못을 말할 수 있었다는

---

83) 왕릉(王陵) : 전한 초기의 가장 충직한 재상이었다. 혜제(惠帝)가 붕어하자 고후(高后)가 여씨(呂氏)들을 왕으로 삼으려고 대신들의 의견을 물었는데, 왕능은 "유씨(劉氏)가 아닌 사람이 왕이 되면 천하가 함께 공격하라."고 한 고 황제(高皇帝)의 말을 들어 그 자리에서 반대하였다.(『漢書』「張陳王周傳·王陵」)

84) 정쟁(廷爭) : 대궐 뜰에서 임금의 잘못을 간하는 것을 말한다.

85) 이적(李勣) : 당나라 장수인 이세적(李世勣)을 말한다. 이적의 본 이름은 서세적(徐世勣)이었다. 공을 세워서 황제로부터 이씨 성을 하사받았으며, 당 태종의 휘(諱)를 피하여 '세(世)' 자를 생략하여 이적이라고 하였다.

86) 두후(杜后) : 송 태조(宋太祖)의 어머니이다. 죽을 때에 태조에게 "후주(後周)에 나이가 든 공자(公子)가 있었다면 네가 어찌 천하를 얻을 수 있었겠느냐? 이 다음에 마땅히 네 아우 진왕(晉王, 뒤의 태종)에게 왕위를 전하도록 하라."고 말하고는, 조보(趙普)를 불러 "내가 말한 것을 어기지 않는다고 기록한 다음, 끝에 네가 썼다는 서명을 하여 잘 보관하라."라고 명한 일을 말한다.

87) 시우석(柴禹錫) : 태종의 아우인 진왕(秦王) 조정미(趙廷美)가 교만 방자하여 음모를 꾸밈이 있을 것이라고 고변한 인물이다.

것인가? 다 같이 우리 군주라고 하면서도 섬기는 도리가 더러 같지 않은 것은 반드시 그 마음에 무엇이 있어서일 것이다.

전후로 한 일을 가만히 살펴보면, 얻음과 잃음을 근심[88]하는 사람에 불과하다. 왜냐하면 태조가 천하를 공정하게 다스리는 데 마음을 두었을 때에 조보 또한 이로써 태조에게 권면한 것은 그의 속마음이 태조의 뜻을 잘 따르지 않으면 태조의 총애를 굳히지 못할 것으로 여겨서이다. 태종太宗이 천하를 사사로이 다스리는데 마음을 두었을 때에 조보 또한 이로써 도운 것은 그의 속마음이 태종의 뜻을 잘 따르지 않으면 태종의 총애를 얻지 못할 것으로 여겨서이다. 그렇다면 태조에게 말하지 않은 것은 권력과 지위가 이미 높아서 잃어버릴 것을 염려하는 마음이 우세하여서이고, 모의하여 태종을 도운 것은 여러 해 동안 지위를 잃어서 얻을 것을 근심하는 마음이 우세하여서이다.

아! 처음 고명을 받아 금궤에 간직한 자는 누구이며, 뒤에 약속을 어기고 집안 법통을 어지럽힌 자는 누구인가? 지난날에는 총애를 굳히기 위하여 사직의 계책을 함께 세우고, 오늘날에는 총애를 바라서 형제간의 은혜를 이간질하였다. 남의 신하 된 자의 마음 씀이 마땅히 이와 같아야 하는가?

한 사람이면서도 시종始終 간에 마음이 다르며 한 몸이면서도 전후前後 간에 행위가 다르다. 아! 저는 어떤 사람이며, 저는 어떤 사람인가? 공자께서 말하기를, "비루한 자와는 함께 임금을 섬길 수 있겠는가? 얻기 전에는 얻을 것을 걱정하고, 이미 얻고 나서는 잃을 것을 걱정하니, 만일 잃을 것을 걱정한다면 못할 짓이 없다."[89] 하였다. 얻음과 잃음을 근심하는 사람을 어떻게 재상으로 등용하였는가? 이 때문에 군자는 심술心術을 삼가지 않을 수 없다.

---

88) 얻음과 잃음을 근심[患得患失] : 용렬하고 비루한 인물을 말한다. "비루한 자와는 함께 임금을 섬길 수 있겠는가? 얻기 전에는 얻을 것을 걱정하고, 이미 얻고 나서는 잃을 것을 걱정하나니 만일 잃을 것을 걱정하면 못하는 짓이 없을 것이다.[鄙夫 可與事君也與哉 其未得之也 患得之 既得之 患失之 苟患失之 無所不至矣]"에서 유래한다.(『論語』「陽貨篇」)

89) 비루한 …… 있겠는가? : 주88) 참조.

향교를 중수하고 정한 입약의 서문[鄕校重修立約序] 입약의 조문을 붙임

우리 고장은 작으나 예전부터 문헌文獻[90]의 고장으로 일컬어졌다. 인재의 풍성함과 훌륭한 어른의 많음은 실로 큰 고을에 뒤지지 않으나 학궁學宮의 비좁고 누추함은 우리 고을과 같은 곳이 없다. 이는 고을이 작고 백성이 적어서 역량이 미치지 못하여서이니, 형세가 참으로 그러하다.

다행히도 이제 어진 손영제孫英濟[91] 현감께서 임지에 도착한 지 오래지 않아 먼저 향교를 수리할 것을 생각하였다. 그래서 먼저 퇴계 선생께 여쭙고, 동시에 사문의 여러 선비들에게 물어보아서 관민官民이 협력하여 예전의 건물을 새롭게 수리하였으니, 어찌 작은 고을의 하나의 큰 다행이 아니겠는가?

공사를 마치고 나서 향인들이 서로 의논하기를, "옛 사람들이 '새로 머리 감은 자는 반드시 관을 털어서 쓰고 새로 몸 씻은 자는 옷을 털어서 입는다.'[92] 하였다. 이제 집을 빛나게 다시 수리하였으니, 이미 목욕한 자가 몸을 깨끗하게 한 것과 같고 보면 인사人事의 오래된 폐습을 어찌 의관을 터는 것과 같이 고치지 않겠는가?" 하였다.

예컨대 문묘에 향사를 지내는 법식과 제생들을 강습하는 방법이라면 저대로 국전國典이 있어서 현판에 분명히 명시되어 있으니, 그저 두려운 마음으로 받들어 행하여야 할 뿐이다. 규모나 절목의 자세함이나 수호함에 폐단이 없게 하는 대책의 경우는 사람마다 각각 논의가 다르다. 아직도 예전의 좁은 규모에 연연하여 법칙으로 삼자고 고집할 수가 없으므로 별도로 약간의 조목을 세워서 항구恒久한 조약으로 삼으니, 이는 다만

---

90) 문헌(文獻) : 전적과 어진이 들을 말한다. "은나라의 예를 내가 말할 수가 있으나 송나라가 충분히 증명해 주지 못하는 것은 문헌이 부족하기 때문이다.[殷禮 吾能言之 宋不足徵也 文獻 不足故也]"에서 온 말이다.(『論語』「八佾」) 주자(朱子)는 주(註)에서 문(文)은 전적이며 헌(獻)은 어진 사람이라고 하였다.

91) 손영제(孫英濟, 1521~1574) : 자는 덕유(德裕), 호는 추천(鄒川), 본관은 밀양(密陽)이다. 1561년 문과에 급제하였다. 예안 현감(禮安縣監)으로 부임해서는 문묘를 중수했다. 1574년 도산서원 건립 시에도 주도적 역할을 하였다.

92) 새로 …… 입는다 : 굴원(屈原)의 「어부사(漁父辭)」에 나오는 말이다.(『古文眞寶後集』)

오당吾黨의 억견臆見에서 나온 것이 아니라, 실로 향선생鄕先生께서 남긴 뜻을 본받는 것이다. 바라건대, 훗날의 군자들은 한때의 보잘 것 없는 말이라고 여겨서 소홀히 하지 말지어다.

융경隆慶93) 6년 임신(1572) 7월, 향인鄕人 금보琴輔가 쓰다.

입약 조목[約條]

1. 사마시司馬試에 입격한 두 사람이 돌아가며 유사를 맡아 향교 안의 모든 일을 결정한다.

【서로 바꿀 때에는 전장傳掌94)을 하되, 빠지는 것이 있도록 하지 말라. 빠진 것이 있으면 바꾸지 못한다.】

1. 제향祭享하는 절차는 습속을 구차하게 따르지 말라. 희생犧牲을 살피고 제기를 씻는 일은 한결같이 예문禮文을 따른다. 음복은 향교 문밖으로 나가지 못한다.

【예문이 이 두 조목만은 아니나 당시에 더욱 지켜지지 않았기 때문에 특별히 뽑았다.】

1. 제물은 석전일釋奠日 한 달 전 관청에 고하여 미리 준비한다.

【희생·식혜·침채·과일 등은 대용하지 말라. 만약 지역에서 생산되지 않아 준비하기 어려운 물건이라면 성설하며 서로 비슷한 물건으로 채운다. 또한 한 물건으로 여러 품수品數를 채우지 못한다.】

1. 헌관을 차정差定95)할 때에는 석전일 10일 전 향교로 들어와 망기望記로 알린다.

1. 헌관이 사정을 핑계로 참여하지 않으면, 모두가 의논하여 벌을 정한다.

1. 매번 석전釋奠 뒤에는 사문과 고을의 어른들을 청하여 함께 음복을 한다.

【매번 모여서, 화의和議를 서로 받아들이며 과실을 서로 바로잡는다. 자제들에게는 더욱 노력하여 학문에 힘쓸 것을 요구한다.】

---

93) 융경(隆慶) : 명나라 목종(穆宗, 1567~1572)의 연호이다.
94) 전장(傳掌) : 전임자가 후임자에게 맡아보던 일을 전달하여 맡기는 것을 말한다.
95) 차정(差定) : 선임하여 임무를 배정하는 일을 말한다.

1. 모든 모임의 술이나 찬거리는 간편하게 마련한다.

1. 전우殿宇와 여러 곳은 매년 봄가을로 하나하나 돌아보고 살펴서 조금이라도 지저분하거나 무너진 곳이 있으면 관청에 보고하여 수리하되, 이럭저럭 미루다가 보수하기 어려운 지경에 이르는 일은 절대로 만들지 말라.

【풀을 베고 눈을 쓰는 일은 시기를 놓치지 않는다. 조금이라도 게을리하면 하전下典[96]을 다스려 벌준다.】

1. 제복과 제기 및 서책과 집기는 같은 날 점검한다. 서책을 말리는 일에 빠뜨림이 있다면 관청에 고발한다. 서책을 다시 장만한다면 교생校生이나 전수典守하는 자가 살펴보아야 하며, 외부로 빌려주지 말라.

1. 전殿에 있는 지의地衣[97]는 5년에 한 번씩 다시 장만한다.

1. 훼손된 지의地衣는 당堂과 재루齋樓에서 사용하고 다른 곳에 함부로 쓰지 말라.

【지의만이 아니라 깨어진 제기 같은 것은 바로 명하여 구석진 곳에 묻고 제복은 태운다.】

1. 학전學田에서 얻은 것은 공적인 사용 이외에 사적으로는 쓰지 말라.

1. 보자[寶上][98]에 본곡本穀은 남겨두고 이자를 모으는 일은 영원토록 그만두지 않는다.

【원곡의 수는 백 석石으로 한정하고, 그 나머지 수는 지의地衣 구입 경비와 유생을 맞이하여 음식을 제공하는 경비 및 춘추로 거행하는 대제大祭 때 교생校生들이 3일 동안 먹을 양식 구입비로 사용한다. 그리고 남는 것이 있다면 집기를 비치한다. 매번 봄가을로 결산하여 원곡의 수 이외에 남은 것은 장부에 기록하여 두어서 뒷날의 참고에 대비한다.】

1. 전殿 안은 아무 때나 출입하지 못하게 항상 빗장을 질러둔다.

【만약 일 때문에 들어가면 반드시 관복冠服을 차려 입는다.】

---

96) 하전(下典) : 아전(衙前) 또는 아래 사람을 말한다.
97) 지의(地衣) : 헝겊으로 가장자리를 꾸미고 여러 개를 잇대어서 크게 만든 돗자리를 말한다.
98) 보자[寶上] : 보(寶)를 달리 이르는 말이다. 보는 특별한 목적의 사업을 경영하기 위하여 설립한 재단이다. 돈이나 곡식을 모아 일정한 기금을 만들고 이를 백성에게 꾸어주어 변리를 받아 운영하는 제도를 말한다.

1. 교생校生들은 당에 오르면 반드시 유건을 쓴다.

1. 관가에서 교관校官을 만나면 반드시 인사한다.

【녹봉祿俸과 지공支供 같은 경우는 모두 살펴보아서 약소하지 않게 한다. 만일 가르침을 일삼지 않고 비루한 짓을 많이 한다면 간절하게 깨우쳐서 반드시 고칠 것을 기약한다.】

1. 교생이 맡은 일이 아니면 관청에서 교생을 마음대로 부리지 말라.

1. 교생의 정원은 제때 충원하여 항상 여유 있게 하며, 집사를 겸하여 맡기지 말라.

【제향을 올릴 적에 더러 유고有故가 있어서 집사를 충원하지 못하면 지방의 유생 중에서 모두 차출한다.】

1. 당堂 및 재루齋樓 등의 곳에서는 미색을 가까이하지 말며, 먹고 마실 때에는 절대로 시끄럽게 떠들거나 예의를 잃지 말라.

1. 유사가 맡은 일을 삼가하지 않으면, 향중이 모두 모여 벌을 논의한다.

『도산기』[99] 고증[陶山記考證]

바위 기슭이 그윽하고도 선명하여[巖麓悄蒨]

초천悄蒨은 그윽하고 깊으며 선명한 모양이다.

산을 좋아하고 물을 좋아하는 일에 하나라도 빠지면 불가하다.[樂山樂水 闕一不可]

초본初本에서는 "무이武夷를 천하의 절승지絶勝地라고 한 것은 중간에 구곡수九曲水가 있기 때문이다."라고 되어 있다.

늙어서의 바람[卒歲之願]

회암晦菴의 「산을 읊조리다[詠山]」[100] 시에 "일 년 내내 애오라지 스스로 즐기다." 라고 하였다.

기인畸人

기畸는 고독하다는 뜻이다.

---

99) 『도산기(陶山記)』: 조선 선조 5년(1572)에 퇴계 선생이 자필로 쓴 기문(記文)과 시 등을 판각한 책이다.

100) 산을 읊조리다 : 『회암집(晦菴集)』 권6 「운곡이십육영(雲谷二十六詠)」의 '초가집[草廬]'을 말한다. 원시는 다음과 같다. "청산은 초가집을 둘러 있고, 백운은 그윽한 문을 막고 있네. 일 년 내내 애오라지 스스로 즐기나, 세상 사람들 유심히 돌보는 이 없네.[靑山遶蓬廬 白雲障幽戶 卒歲聊自娛 時人莫留顧]"

도산서당陶山書堂

선생의 본주本註는 다음과 같다. "도陶의 뜻은 기문記文에 보인다. 지금 시 속에서는 혹 사事 자나 성姓 자로 도陶 자를 점철點綴하였으니, 바로 세상 밖에서 세상일을 비춘다는 뜻을 담았을 뿐이다."

「암서헌巖栖軒」 시의 "증자가 안자를 가득차도 빈 것 같다[101]고 하였는데, 병산[102]이 처음 회암을 이끌어 발휘하였네. 늙어서 바위에 사는 재미를 알았으니"[103][巖栖軒詩 曾氏稱顏實若虛 屛山引發晦翁初 暮年窺得巖栖意]

선생의 본주는 다음과 같다. "증자曾子가 안연顏淵은 있어도 없는 것 같이 여기며 가득하여도 빈 것 같이 여긴다고 칭찬하였다. 병산屛山 이 회암晦菴의 자를 지어주며 이로써 축원하니, 회암이 '스스로 믿는 것이 오래가지 못하여, 바위에 머무르며 조금의 효과를 바라네.[自信久未能 巖棲冀微效]'[104]라는 시[105]를 짓고 나서, 헌軒의 이름으로 하여 스스로 권면하였다."

---

101) 가득차도 빈 것 같다[實若虛] : 증자가 말하였다. "…… 있어도 없는 것 같이 여기며 가득차도 빈 것 같으며 잘못하여도 따지지 않는 것을, 옛날에 내 벗이 일찍이 이에 종사하였다.[……有若無 實若虛 犯而不校 昔者吾友 嘗從事於斯矣]"에서 온 말이다.(『論語』「泰伯」)

102) 병산(屛山) : 무이산(武夷山)에 은거하여 지내며 강학에 전념하였던 유자휘(柳子翬)의 호이다. 주자의 아버지 주송의 친구로, 주자가 아버지의 명에 따라 나아가 글을 배웠다.(『宋史』「劉子翬列傳」)

103) 이 시는 「도산잡영(陶山雜詠)」 중의 한 수이다. 마지막 구절은 다음과 같다. "늙어서 돌아와 은거하리라[白首歸來試考槃]"

104) 스스로 …… 바랐네 : 인용시의 앞 구절은 다음과 같다. "생각하니 예전에 병산옹이, 한마디의 가르침을 나에게 주었네.[憶昔屛山翁 示我一言教]"

105) 시(詩) : 「도산잡영(陶山雜詠)」 중의 '회암(晦菴)'을 말한다.(『退溪先生文集』)

완락재翫樂齋

선생의 본주는 다음과 같다. "주자朱子께서는 「명당실기名堂實記」106) 에서 '경敬을 견지하고 의義를 밝혀 동정이 순환하는 공부로 주자周子107) 의 태극太極의 논의에 합하면 완락翫樂하며 부귀공명은 잊을 수 있게 된다.' 하였다. 이제 재齋를 완락翫樂이라 이름 하여 날로 경계를 가한다."

「완락재」 시의 "경을 주장하여도 꼭 의를 모아야 하니"108) [翫樂齋詩 主敬還須集義功]

왼쪽의 재는 '주경主敬'이라 이름하고, 오른쪽의 재는 '명의明義'라고 이름 하니, 동정이 순환하는 공부가 태극太極과 비슷한 데가 있다.

「유정문」 시의 "한공의 큰 거북이를 (빌리지 않더라도)"109) [幽貞門詩 韓公假大龜]

한 창려韓昌黎110) 의 「복지부復志賦」에 "큰 거북이를 빌려 조짐을 봄이여, 조용하고

---

106) 명당실기(名堂室記) : 『회암집(晦菴集)』 권78 「기(記)」에 나온다. 다만 「도산기고증」의 인용문이 『회암집』에는 나오지 않는다. 그 연유를 알 길이 없어 밝혀두기만 한다.

107) 주자(周子) : 주돈이(周敦頤, 1017~1073)를 말한다. 자는 무숙(茂叔), 호는 염계(濂溪), 시호는 원공(元公)이다. 「태극도설(太極圖說)」과 『통서(通書)』를 지었는데, 「태극도설」이 우주론을 설명한 반면, 『통서』는 윤리론을 이야기하고 있다.

108) 경을 …… 모아야하니 : 인용시의 다음 구절은 다음과 같다. "…… 잊지 않고 조장하지 않아도 무르익어 통하리라. 주렴계 태극의 묘리에 다다르면, 천년이 지나도 즐거움이 같음을 믿노라. […… 非忘非助漸融通 恰臻太極濂溪妙 始信千年此樂同]"

109) 한공의 …… 않더라도 : 인용시의 다음 구절은 다음과 같다. "…… 새로운 기운이 사립문에 비치누나. 띠가 산길을 메운다고 걱정 마소, 유정한 데에 도가 있어 평탄함을 깨닫겠네.[…… 新居縹緲映柴扉 未應山徑憂茅塞 道在幽貞覺坦夷]

110) 한 창려(韓昌黎) : 창려백(昌黎伯)에 봉해진 한유(韓愈, 768~824)를 말한다. 자는 퇴지(退之), 시호는 문공(文公)이다. 대구(對句)를 중심으로 수사에 치중하는 변려문을 반대하고, 유종원(柳宗

정결한 오두막을 구한다네."라고 하였다.

정우당淨友塘[111]

선생의 본주는 다음과 같다. "염계濂溪는 「애련설愛蓮說」에서 연꽃의 아름다움이 하나가 아님을 칭찬하였으나 증 단백[112]曾端伯은 유독 정우淨友라고 불렀으니, 아마도 미진한 듯하다."

절우사節友社[113]

선생의 본주는 다음과 같다. "도공陶公의 삼경三徑[114]에 유독 매화가 버림을 당하였으니, 대개 「이소離騷」만이 흠전欠典이 되는 것은 아니다."

元) 등과 함께 고문(古文)을 창도하였다. 저서로는 『창려선생집』이 있다.

111) 정우당(淨友堂) : 「도산잡영(陶山雜詠)」 중의 한 수이다. "온갖 물건 모두 다 묘한 이치 품었는데, 주렴계는 어찌하여 연꽃만을 사랑했나. 향기로운 덕을 생각하면 벗하기 어렵고, 깨끗함만 칭송한다면 치우칠까 걱정이네.[物物皆含妙一天 濂溪何事獨君憐 細思馨德眞難友 一淨稱呼恐亦偏]"(『退溪先生文集』)

112) 단백(端伯) : 남송 초의 도학자로 알려진 증조(曾慥, ?~?)의 자(字)이다. 북송 시절부터 벼슬길에 올랐으나 만년에는 양생술(養生術)을 배웠다. 그는 연(蓮)을 정우(淨友)라고 칭하였다.

113) 절우사(節友社) : 「도산잡영(陶山雜詠)」 중의 한 수이다. "도연명의 동산에 솔·국화·대는 있는데, 매화는 어찌하여 끼지 못하였나, 나는 매화를 넣어 풍상 속의 친구를 맺으니, 굳은 절개 맑은 향기 넉넉히 알게 되었네.[松菊陶園與竹三 梅兄胡奈不同參 我今併作風霜契 苦節淸芬儘飽諳]"(『退溪先生文集』)

114) 도공(陶公)의 삼경(三徑) : 도연명(陶淵明) 「귀거래사(歸去來辭)」의, "삼경은 황폐해졌으나 소나무와 국화는 그대로 남아 있네.[三徑就荒 松菊猶存]"에서 온 말이다. 삼경(三徑)은 은자가 사는 집을 말한다. 한(漢)나라 장후(蔣詡)는 자가 원경(元卿)으로 왕망(王莽)이 집권하자 벼슬에서 물러나 향리인 두릉(杜陵)에 은거하였다. 그 뒤로 집의 대밭 아래에 세 개의 오솔길을 내어 송(松)·국(菊)·죽(竹)을 심고 벗 구중(求仲)과 양중(羊仲) 두 사람하고만 교유한 고사에서 유래한다.(『蒙求』「蔣詡三逕」)

「시습재」 시의 "명과 성을 진전시킴에는 삭비[115]를 본받으니"[116] [時習齋詩 兩進明誠效數飛]

명明은 선善을 밝힘이요, 성誠은 몸을 성실하게 함이다.

곡구문谷口門[117]

선생의 본주는 다음과 같다. "곡구谷口에 은거한 정 자진鄭子眞[118]이 그 뜻을 굽히지 않고 암석의 사이에서 밭 갈며 지내니, 이름이 경사京師에 알려졌다. 이는 양 자운[119]揚子雲의 『법언法言』[120]의 말이다."

「동취병산」 시의 "이 영구의 붓끝에서 생긴 것인가 의심되네."[121] [東翠屛山詩

115) 삭비(數飛) : 쉼 없이 날개 짓하는 모습을 말한다. "배우고 그것을 때로 익히면[學而時習之]"(『論語』「學而」)을 풀이한 주자(朱子)의 주(註)에 나오는, "습은 새가 자주 날개 짓하는 것이다.[習鳥數飛也]"에서 온 말이다.
116) 양진명성효삭비(兩進明誠效數飛) : 『퇴계선생문집』에 있는 「시습재」 시와 내용이 다르다. 『퇴계선생문집』의 원문은 다음과 같다. "날마다 명과 성을 일삼음에 삭비와 같이하니, 때때로 거듭 생각하고 다시 실천하네. 공부가 익숙하면 깊은 얻음이 있으리니, 어찌 좋은 음식이 입을 기쁘게 함과 같겠는가.[日事明誠類數飛 重思復踐趁時時 得深正在工夫熟 何啻珍烹悅口頤]"
117) 곡구문(谷口門) : 「도산잡영(陶山雜詠)」 중의 한 시이다. "동으로 강대를 밟고 북으로 구름에 들었으니, 곡구의 숲을 열어 산문으로 하련다. 이름이 우연히 옛 현인의 땅과 합하나, 밭 갈며 숨어 지낸 높은 지조를 쉬 의론하리요.[東躡江臺北入雲 門荒谷口擬山門 此名偶似前賢地 耕隱風聲詎易論]"(『退溪先生文集』)
118) 정 자진(鄭子眞) : 한(漢)나라 때에 곡구에 은거한 정곡(鄭谷)을 말한다. 수도묵수(修道墨守)하면서 권세가인 대장군 왕봉(王鳳)의 예빙(禮聘)에도 일체 응하지 않았다고 전해진다.(『漢書』「高士傳中」)
119) 자운(子雲) : 동한 말의 문학자·사상가였던 양웅(揚雄, BC 53~AD 18)의 자이다. 한나라 성제(成帝) 때 덕망이 높았지만, 왕망(王莽)이 왕위를 찬탈하여 세운 신(新)의 대부가 되었다. 그래서 주자(朱子)는 "왕망의 대부 양웅이 죽었다.[莽大夫揚雄 死]"라고 적었다.(『漢書』「揚雄傳」)
120) 법언(法言) : 『법언』「문신(問神)」 편을 말한다.

疑是營丘筆下生]

영구營丘는 바로 이성李成[122]이 살던 곳이다. 그는 산수화를 잘 그렸는데, 사는 곳을 따라 이 영구李營丘라고 불렸다.

「서취병산」 시의 "가운데 절[123]이 있고 아래에는 원정이네."[124][西翠屛山詩中藏蘭若下園亭]

난야蘭若은 깨끗한 곳이다.

"뜬 구름에 맡기니 오래도록 푸르네."[一任浮雲萬古靑]

회암의 시[125]에 "뜬 구름 한결같이 한가로이 끼였다 걷혔다 하고, 만고의 청산은 푸르기만 하네."라고 하였다.

「부용봉」 시의 "주인도 연하에 고질병이 있으나"[126][芙蓉峯詩 主人亦有烟霞癖]

---

121) 이 …… 의심되네 : 인용시의 앞 구절은 다음과 같다. "옹기종기 뭇 산봉우리는 왼쪽 푸른 병풍인데, 어두운 남기에 때때로 흰 구름이 비꼈네. 잠깐 동안에 변화하여 비를 날리니, …….[簇簇群巒左翠屛 暗嵐時帶白雲橫 斯須變化成飛雨 ……]"
122) 이성(李成) : 송나라의 화가이다.
123) 절[蘭若] : 범어 'āranyaka'의 음역인 아란야(阿蘭若)의 준말로, 출가자가 수행하는 조용한 곳, 즉 사원을 말한다.
124) 가운데 …… 원정이네 : 인용시의 앞뒤 구절은 다음과 같다. "우뚝우뚝 뭇 봉우리 오른쪽 푸른 병풍인데, …….높게 읊으며 앉아 대하니 늘그막에 마땅하고, 뜬 구름에 맡기니 오래도록 푸르네. [嶷嶷群峯右翠屛 …… 高吟坐對眞宜晩 一任浮雲萬古淸]"
125) 시(詩) : 『회암집』을 살펴보면, 이는 시가 아니라 발문[跋胡五峰詩]으로 분류되어 있다.
126) 주인도 …… 있으나 : 인용시의 앞뒤 구절은 다음과 같다. "남쪽의 부용봉은 구름에 반쯤 가려있으

주인은 바로 상사上舍 조 사경趙士敬이다. 연하벽烟霞癖은 당 고종唐高宗이 전 유암田遊巖[127]이 사는 곳에 들러서 "무엇을 즐기는가?"라고 물으니, "천석泉石을 좋아하여 불치병[128]이 되었고 연하烟霞를 사랑하여 고질병이 되었습니다."라고 답하였다.

「몽천」 시의 "더욱 과육할 것을 생각해야 하네."[129] [蒙泉詩 尤當思果育]

선생의 본주는 다음과 같다. "과육果育은 바로 『주역周易』의 말이다. 몽괘蒙卦의 대상大象에, '군자가 본받아서 과감히 행동하여 덕을 기른다.' 하였다."

「열정」 시의 "저대로 있으니 어찌 마음이 슬프랴."[130] [洌井詩 自在寧心惻]

니, 부용을 일찍 보고 이름 붙이기 충분하네. …… 초가집 지을 생각 오랫동안 이루지 못하네.[南望雲峯半隱形 芙蓉曾見足嘉名 …… 茅棟深懷久未成]"

127) 전 유암(田遊巖) : 당나라 처사로 알려진 인물이다. 영휘(永徽) 연간에 태학생(太學生)에 보임(補任)되었다가 파귀(罷歸)한 뒤에 태백산(太白山)으로 들어가 은거하였는데, 그 어머니와 아내도 모두 방외(方外)에 뜻이 있었다. 여러 번 부름을 받았으나 출사(出仕)하지 않았다. 고종(高宗)이 친히 그를 방문하니, 유암(游巖)은 야인(野人)의 복장으로 배알(拜謁)하는데 행동이 근엄하였다.(『舊唐書』「游巖列傳」)

128) 불치병[膏肓] : '고맹'은 고황(膏肓)과 같은 말로 고치기 어려운 병을 말한다. 춘추 시대 때 진후(晉侯)가 병이 나서 진(秦)나라에 의원을 구하였는데, 진백(秦伯)이 의원을 보냈다. 그런데 의원이 도착하기 전에 진후가 꿈을 꾸니, 꿈속에서 병이 '두 어린아이[二豎]'로 변해 말하였다. "저 어진 의원이 우리를 해칠까 두렵다." 그 중 하나가 말하였다. "황(肓)의 위, 고(膏)의 아래에 숨으면 우리를 어쩌겠는가?" 의원이 이르러서는 말하였다. "병을 고칠 수가 없습니다. 황의 위, 고의 아래에 숨어 있어서 공격하려 해도 할 수가 없고 도달하려 해도 할 수가 없어서 약이 거기까지 도달하지 못하니 고칠 수가 없습니다."라고 한 고사에서 유래한다.(『春秋左氏傳』「成公十年」)

129) 더욱 …… 생각하네 : 인용시의 앞 구절은 다음과 같다. "산에 샘물이 나는 괘가 몽이니, 그 상은 내가 늘 생각하는 것이네. 어찌 감히 시중을 잊으랴.[山泉卦爲蒙 厥象吾所服 豈敢忘時中]"

130) 절로 …… 슬프랴 : 인용 오언시의 앞뒤 구절은 다음과 같다. "돌 사이 우물이 차디차니, ……. 유인이 여기 거처를 정하였으니, 한 바가지에 참으로 얻음이 있네.[石間井洌寒 …… 幽人爲卜居 一瓢眞相得]" 마음이 슬프랴[心惻]은 "우물이 깨끗한데도 먹어주지 아니하니 내 마음에 슬픔이 되어[井渫不食 爲我心惻]"에서 온 말이다.(『周易』「井卦·九三」)

유 자징[131]劉子澄이 스스로 호를 열헌冽軒이라 하고 시를 지어 "마음 너무 슬프게 할 일이 없네." 하였다.

「정초」 시의 "의사가 영형[132]이네."[133][庭草詩 意思如馨]

여형如馨은 영형寧馨과 같은 말이다. 진晉 왕연王衍이 풍채가 아름다웠는데, 산도山濤가 감탄하며 말하기를, "어떤 늙은 아낙네가 이러한 아이를 낳았는가?" 하였다. 일설에는 형馨은 향香인데, 이와 같음을 말한다. ○왕 약허王若虛가 말하기를, "영寧은 '이와 같이[如此]'와 같은 말이고, 형馨은 어조사이다." 하였다.

「간류」 시의 "천고의 두 절옹"[134][磵柳詩 千載兩節翁]

두 절옹節翁은 도 정절陶靖節과 소 강절邵康節[135]이다.

---

131) 자징(子澄) : 송(宋) 임안인(臨安人)인 유청지(劉淸之)의 자이다. 소흥(紹興) 진사로 악주 통판(鄂州通判)을 지냈다. 괴음정사(槐蔭精舍)를 지어 학문에 전념하였다. 저서로는 『증자내외잡편(曾子內外雜篇)』·『훈몽신서(訓蒙新書)』·『외서(外書)』·『제의(祭儀)』 등이 있다.

132) 영형[如馨] : '여형'은 영형(寧馨)과 같다. 영형은 진송(晉宋) 시대의 속어로 '이러한 아이[寧馨兒]'라는 감탄사의 줄임말이다.

133) 의사가 …… 같다 : 인용 사언시의 앞 구절은 다음과 같다. "한가한 뜰 잔풀들은, 조화로 나고 나네. 눈 닿는 곳 도가 있으니, ……[閑庭細草 造化生生 目擊道存……]"

134) 천년 …… 절옹 : 인용 오언시의 앞뒤 구절은 다음과 같다. "무궁한 봄의 조화지만, 원래 풍류를 간직한 나무라네. …… 읊으며 얼마나 흥취를 부쳤던가.[無窮造化春 自是風流樹 …… 長吟幾興寓]"

135) 도 정절과 소 강절 : 정절은 도연명(陶淵明)의 시호이고, 강절(康節)은 소옹(邵雍)의 시호이다. 진(晉)의 도연명이 문 앞에 다섯 버드나무가 있으므로 스스로 오류 선생(五柳先生)이라고 호를 지었으며, 송(宋)의 소옹이 지은 시에는 "바람 일어 버드나무 얼굴을 스치네.[楊柳風來面上吹]"라는 구절이 있다.

"깨끗한 풍도"[136] [濯濯風度]

진왕공晉王恭[137]이 미모가 있어서 사람들이 봄바람 속의 버들과 같이 탁탁濯濯하다고 하였다.

「서록」 시의 "이중[138]이야 어찌 없으랴마는, 내가 장경이 아니어서 부끄럽네."[139] [西麓詩 二仲豈無有 愧余非蔣卿]

선생의 본주는 다음과 같다. "장蔣은 바로 장후蔣詡이고 이중二仲은 바로 양중羊仲과 구중裘仲 두 사람이다. 장경蔣卿과 이웃하여 살면서 날마다 서로 어울렸으므로 이것을 언급하였다.

"구름 안개와 어울렸네."[140] [雲霞之交]

범태范泰[141]가 어떤 고상한 사람과 함께 물외지경物外之境을 노니니, 당시 사람들이

---

136) 깨끗한 풍도 : 인용 사언시의 앞뒤 구절은 다음과 같다. "시냇가의 수양버들 …… 도연명과 소요부가 좋아했으니, 나의 사모하는 마음 일어나네.[澗邊垂柳 …… 陶邵共賞 起我遐慕]"

137) 진왕공(晉王恭) : 미남자로 알려진 인물이다. "『세설신어』에 말하였다. '진왕공은 자가 효백이다. 용모가 아름다우니 사람들이 기뻐하였다. 혹자는 봄 달 속의 버들같이 탁탁하다고 지목하였다.'[世說曰 晉王恭 字 孝伯 美姿容 人多悅之 或目之濯濯如春月之柳]"에 나온다.(『藝文類聚』)

138) 이중(二仲) : 한(漢)나라 때의 은사(隱士)인 양중(羊仲)과 구중(裘仲)을 합칭한 말이다. 은사 장후(蔣詡)가 일찍이 향리로 돌아가 은거하면서 형극(荊棘)으로 문을 막고 집안에 세 길[三徑]을 내어, 오직 양중과 구중하고만 종유(從遊)했다는 고사에서 유래한다.(『蒙求』「蔣詡三逕」)

139) 이중이야 …… 부끄러워하네 : 인용 오언시의 앞 구절은 다음과 같다. "집 서쪽에 푸른 산기슭이 비꼈으니, 그윽하여 은거할 만하네.[舍西橫翠麓 蕭灑可幽貞]"

140) 구름 …… 어울렸네 : 인용 사언시의 앞 구절은 다음과 같다. "푸르른 서쪽 산기슭, 초가집 지을 만하네. 학문할 만한 곳인데, …… [悄蒨西麓 堪結其茅 以藏以修 ……]"

141) 범태(范泰, 355~428) : 남조(南朝)의 송(宋) 때의 사람으로 자는 백륜(伯倫), 순양인(順陽人)이다. 벼슬에서 물러나 노년에 불법(佛法)을 심하게 믿었다.(『南史』「范泰列傳」)

구름과 노을의 어울림이라고 하였다.

「취미」 시의 "구일에 술병을 잡으니"142) [翠微詩 九日攜壺酒]

두목杜牧143)의 시에 "구일에 술병을 잡고 산기슭을 오른다."라고 하였다.

"국화만 쓸데없이 손에 가득한 것보다는" [菊花空滿手]

고시古詩144)의 "9월 9일에, 국화만 쓸데없이 손에 가득하네."는 술이 없음을 비웃은 것이다.

「요랑」 시의 "우러러보고 구부려 봄이여"145) [寥朗詩 仰眺俯瞰]

고시146)에 "푸른 하늘가를 우러러보고, 맑은 물가를 굽어보네. 고요하고 탁 트여 끝없이 바라보니, 눈길 머문 곳에 절로 이치 열리네."라고 하였다.

---

142) 구일에 …… 잡으니 : 인용 오언시의 앞뒤 구절은 다음과 같다. "동쪽 언덕의 산기슭을 올라 …… 도연명보다 낫구나, 국화만 공연히 손에 가득한 것보다는.[東隴上翠微 …… 却勝陶淵明 菊花空滿手]"

143) 두목(杜牧, 803~852) : 자는 목지(牧之), 호는 번천(樊川)이다. 당(唐)나라 때 명신(名臣)이다. 시부(詩賦)에 능(能)하고 풍류(風流)와 아량(雅量)이 있었다.(『唐書』「杜牧傳」)

144) 고시(古詩) : 왕유(王維)가 지은 「우연작육수(偶然作六首)」를 말한다. 『왕우승집(王右丞集)』을 살펴보면 구월구일(九月九日) 아래에 '시(時)'자가 들어 있다.

145) 우러러보고 …… 봄이여 : 인용 사언시의 앞뒤 구절은 다음과 같다. "고요하고 트였음이여, 정사의 서쪽이로다. …… 누가 그 끝간 곳을 알겠는가.[寥朗寥朗 精舍之西 …… 孰知其斜]

146) 고시 : 「난정기(蘭亭記)」에 있는 「우장군회계내사왕희지(右將軍會稽內史王羲之)」를 말한다.

「월정」 시의 "구곡[147]에서 양구[148]를 읊조리고"[149][月艇詩 九曲羊裘詠]

회암晦菴 선생께서 무이武夷에서 지내면서 유정춘劉靜春[150]에게 답장하며 「양구羊裘」 시를 보냈다. "누가 양구와 취피를 보내왔나, 고인의 심사와 다르지 않네. 이 밤에 광노는 어디에 있을까? 싸늘한 달 차가운 바람에도 돌아가기 싫네."

광노狂奴는 엄광嚴光[151]의 어릴 적 자字이다. 후패侯霸가 맞으러가니[152] 엄광이 눈을 부라리며 대답하지 않다가 한참 만에 말하기를, "인仁을 품고 의義를 보배롭게 여기면 국가는 흥興하고, 아첨하고 순종하면 허리와 목이 꺾인다." 하였다. 후패가 광무제光武帝에게 아뢰니, 광무제가 웃으면서 "광노의 예전 버릇이 아직도 남아 있구나." 하였다.

「칠원桼園」 시의 "베여진다는 경계의 말이 있고",[153] "옻나무는 세상에 쓰임이 있으니"[154][桼園詩 見割有警言 止 桼有世用]

147) 구곡(九曲) : 주자가 머물렀던 무이구곡을 말한다.

148) 양구(羊裘) : 은자의 옷차림을 말한다. 후한 때 엄광(嚴光)이 양구를 걸치고 택중(澤中)에서 낚시질을 한 고사에서 유래한다.(『後漢書』「嚴光列傳」)

149) 구곡에서 …… 읊조리고 : 인용 오언시의 앞뒤 구절은 다음과 같다. "차가운 못 맑은 거울과 같아, 달 아래에서 조각배를 띄웠네. …… 가을날 황강의 계수돛대소리 듣네.[寒潭如拭鏡 乘月弄扁舟 …… 黃岡桂棹秋]"

150) 유정춘(劉靜春) : 송(宋)나라 때 유정춘(劉靜春) 형제가 대대로 경사(經史) 간직하기를 좋아하여서 그 집을 묵장이라 했는데, 주자(朱子)가 그에 대한 기문(記文)을 지었고 또 시도 읊었다.(『宋子大全隨箚』 권1)

151) 엄광(嚴光) : 후한(後漢) 때 사람이다. 자는 자릉(子陵)이다. 어려서 광무제(光武帝)와 같이 공부하였는데, 광무제가 즉위하자 성명을 고치고 숨어 사는 것을 광무제가 찾아서 간의대부(諫議大夫)를 제수하였으나 사양하고 부춘산(富春山)에 은거하였다.(『後漢書』「逸民傳·嚴光」)

152) 후패(侯霸)가 맞이하니 : 사도(司徒) 후패가 후자도(侯子道)를 보내 후한의 고사(高士)인 엄광(嚴光)을 초청한 일을 말한다.(『高士傳』)

153) 베여진다고 …… 있고 : 인용 오언시의 앞뒤 구절은 다음과 같다. "터만 남은 옛 고을의, 옻나무 숲은 관가에서 심은 것이네. …… 장자도 식견이 높구나.[古縣但遺基 桼林官所植 …… 蒙莊亦高識]"

장자莊子가 옻나무는 쓰임이 있어서 베여진다는 경계의 말을 하였고, 또 "어제는 참나무가 벌목을 면한 것을 보았고 오늘은 거위가 삶겨지는 것을 보았으니, 참나무는 재목이 아니기 때문에 그 수명을 온전히 누리고 거위는 잘 우는 것[155] 때문에 그 몸을 보전하지 못하였다. 나는 장차 재목과 재목 아님의 사이에 처하겠다." 하였으니, 이는 경계의 말이다.

「어량」 시의 "병혈[156]에서 공납하니"[157] [魚梁詩 丙穴底貢]

한수漢水의 근원에 병혈丙穴이 있는데, 이 구멍에서 나는 물고기가 매우 맛이 있다. 은어[銀唇]를 가리킨다.

「원수」 시의 "눈썹 같고 비녀 같으며"[158] [遠峀詩 如黛如簪]

조 비연趙飛燕[159]의 누이 합덕合德의 눈썹이 가늘어서 '먼 산 같은 눈썹'이라고 불렸다.

---

154) 옻나무는 …… 있으니 : 인용 사언시의 뒤 구절은 다음과 같다. "베여지지 않을 수 있으랴. 혹시 베임을 면할지라도, 베여지는 도리이네.[其割焉保 厥或免割 乃割之道]"

155) 잘 우는 것[善鳴] : 『장자』「산목(山木)」에는 거위가 잘 울지 못하여 죽은 것으로 나온다. 장자가 친구의 집을 찾아가니 친구가 오리를 잡도록 하였다. 아래 사람이, "한 놈은 잘 울고 한 놈은 잘 울지 못하는데 어느 놈을 죽일까요?[其一能鳴 其一不能鳴 請奚殺]" 물으니, 주인이 말하기를, "잘 울지 못하는 놈을 죽여라.[殺不能鳴者]" 하였다. 이 글에서 장자의 글과 다르게 적은 이유를 알 수 없어 다만 밝혀둔다.

156) 병혈(丙穴) : 가어(嘉魚)가 생산되었다는 동혈(洞穴)의 이름이다. 섬서성(陝西省) 약양현(略陽縣)에 있다고 전해진다.

157) 병혈에서 공납하니 : 인용 사언시의 뒤 구절은 다음과 같다. "나무를 산더미처럼 엮었네. 매양 여름 가을 바뀔 때는, 나는 시내 한쪽으로 물러가네.[編木如山 每夏秋交 我屛溪間]"

158) 눈썹이나 …… 같으며 : 인용 사언시의 뒤 구절은 다음과 같다. "연기나 구름이 아니네. 꿈에 들어오매 막을 길 없고, 병풍에 그려두니 분별할 수 없네.[非煙非雲 入夢靡遮 上屛何分]"

159) 조 비연(趙飛燕) : 한(漢) 성양후(成陽侯) 조임(趙臨)의 딸이다. 처음에 가무를 배워 몸이 가볍기가 나는 제비 같았으므로 비연이라 하였다. 성제(成帝)의 애첩이 되어 황후까지 올랐다. 누이인

한유의 시에 "벽옥의 비녀 같은 산이, 허공에 긴 눈썹처럼 떠 있네."[160] 하였다.

「농암」 주의 "경물을 빌리다"[聾巖註借景]

사관史官 아무개가 다른 사람 정자의 곁에 정자를 지었는데 사관의 정자는 볼만한 경치가 없고, 다른 사람의 정자는 볼만한 풍광이 있어서 산곡山谷[161] 이 '차경정借景亭' 이라고 명명命名하였다.

「분천汾川」 시의 "분천이 다른 물이 아니기에, 머리 돌려 오동 그늘을 상상하네.[汾川非異水 回首想梧陰]"[162]

선생의 본주는 다음과 같다. "분천은 서취병西翠屛의 남쪽에 있는데, 이 대성李大成이 사는 곳이다. 스스로 벽오碧梧라고 호하였다."

"가을이 옴에 임 그리움 깊어라."[秋來戀主深]

당시에 이공李公이 이곳을 떠나 임지任地에 있었기 때문에 언급하였다.

합덕(合德) 또한 성제의 총애를 받았다.(『前漢書』「趙飛燕外傳」)

160) 벽옥의 …… 떠있네 : 앞 구절은 「송계주엄대부(送桂州嚴大夫)」에 나오며, 뒤 구절은 「남산시(南山詩)」에 나온다.

161) 산곡(山谷) : 북송 때의 시인 황정견(黃庭堅, 1045~1105)의 호이다. 자는 노직(魯直)이다. 강서시파(江西詩派)의 대표 시인이다.

162) 분천이 …… 상상하네 : 인용시의 뒤 구절은 다음과 같다. "성긴 비에 우수수 울리니, 가을이 옴에 임 그리움 깊어라.[摵摵鳴疎雨 秋來戀主深]"

「정존재잠」[163]에 대한 고증[靜存齋箴考證]

근본은 참되면서 고요하다.[本眞而靜]

이천伊川[164]의 「호학론好學論」에 "그 근본은 참되면서 고요하다." 하였다.

어찌 태어나서 변한다고 하는가?[云胡末渝]

말末은 이미 태어난 이후를 말한다.

외물이 어지럽다.[外物膠擾]

『장자莊子』에 교요膠擾는 어수선하고 소란스러움을 말한다.

늙어 탐냄을 서글퍼하네.[老洫堪悲]

『장자』「제물론齊物論」에 "싫어함에 봉한 듯이 한다는 것은 노혁老洫함을 말하는 것이다." 하였다. 주註에 기심機心이 더욱 달아올라서 늙을수록 더욱 깊어진다. 그러므로 노혁老洫이라고 하니, 사람이 물욕에 빠져서 종신토록 빠져 나오지 못하는 것이다.

---

163) 정존재잠(靜存齋箴) : 『퇴계선생문집(退溪先生文集)』 권44에 나오는 잠(箴) 중의 하나이다.
164) 이천(伊川) : 송나라 학자 정이(程頤, 1033~1107)의 호이다. 자는 정숙(正叔), 시호는 정공(正公)이다. 그의 형 정호(程顥)와 함께 유학을 부흥시켰다. 저서로는 『역전(易傳)』·『춘추전(春秋傳)』·『어록(語錄)』 등이 있다.(『宋史』)

보내거나 맞이함이 없다.[靡有將迎]

『장자』에 "보내지도 않고 맞이하지도 않는다."165) 하였는데, 장將은 보냄이니 바로 정심장正心章166)의 '막혀서 머무르다.'는 뜻이고, 영迎은 맞이함이니 바로 기대하는 것이다.

안정됨을 말미암아 밝아진다.[由定而明]

정定은 정靜의 체體를 가리키고, 명明은 동動의 용用을 가리킨다.

시의에 곡진하게 마땅하다.[曲當時措]

시의時宜에 곡진하게 마땅하다는 것이다.

고요함에서 즐거워지고 움직임에서 비루해진다.[靜耽動鄙]

오직 고요하므로 곧 즐겁고 오직 움직이므로 곧 비루하게 된다는 것이다.

양 구산과 나 예장이 깊이 맛보았다.[楊羅深味]

정靜 자는 양 구산167)楊龜山과 나 예장168)羅豫章이 서로 전한 지결旨訣이다.

---

165) 『장자』「대종사(大宗師)」편을 말한다. "보내지 않음이 없고 맞이하지 않음이 없다.[無不將也無不迎也]"라고 하였다.

166) 정심장(正心章) : 『대학』'정심수신(正心修身)' 장의 소위수신(所謂修身)조의 분주(分註)에 있는 운봉 호씨(雲峯胡氏)의 말 중에 나온다.

이를 잡아 저를 밝힌다.[執此明彼]

이는 정靜을 가리키고 저는 동動을 가리킨다. 위 구절의 '동動이 또한 정靜'은 무게가 여기에 있다는 것이다.

---

167) 구산(龜山) : 송나라 학자 양시(楊時 : 1053~1135)의 호. 자는 중립(中立), 시호는 문정(文靖), 검남(劍南) 사람이다. 그의 학문은 나종언(羅從彥)과 이동(李侗) 등을 거쳐 주희에게로 이어져 이학(理學)의 형성과 발전에 중요한 영향을 끼쳤다. 저서로는 『구산집』·『이정수어(二程粹言)』·『구산어록(龜山語錄)』 등이 있다.

168) 예장(豫章) : 송나라 학자 나종언(羅從彥, 1071~1135)의 호. 자는 중소(仲素), 시호는 문질(文質)이다. 양 구산(楊龜山)과 정 이천(程伊川)에게 학문을 배워서 주자의 스승인 이동(李侗)을 가르쳤다. 저서로는 『예장문집』·『준요록(遵堯錄)』 등이 있다.

역동서원의 일을 기록하다[易東書院記事]

퇴계 선생께서 일찍이 우리 고장의 선정先正[169] 좨주祭酒 우탁禹倬의 도의道義와 풍절風節이 후학들의 사표가 되어서 백세토록 묘우廟宇에서 제향할 만하다고 생각하였다. 이에 가정嘉靖 무오년(1558) 4월, 선생께서 조목趙穆·금난수琴蘭秀와 함께 오담鼇潭의 가에 터를 보아두었다.

계해년(1563) 봄, 현풍玄風 사람 곽황郭趪 현감이 우리 고을에 부임하여 고을의 온 경내가 잘 다스려져서 관청과 민가가 넉넉하여졌다. 고장 사람 김부필金富弼·조목趙穆·금난수琴蘭秀·금응협琴應夾 등 제군이 서원을 세우자는 의론을 현감에게 아뢰니, 현감이 또한 기꺼이 허락하고 계획을 세웠다.

병인년(1566) 봄, 현감께서 관사官舍를 수리하고 남은 기와 9,000장을 여러 생원들에게 부탁하여 주관하도록 하였다. 김군 등이 여러 동지들과 함께 선생께 여쭈어 서원짓는 일을 결정하니, 온 고장의 사대부가에서 크게 감격하지 않는 이가 없었다. 재물을 내놓아 도우는 자가 무려 160여 집이었다.

이 해 가을, 재목을 모으며 나무를 베니 낭생郎生과 산후山候가 창고 안의 곡식 40석과 베 15필을 내놓아 일을 도왔다. 안동 부사 윤복尹復 공도 곡식 10석과 큰 나무 10여 그루를 실어 보내왔다.

정묘년(1567) 봄, 공사를 시작하였다. 김부필金富弼·금응상琴應商[170]·조목趙穆·금응협琴應夾·금난수琴蘭秀·우극창禹克昌과 내가 그 일을 맡아 감독을 가장 부지런히 하였다. 때에

169) 선정(先正) : 선대(先代)의 훌륭한 유학자나 문묘에 배향된 유학자를 말한다.
170) 금응상(琴應商, 1512~1576) : 자는 경흡(景翕), 호는 정성재(定省齋), 본관은 봉화(奉化)이다. 퇴계의 문인이다. 과거공부를 포기하고 학문연구에 잠심하였다.

따라 번갈아 와서 살펴본 사람은 오천烏川의 김부의金富儀·김부륜金富倫과 온계溫溪의 이녕李寗[171]과 월천月川의 채운경蔡雲慶과 지사池沙의 우치무禹致武와 분천汾川의 이숙량李叔樑과 서촌西村의 류빈柳贇과 부포浮浦의 신흡申洽[172]·손흥효孫興孝[173]이다. 와서 공사를 도와준 다른 군郡의 아전 및 여러 사찰의 승려들은 이루 다 기록하지 못한다.

여름 5월, 기와를 운반하는 일을 퇴계 선생께 여쭈었더니, 선생께서 답장을 하였다. "말한 대로 공사를 물리기 어려움은 생각하여 보지 않은 것은 아니나, 다만 농사철에 공사를 시작하지 않는 것은 고인들의 지극한 경계이네. 우리들이 평생토록 이러한 이야기를 외우고 익혔으니, 당연히 이와 같이 하여야 한다고 생각하네. 이제 겨우 한 가지 일을 착수하면서 그 이야기를 따르지 않는다는 것은 본 취지의 원하는 바가 너무도 아니네. 생각건대, 7월께까지 기다려서 공사를 시작한다면 비록 나무 색이 바래는 아쉬움은 면하지 못하겠지만 썩는 데까지 이르지는 않을 것이네. 바랜 색은 단청을 칠하면 없앨 수 있네. 그러므로 종전에 사경士敬에게 보낸 편지에 미흡하나마 밝힌 것이네."

가을, 사당 및 정당正堂과 재실齋室을 준공하였다. 선생께 편호扁號를 정하여 줄 것을 청하였다. 사祠는 '상현尙賢'이라고 하였고 정당은 '명교明敎'라고 하였으며, 좌우의 방은 '정일精一'[174]·'직방直方'[175]이라고 하였으며, 동서東西의 두 재齋는 '사물四勿'[176]·'삼성三省'[177]

---

171) 이녕(李寗, 1527~1588) : 자는 노경(魯卿), 호는 만랑(漫浪), 본관은 진성(眞城)이다. 1561년 진사시에 입격하여 찰방(察訪)·지례 현감(知禮縣監)등을 역임하였다.

172) 신흡(申洽, ?~?) : 자는 이호(而浩), 호는 석계(石溪)이다. 문학으로 참봉(參奉)을 제수 받았다. 임진왜란이 일어나자 화왕산 전투에 참여하여 전공을 세웠다.

173) 손흥효(孫興孝, 1541~1629) : 자는 행원(行源), 호는 나계(羅溪), 본관은 경주(慶州)이다. 음사(蔭仕)로 참봉(參奉)을 지냈다. 임진왜란이 일어나자 화왕산성 전투에 참여하였다.

174) 정일(精一) : 정밀하게 이치를 살피고 전일(專一)하게 실행을 하는 것을 말한다. 순임금이 우임금에게 천하를 양위하며 말하였다. "인심은 위태하고 도심은 미묘하니 오직 정밀하고 전일하여야 진실로 그 중을 잡으리라.[人心惟危 道心惟微 惟精惟一 允執厥中]"에서 유래한다.(『書經』「虞書·大禹謨」)

175) 직방(直方) : 바르고 방정함을 말한다. "직은 바름이요 방은 의로움이니, 군자가 공경하여 안(마음을

이라고 하였다. 북쪽에 있는 서실書室은 '광명실光明室'178)이라고 하였으며, 남쪽에 있는 대문은 '입도문入道門'이라고 하였다. 전체를 '역동서원易東書院'이라고 이름하였다. 역동易東은 "『주역』이 이미 동쪽으로 왔다."179)는 뜻에서 취한 것이다.

겨울, 현감이 임기를 마치고 돌아가면서, 또 사사社寺의 토지 200여 부負180)와 양인良人·천인賤人 약간 명을 서원에 귀속시켰다. 우리들 중에도 각자 서원에 들여놓은 것이 있었다. 전토田土를 들여놓은 사람은 김부필金富弼·이완李完181)·금응협琴應夾·김부륜金富倫·김부의金富儀 그리고 나였다. 곡식으로 대신 들여놓은 사람은 박사희朴士熹182)·김생명金生溟183)이다. 조군趙君이 고장 사람의 뜻으로 서원 건립의 전말顚末을 적어서 퇴계 선생께

가리킴)을 바루고 의를 지켜 밖(일을 가리킴)을 방정하게 한다.[直其正也 方其義也 君子敬以直內 義以方外]"에서 유래한다.(『周易』「乾卦·文言傳」)

176) 사물(四勿) : 인을 하는 구체적인 조목이다. "예가 아니면 보지 말고, 예가 아니면 듣지 말고, 예가 아니면 말하지 말고, 예가 아니면 행동하지 말라.[非禮勿視 非禮勿聽 非禮勿言 非禮勿動]"에서 유래한다.(『論語』「顏淵」)

177) 삼성(三省) : 자기반성과 수양의 자세를 말한다. 증자(曾子)가 말하였다. "나는 하루에 세 가지 일로 자신을 반성한다. 남을 위하여 모의함에 불충하였는가? 벗과 사귐에 믿음이 없었는가? 전수받고 익히지 않았는가?[吾日三省吾身 爲人謀而不忠乎 與朋友交而不信乎 傳不習乎]"에서 온 말이다.(『論語』「學而」)

178) 광명실(光明室) : 주자(朱子)가 장서각(藏書閣)을 짓고 붙인 이름인데, 그대로 따랐다.

179) 역이 …… 왔다 : 학문의 전래를 말한다. 한나라 정관(丁寬)이 전하(田何)에게 『주역』을 다 배우고 나서 동으로 낙양에 돌아갔다. 전하가 문인에게, "우리 역이 그를 따라 동으로 간다.[易以東矣]"라고 말 한데서 유래한다.(『漢書』「儒林傳·丁寬」) 역동 우탁이 전래된 『주역』을 혼자서 깨우쳤기 때문에 한 말이다.

180) 200여 부(負) : 부(負)는 짐이다. 조세를 계산하기 위하여 논밭의 면적을 나타내는 단위이다. 열 뭇[束]을 한 짐[負], 백 짐을 한 먹[結]으로 친다. '복(卜)'으로도 쓴다.

181) 이완(李完, 1512~1596) : 자는 자고(子固), 호는 기암(企菴), 본관은 진성(眞城)이다. 1540년 진사시에 입격하였다. 영천 교관(永川敎官)으로 재직할 때 임진란이 일어나자 창의(倡義)하였다. 저서로는 『기암집』이 있다.

182) 박사희(朴士熹, 1508~1588) : 자는 명덕(德明), 호는 묵재(默齋), 본관은 함양(咸陽)이다. 퇴계의 가르침을 받고자 거주지를 도산과 가까운 가야촌으로 옮겨 살며 학문에 마음을 다하였다. 1548년 학행으로 천거되어 장사랑(將仕郞)·의흥 훈도(義興訓導)를 제수 받았으나, 나가지 않고 오직 학문연구에 전념하였다. 저서로는 『묵재일고』가 있다.

183) 김생명(金生溟, 1504~1577) : 자는 사호(士浩), 호는 눌재(訥齋), 본관은 안동이다. 1534년 진사시에 입격하였다. 1543년 경산 훈도(慶山訓導)를 지냈으나 1545년 을사사화가 일어나자 사직하였다.

기문記文을 청하였다.

무진년(1568) 봄, 동래 부사 정유일鄭惟一과 경상 감사 박계현朴啓賢[184]이 또 정성스러운 마음을 다하여 끝내지 못한 공사를 마쳤다. 2월, 제군들과 서원에 모여서 제사 지내는 의식과 규약 등을 정하였다. 선생께서 편지로 "죽계서원竹溪書院[185]에서 문성공文成公[186] 향사를 치른 의식의 예전 등본이 있으니, 함께 보며 취사선택取捨選擇하여 다른 날 우공禹公을 제사지내는 의식으로 하는 것이 어떠한가?" 하였으며, 또 "이산서원伊山書院[187]의 규약이 자못 자세하고 엄밀하니, 의논하여 새로 정할 규약의 기준으로 삼을 만하네." 하였다. 4월, 선생께서 편액의 글씨를 쓰고 서원의 기문記文을 지어 나에게 쓸 것을 명하였다.

저서는 『눌재집(訥齋集)』이 전한다.

184) 박계현(朴啓賢, 1524~1580) : 자는 군옥(君沃), 호는 관원(灌園). 본관은 밀양(密陽), 시호는 문장(文莊)이다. 1552년 문과에 급제하였다. 1555년 사가독서하고, 부수찬(副修撰)·장단 부사(長湍府使)·대사헌(大司憲)·호조 판서(戶曹判書) 등을 역임하였다.

185) 죽계서원(竹溪書院) : 소수서원(紹修書院)의 주변에 흐르는 시내 이름이 죽계이기에 소수서원을 달리 부른 말이다. 안축(安軸)은 이곳을 배경으로 「죽계별곡」을 지었다. 죽계는 지금의 경상북도 풍기에 있으며, 풍기의 옛 지명인 순흥(順興)은 안축의 관향(貫鄕)인 동시에 고향이다.

186) 문성공(文成公) : 안향(安珦, 1243~1306)의 시호이다.

187) 이산서원(伊山書院) : 1558년 영주에 세워진 첫 서원으로 처음에는 강학의 장소로만 이용되었다. 퇴계가 1559년 찬한 「이산서원원규」는 서원 운영의 기본 틀을 제시한 것으로 높이 평가되고 있다. 퇴계 이황이 세상을 떠나자 1572년에 그의 학문과 덕행을 추모하기 위해 사당을 세우고 위패를 봉안하면서 제사의 기능도 갖추게 되었다.

매헌선생문집
梅軒先生文集

제3권

매헌선생문집 제3권

사서질의四書質疑

가정嘉靖 병진년(1556) 여름, 내가 처음으로 한서암寒栖菴의 곁에서 거처하였다. 생활하는 여가에 매번 수업을 받으면서 난해한 점을 물은 것과, 간혹 여러 벗들이 묻고 변론한 것을 근거로 함께 기록하고는 「사서질의四書質疑」라고 이름 하였다. 바라건대, 훗날 보는 사람들이 참고하고 바로잡음이 있었으면 한다.

『논어論語』

문 서설序說의 "주하사柱下史."[1]

답 국사國史나 문서文書를 맡아 관리하는 자리이네.

문 주註의 "옳게 여김을 받지 못하다.[不見是]"[2]

---

1) 주하사 : 『논어』「서설(序說)」에서 공자께서 말씀하신 "주나라로 가셔서 노자에게 예를 물었다.[適周 問禮於老子]"를 설명하는 소주(小註)에서 주자(朱子)는 노자가 주하사가 된 적이 있다고 하였다.

2) 옳게 …… 못하다 : 「학이(學而)」의 "배우고 때로 익히면 기쁘지 않은가?[學而時習之 不亦說乎]"조

답 시是는 시비是非의 시是이네. 남에게 옳게 여김을 받지 못하는 것은 남들이 모두 나를 그릇되게 여겨서이네.

문 "행하지 못할 것이 있다.[有所不行]"3)는 화和가 행하여지지 못하는 것입니까? 예禮가 행하여지지 못하는 것입니까?

답 예가 행하여지지 못하는 것이네.

문 "화를 알아서 화만 한다.[知和而和]"

답 이 화和 자는 예禮에 의한 화를 가리키네. 화에 머물면 곧 즐거움이 말미암아 생겨나는 것이니, 아마도 바로 즐거움으로 볼 수는 없네.

문 "정치를 덕으로 한다.[爲政以德]"4)

답 지금 살피건대, 소주小註의 "이以 자에 구애될 필요 없다."5)는 말이 의도성이 있음에 걸릴까 조심스러우므로 아래 두 조목의 설이 있네. 그러나 비록 위의 첫 번째 조목의 설을 따라 활간活看6)하고 보면 어찌 의도성에 걸리겠는가? 주자의 뜻은 아마도 사람들이 너무 이以 자에 구애되어서 실사實辭로 오인하여 보기 때문에 막힐 필요가 없다고 말한 것 뿐이네. 마침내 이以 자의 어세를 없애고자 한 것은 아니네. 대체로 이以 자는 본래 허사虛辭와 실사實辭가 다르네. 여기서의 이以 자는 문장에서 허사이나 그 어법에서 절로 이루어져 바꾸지 못함이 있다는 것이네.

의 주에서 정자(程子)가 한 말이다.

3) 행하지 못할 것이 없다 : 「학이」의 "유자가 말하였다. '예의 용은 화가 귀함이 되니'[有子曰 禮之用和爲貴]" 조에 나온다.

4) 정치를 덕으로 한다 : 「위정(爲政)」에 나온다.

5) 이(以) …… 없다 : 소주에서 주자가 한 말이다. "덕으로써 정치를 하는 것입니까?[以德爲政否]"라는 질문에 답한 말이다.

6) 활간(活看) : 글을 볼 적에 글자나 글귀에 얽매이지 않고, 전체의 뜻을 널리 보아 본의를 파악함을 말한다.

지금 사람들은 문리를 돌아보지 않고 지나치게 천착하여 설을 만드네. 매번 이와 같으면 작은 병통이 아니네.

문 "물러간 뒤에 사생활을 살펴본다.[退而省其私]"[7)]

답 지금 살피건대, 소주에서 주자의 전설前說[8)] 대로 "부자께서 물러나 안자顏子의 사생활을 살펴본다."라고 한다면 '물러나서 그 사생활을 살피니'라고 하여야 하며, 후설後說대로 "물러남은 부자께서 물러나심이 아니라 바로 안자의 물러남이다."라고 한다면 '물러나거든 그 사생활을 살폈는데'라고 하여야 하네. 대개 퇴退 자에 대한 전후前後 설은 다르나 성省 자는 모두 부자께서 살피는 것으로 보아서이네. 이 두 설은 전후가 도치되어 있을 뿐 아니라, 후설의 '사생활에 살펴서'라는 것은 바로 성省 자로써 안자의 성찰이라고 하였으니 틀렸네.

문 주의 "또한 그 앎이 됨에 해롭지 않다.[亦不害其爲知]"[9)]

답 윗글에서 "비록 어쩌면 다 알지 못하더라도 스스로 속이는 폐단은 없다." 하였으니, 대개 폐단이 없다면 밝은 것이네. 그러므로 비록 알지 못하는 바가 있더라도 또한 그 앎이 됨에 해롭지 않음은 비록 이 사람을 안다고 하더라도 해롭지 않다고 말하는 것과 같은 말이네.

문 주의 "예는 음식에서 비롯되었다.[禮 始諸飮食]"[10)]

답 오늘날 세상에 먹고 마시는 예가 없지 않은데, 제향祭享이나 빈객賓客의 유가 이것이

---

7) 물러간 …… 살펴본다 : 「위정」편의 "공자께서 말하였다. '내가 회와 종일 함께 이야기하였으나'[子曰 吾與回言終日]" 조에 나온다.
8) 전설(前說) : 주자의 소주(小註) 중 두 번째의 내용이다.
9) 또한 …… 않다 : 「위정(爲政)」의 "유야. 너에게 아는 것을 가르쳐 주겠다.[由 誨女知之乎]" 조(條)의 주(註)에 나온다.
10) 예는 …… 비롯되었다 : 「팔일(八佾)」의 "임방이 예의 근본을 묻자[林放 問禮之本]" 조의 주에서 양씨(楊氏)가 한 말이다.

니, 예전의 예가 반드시 이것에서 시작하였음을 알 수 있네. ○『예기』「예운禮運」의 주에서 "이는 예의 처음을 말한다. 바야흐로 이때에 땅에서 곡식을 생산하여 기장이 있었다. 그러나 솥이나 시루가 없었기 때문에 웅덩이에 담아 두었으며 -땅을 파고 구덩이를 만들어 물을 담아 두었다.- 잔을 사용할 줄 몰랐으므로 손을 움켜 떠 마셨으니, -손을 움켜 떠 마셨다.- 모두 먹고 마시는 일에서 시작한다." 하였네.

문 주의 "그러므로 구덩이를 파서 담아 두었다가 손으로 움켜 떠 마셨다.[故汙尊而抔飮]"에서 연고 고故 자를 만약 '예전에'라고 새긴다면 틀렸습니까?

답 무엇 때문에 '예전에'라고 새기려 하는가? 생각건대, 공公은 반드시 고故 자를 마실 음飮 자 아래에까지 이어서 끊어보려고 하기 때문에 고故 자를 예전 고古 자의 뜻으로 새기니, 잘못되었네. 실지로 고故 자 위에 먼저 '예는 음식에서 비롯하니'라고 한 것은 예의 말末에서 잃어버림에 연유함이요, 처음 예가 말미암아 일어난 곳을 소급하여 구한 것은 통합하여 한 말이네. 그 아래에 바탕에서 시작하여 꾸밈에서 끝맺는다는 뜻으로 설명하려고 하였기 때문에, 하나의 고故 자를 두었네. 그것으로 위로는 통합하여 설명한 뜻을 이었고 아래로는 나누어 설명하는 단서를 열었네. 이러한 즉 고故 자는 아래의 '꾸민다'까지 이어내려 보아야만, 바야흐로 온전한 말뜻을 얻게 되네. 반드시 자세히 살펴보게.

문 "제하에 없는 것보다 못하다.[不如諸夏之亡]"11)

답 제하에 군장이 없어 생기는 혼란함이 도리어 이적夷狄에 군장이 있어서 생기는 혼란함에 미치지 못하네. 불여不如는 '미치지 못한다'와 같네.

문 주의 "가볍게 사람을 끊지 않아 자기의 마음을 다한다.[不輕絶人 盡己之心]"12)

---

11) 제하에 …… 못하다 : 「팔일(八佾)」의 "공자께서 말하였다. '이적에 군주가 있음이'[子曰 夷狄之有君]" 조에 나온다.

답 계씨季氏는 참람되고 망령되며, 염유冉有는 부화뇌동附和雷同하였으므로 바로 끊어서 가르치거나 경계하지 말아야 하는 것이 옳네. 이제 바로 염유가 바로잡지 못하는 것과 계씨가 간하지 못할 인물임을 어찌 알았겠는가라고 여겨서 항상 마음에 두고 염유에게 간諫하여 구하도록 가르쳤으니, 가볍게 사람을 끊지 않았으며 또한 자기의 마음을 다하였네. 구하지 못하게 되자, 또 임방林放을 아름답다고[13] 더욱 격려하였으니, 가볍게 사람을 끊지 않고 자기의 마음을 다하는 곳을 보게 되네.

문 주의 "바로 읍하면 이기지 못한 자가 올라간다.[乃揖 不勝者升]"[14]에 대해서 혹자는 "이긴 자가 바로 이기지 못한 자에게 읍을 하고 올라서"라고 하며, 혹자는 "이긴 자가 바로 읍하거든"이라고 하는데, 두 설은 어떻습니까?

답 앞의 설이 옳네. 만약 이기지 못한 사람이 홀로 오른다고 한다면 뒤의 설이 옳을 것이네. 실지는 이긴 사람이 이기지 못한 사람에게 읍을 하고 함께 오르네.

문 주의 "주공의 (예법이) 쇠하였다.[周公 其衰]"[15]

답 옹철雍徹[16] 조의 소주에서 호씨胡氏는 "주공이 자리에 올라 제도를 경영하고 명물

---

12) 가볍게 …… 다한다 : 「팔일」의 "계씨가 태산에 여제를 지냈다[季氏旅於泰山]" 조의 주에서 범씨(范氏)가 한 말이다.
13) 임방(林放)을 아름답다고 : 계씨가 태산에 여제(旅祭)를 지내자 공자께서 염유에게 말하였다. "네가 바로잡을 수 없었느냐?[女不能救與]" 염유가 불가능하다고 답을 하니, 공자께서 말하였다. "아! 일찍이 태산의 신령이 임방보다 못하다고 여기느냐?[嗚呼 曾謂泰山 不如林放乎]"에서 유래한다.(『論語』「八佾」)
14) 바로 …… 올라간다 : 「팔일」의 "공자께서 말씀하셨다. '군자는 다투는 것이 없으나 반드시 활쏘기에서는 경쟁을 한다.'[子曰 君子無所爭 必也射乎]" 조(條)의 주(註)에 나온다.
15) 주공의 …… 쇠하였다 : 「팔일」의 "공자께서 말씀하였다. '체제사에서 강신주를 따르고 난 이후부터는'[子曰 禘自旣灌而往者]" 조의 주에서 사씨(謝氏)가 한 말이다.
16) 옹철(雍徹) : 「팔일」의 "삼가들이 옹장을 노래하면서 철상을 하였다.[三家者 以雍徹]" 조를 말한다.

名物을 분변하면서 미세한 차이마저 나누니, 만세토록 행하여질 듯하였으나 세상을 떠나자 침범을 당하였으며 천하에 행하여질 듯하였으나 자손들이 어겼다. 그러니 어찌 주공의 예법이 쇠한 것이 아니겠는가?" 하였네.

문 주의 "한 마리의 양[特羊]"[17]

답 혹자는 '들짐승의 수컷'이라고 하며, 혹자는 '큰 것'이라고 하며, 혹자는 '특별한 문양'이라고 하였네. 「순전舜典」의 "한 마리를 사용한다."의 주註[18]에서 "특特은 홀로이니, 한 마리 소를 말할 뿐이다." 하였네.

문 "이루어진 일 …… 다 된 일.[19] [成事 …… 遂事]"

답 '성사'는 바로 사社를 세운 본래의 뜻이며, '수사'는 당시 군주들의 살벌한 마음이네.

문 "음악은 알 수 있다.[樂 其可知]"[20]

답 음악의 쓰임새를 오히려 알 수 있음을 말하였네.

문 "(인보다) 더한 것이 없고[無以尙之]"[21]

---

17) 한 마리의 양 : 「팔일」의 "자공이 초하룻날 고유하면서 바치는 희생양을 없애려고 하였는데[子貢欲去告朔之餼羊]" 조의 주에 나온다.

18) 주(註) : 「순전(舜典)」의 "돌아와 예조의 사당에 이르러 한 마리의 소를 사용하여 제사를 지냈다.[歸格于藝祖 用特]"의 주에서 "특은 특생이니 한 마리의 소를 이른다."라고 하였다.

19) 이루어진……일 : 「팔일」에 나온다. 애공(哀公)이 사(社)의 의미를 묻자, 재아(宰我)가 말하기를, "백성들에게 전율을 느끼도록 해서입니다.[使民戰栗]" 하니, 이를 들은 공자께서 "이루어진 일이라 말하지 않으며, 다 된 일이라 간하지 않는다.[成事 不說 遂事 不諫]" 하였다.

20) 음악은 …… 있다 : 「팔일」의 "공자께서 노나라 태사 악에게 말하였다.[子語魯大師樂曰]" 조에 나온다.

21) 인보다 …… 없고 : 「이인(里仁)의 "공자께서 말하였다. '나는 인을 좋아하는 자와 불인을 미워하는 자를 보지 못하였다.'[子曰 我未見好仁者 惡不仁者]" 조에 나온다.

답 상尙은 더함이니, 류하혜柳下惠[22]의, "네가 나를 어찌 더럽힐 수 있겠는가?"[23]와 뜻이 같네.

문 주의 "기운이 반드시 이른다.[氣必至焉]"[24]

답 기氣 자를 드러낸 것은 원문의 "그 힘을 쓴다."[25]에 연유하여 말한 듯하네.

문 주의 "모두 진실한 이치이다.[皆實理也]"[26]에서 모두 개皆 자는 도道와 무슨 일을 가리킵니까? 아니면 도를 가리키면서 총론總論하여 말한 것입니까?

답 도를 가리키면서 총론하여 말하였네.

문 주의 "자기로써 남에게 미침은 …… 자기의 마음을 미루어서 남에게 미침은[以己及物 …… 推己及物]"[27]에서 이以 자와 추推 자로써 인仁과 서恕를 구별한 것은 왜입니까?

답 자신의 고유한 것으로 자연스럽게 물物에 미쳐가기 때문에 '인'이 되며, 자신이 하고자하고 미워하는 바를 미루어 남에게 미쳐가야 하기 때문에 '서'가 되네.

---

22) 유하혜(柳下惠) : 중국의 노(魯)나라 대부(大夫) 전금(展禽)이다. 이름은 획(獲), 자는 계(季)이다. 유하(柳下)에 살면서 사사(士師) 벼슬을 하였다. 사시(私諡)가 혜(惠)이므로 '유하혜'라고 하였다.

23) 너가 …… 있겠는가 : 『맹자』「공손추상(公孫丑上)」의 "맹자가 말하였다. '백이는 그 군주가 아니면 섬기지 않고'[孟子曰 伯夷非其君不事]" 조에 나온다.

24) 기운이 …… 이른다 : 「이인」의 "공자께서 말하였다. '나는 인을 좋아하는 자와 불인을 미워하는 자를 보지 못하였다.'[子曰 我未見好仁者 惡不仁者]" 조(條)의 주(註)에 나온다.

25) 그 …… 쓴다 : 「이인」의 "하루라도 그 힘을 인에 쓴 자가 있는가? 나는 힘이 부족한 사람을 보지 못하였다.[有能一日用其力於仁矣乎 我未見力不足者]" 조에 나온다.

26) 모두 …… 이치이다 : 「이인」의 "공자께서 말하였다. '아침에 도를 들으면 저녁에 죽더라도 괜찮다.'[子曰 朝聞道 夕死 可矣]"조의 주에서 정자(程子)가 한 말이다.

27) 자신으로써 …… 미침은 : 「이인」의 "공자께서 말씀하셨다. '삼아! 우리 도는 한 가지로 전체를 꿰뚫는다'[子曰 參乎 一以貫之]" 조의 주에서 정자(程子)가 한 말이다.

문 주의 "자연스럽게 움직였을 뿐이다.[動以天爾]"[28]

답 이는 단지 자연스럽게 한다는 뜻이네.

문 주의 "익숙히 간한다.[孰諫]"[29]

답 『예기』「내칙內則」의 주에 "익숙히 간함은 익숙하고 은근하게 간하는 것을 이르니, 물物이 성숙한 것과 같다."[30] 하였네.

문 "들을 수 있다.[可得聞]"[31]

답 자공子貢만이 능히 이미 들었기 때문에 학자가 듣지 못하였음을 알 수 있어서 이러한 탄식을 하였네.

문 주의 "이미 수고롭지 않다.[已不勞]"[32]

답 여기서 이已 자는 천지天地로부터 말하였네.

문 주의 "굴레와 고삐[羈靮]"[33]에서 가설하여 비유한 뜻이 아직 분명하지 않습니다.

답 말 머리의 모습에는 절로 굴레와 고삐의 이치가 갖추어져 있네. 그러므로 사람들

---

28) 자연스럽게 …… 뿐이다 : 주 26)과 같은 조의 주에서 정자가 한 말이다.
29) 익숙히 간한다 : 「이인」의 "공자께서 말씀하셨다. '부모를 섬기되 은미하게 간해야 한다'[子曰 事父母幾諫]" 조의 주에 나온다.
30) 익숙히 …… 같다 : 「내칙」의 "부모께서 허물이 있거든 기운을 낮추고 부드러운 낯빛으로[父母有過下氣怡色]" 조의 주에 나온다.
31) 들을 수 있다 : 「공야장(公冶長)」의 "자공이 말하였다. '부자의 문장은'[子貢曰 夫子之文章]" 조에 나온다. 『논어』 원문은 '가득이문(可得而聞)'으로 되어 있다.
32) 이미 …… 않다 : 주에 나오는 내용이라고 밝히고 있으나 『논어』의 주에는 보이지 않는다. 소주의 내용으로 여겨지지만 어느 조인지 알 수 없다.
33) 굴레와 고삐 : 「공야장」의 "안연과 자로가 모시고 있었는데, 공자께서 말씀하셨다. '어찌 각자 너희들 뜻을 말하지 않는가?'[顔淵季路侍 子曰 盍各言爾志]" 조의 주에서 정자(程子)가 한 말이다.

이 그 모습을 따라서 굴레와 고삐를 만들어 말을 모는데, 늙은 사람은 편안해져야 할 이치를 갖추고 있으니 성인께서 따라서 편안하게 해주며, 젊은이는 감싸져야 할 이치를 갖추고 있으니 성인께서 따라서 감싸주는 것과 같네. ○『예기』「단궁檀弓」의 주에 "기羈는 말에게 연결하는 것이요, 적靮은 말에게 재갈을 물리는 것이다."[34] 하였네.

문 "경에 있으면서 간략함을 행하여[居敬而行簡]"[35]

답 지금 살피건대, 주註에 있는 정자程子의 "마음에 경을 주장하면서"라는 말로써 말한다면, "경에 있다."가 어찌 불가하겠는가? 주자처럼 경에 있는 것과 간략함을 행하는 일을 두 건의 공부로 여기는 측면에서 관찰하면, '있으면서'는 잘못 되었으며 '있고'라고 하는 것이 마땅하네.

문 주의 "긴요하고 바르다.[要直]"[36]

답 요약되면서도 간략하고 바르다는 것이네.

문 주의 "자기 마음에 부족하다.[慊於己]"[37]

답 기己는 의심하는 마음이네. 소주小註에서 주자께서 말하기를, "자기 마음에 부족함은 단지 마음에 부족한 것이 조금 있는 것이다." 하였으며, 또 말하기를, "겸慊자의 음과 뜻은 내가 무슨 부족함이 있겠는가의 겸 자이다." 하였네. 이러한 학설을 보면 기己 자를 이以 음으로 읽는 것은 매우 잘못되었음을 알 수 있네.

---

34) 기(羈)는 …… 것이다 : 「단궁」의 "위헌공이 망명을 나갔다가[衛憲公出奔]" 조의 주에 나온다.
35) 경에 …… 행하여 : 「옹야(雍也)」의 "공자께서 말하였다. '옹은 남면하게 할 만하다.'[子曰 雍也可使南面]" 조에 나온다.
36) 긴요하고 바르다 : 주 35)과 같은 조의 주에 나온다.
37) 자기 마음에 부족하다 : 「옹야」의 "애공이 물었다. '제자들 중에 누가 배움을 좋아합니까?'[哀公問 弟子孰爲好學]" 조의 주에서 장자(張子)가 한 말이다. 아래의 일곱 항목은 이 편의 주에서 정자(程子)가 한 말이다.

문 주의 "정기를 쌓았다.[儲精]"

답 『성리서해性理書解』에 "정미하고 빼어난 기운을 쌓았다." 하였으며, 『심경석의心經釋義』에 "정精은 「태극도설太極圖說」의 이른바 음양과 오행의 정이다." 하였네. 말하자면, 정精하여 무극의 진眞이 그 속에 있기 때문이네. 저儲는 바로 이른바, "묘하게 합하여 맺히는 것이다."이네.

문 주의 "그 본체는[其本]"

답 『성리서해』에 "처음 품부稟賦 받은 것이다." 하였네.

문 주의 "그 본체는 참되고 고요하다.[其本也 眞而靜]"

답 『심경心經』에 "본은 본체이다. 진眞은 인욕이 섞이지 않음이요, 정靜은 감응하지 않은 때이다. 오성五性은 바로 진이니, 발하지 않으면 고요하여진다." 하였네.

문 주의 "칠정[38]이 나오니[七情出焉]"에서 성이 발하여 정이 되고 보면 성은 다섯인데 정은 일곱이 되는 것은 왜입니까?

답 사단四端[39]의 정은 순수한 리理이기 때문에 오성五性을 통하면서 가감이 없네. 칠정七情은 기를 겸하여 발하기 때문에 섞여서 더함이 있네.

---

38) 칠정(七情) : 사람이 가지고 있는 일곱 가지 감정을 말한다. "무엇을 인정이라고 하는가? 기쁨·성남·슬픔·두려움·사랑·미움·욕망이다. 이 일곱 가지는 배우지 않아도 할 수 있다.[何謂人情 喜怒哀懼愛惡欲 七者弗學而能]"에서 유래한다.(『禮記』「禮運」) 두려움[懼] 대신에 즐거움[樂]을 넣기도 한다.

39) 사단(四端) : 사람의 본성(本性)에서 우러나는 네 가지 마음씨를 말한다. "측은해 하는 마음은 인의 단서요, 수오하는 마음은 의의 단서요, 사양하는 마음은 예의 단서요, 시비하는 마음은 지의 단서이다.[惻隱之心 仁之端, 羞惡之心 義之端, 辭讓之心 禮之端, 是非之心 智之端]"에서 유래한다.(『孟子』「公孫丑 上」)

문 주의 "그 형체에 접촉되어[觸其形]"

답 촉觸은 아마도 감응이며, 형形은 이목구비이네.

문 주의 "그 본성이 해롭게 된다.[其性 鑿]"

답 『심경석의心經釋義』에 "착鑿은 끌과 같다. 정이 본성을 해침은 끌이 물건을 파내는 것과 같다." 하였네.

문 주의 "정을 단속한다.[約其情]"

답 『심경心經』 소주小註에서 진 서산[40] 眞西山이 말하기를, "약約이라는 말은 바로 『중용』의 신독愼獨하는 공부[41]이다." 하였네.

문 주의 "며칠이 되지 않아 화한다.[不日而化]"

답 『성리서해性理書解』에 "불일不日은 세월을 오래 기다리지 않는 것이다." 하였네. 화化는 『맹자』의 이른바 "대인이면서 저절로 화하는 것을 성인이라 한다."[42] 이네.

문 주의 "기미가 자신에게 있지 않다.[幾非在我]"[43]

답 『혹문或問』에서 주자朱子께서 말하기를, "이러한 경지를 지났다면 반드시 덕이 절로 이루어지고 인이 절로 무르익어서[44] 내 힘이 관여할 수 있는 바가 아니다." 하였네.

---

40) 서산(西山) : 송(宋)나라 성리학자인 진덕수(眞德秀, 1178~1235)의 호, 자는 경원(景元), 시호는 문충(文忠)이다. 참지정사(參知政事)를 지냈다. 그의 학문은 주희(朱熹)를 종주로 삼아 소주자(小朱子)로 불렸다. 저서로는 『서산문집』·『대학연의(大學衍義)』·『당서고의(唐書考疑)』·『독서기(讀書記)』·『문장정종(文章正宗)』·『정경(政經)』 등이 있다.

41) 공부(工夫) : 『심경』에는 '공야(功也)'라고 나온다.

42) 대인이면서 …… 한다 : 『맹자』「진심하(盡心下)」의 "호생불해가 물었다. '악정자는 어떠한 사람입니까?'[浩生不害問曰 樂正子 何人也]" 조에 나온다.

43) 기미가 …… 않다 : 「옹야」의 "공자께서 말씀하셨다. '안연은 그 마음이 3개월 동안 인을 떠나지 않고[子曰 回也 其心 三月不違仁]" 조의 주에서 장자(張子)가 한 말이다.

이를 보면 기幾 자가 거의[庶幾]의 기 자가 아님을 알 수 있네. 이러한 경지를 지나면 기미가 자신에게 있지 않는 것이네.

문 주의 "절충하였다.[折衷]"[45]

답 『서경』「탕고湯誥」의 소주小註에서 주자께서 말하기를, "육예六藝를 중中에서 절충하는 것과 같으니, 부자께서 양쪽 끝을 기준으로 잘라서 그 중간을 취한다는 뜻이다." 하였네.

문 주의 "힘써 (날마다) 부지런히 하여[俛焉 (日有)孶孶]"[46]

답 『예기』「표기表記」의 주註에 "면언俛焉은 다른 쪽을 생각하지 않는다는 뜻이요, 자자孶孶는 부지런히 하는 모습이다."[47] 하였네. ○면俛은 삼僶 -음은 삼이다.- 자로 하여야 하네.

문 주의 "온전한 체가 지극하여[全體至極]"

답 온전한 체의 지극함을 말한 것이 아니라, 이미 체를 온전히 할 수 있으면서 또 지극하다고 말한 것이네.

문 "세 번 (천하를) 사양하였으나[三(以天下)讓]"[48]

답 『혹문或問』에서 명도明道[49]께서 말하기를, "등극하지 않은 것이 첫 번째요, 도망한

---

44) 절로 무르익어서[自熟] : 『사서혹문』에는 '자숙(自熟)' 다음에 '저절로 이르니[而自至]'가 나온다.
45) 절충하였다 : 「술이」의 "공자께서 말씀하셨다. '전술하기만 하고 창작하지 않는다.'[述而不作]" 조의 주에 나온다.
46) 힘써 …… 하여 : 「술이」의 "섭공이 자로에게 공자에 대해 물었다.[葉公 問孔子於子路]" 조의 주에 나온다. 다음 항도 출전이 같다.
47) 면언은 …… 모습이다 : 『예기』「표기」의 "공자께서 말하였다. '마음속으로 인을 편안하게 여기는 자는 천하에 한 사람 뿐이다.[子曰 中心安仁者 天下一人而已矣]" 조의 주에 나온다.
48) 세 …… 사양하였으나 : 「태백」의 "공자께서 말하였다. '태백은 지극한 덕이라고 할 만하다.'[子曰 泰伯 其可謂至德也已矣]" 조에 나온다.

것이 두 번째요, 몸에 문신한 것이 세 번째이다." 하였네.

문 "6척의 어린 군주를[六尺之孤]"50)

답 『송사宋史』의 삼척아三尺兒의 주註에 "아이가 2년 6개월이 되면 1척이 되니, 3척이면 7년 6개월이다." 하였네. 이로써 미루어 보면 6척이 15세가 되는 것은 의문이 없네.

문 "시에서 흥기시키며[興於詩]"51)

답 『혹문』에서 유씨游氏가 말하기를, "「천보天保」52) 시를 살펴보면 군신간의 의리가 닦여지며, 「상체常棣」53) 시를 살펴보면 형제간의 우애가 돈독하여지며, 「벌목伐木」54) 시를 살펴보면 친구간의 사귐이 친하여진다." 하였네.

문 "(높고 큰 그) 성공이여, (찬란한 그) 문장이여![(巍巍乎其有)成功(也) (煥乎其有)文章]"55)

답 『혹문』에서 범씨范氏가 말하기를, "요堯임금의 성공은 사시四時의 추위와 더위가 민물을 시작하고 끝나게 만드는 것과 같으며, 그 문장은 일월日月과 성신星辰이

---

49) 명도(明道) : 정호(程顥, 1032~1085)의 호, 자는 백순(伯淳), 하남(河南) 사람이다. 태자 중윤(太子中允)·태상 승(太常丞) 등을 역임하였다. 주 무숙(周茂叔)의 학통을 이어받았다. 15, 6세 때부터 아우 정이(程頤)와 더불어 구도(求道)에 뜻을 두었다. 10여 년간 노자와 불가(佛家)의 문에 출입한 적이 있다.

50) 6척의 …… 군주 : 「태백」의 "증자가 말하였다. '6척의 어린 군주를 맡길 만하고,'[曾子曰 可以託六尺之孤]" 조에 나온다.

51) 시에서 흥기시키며 : 「태백」에 나온다.

52) 천보(天保) : 『시경』「소아(小雅)」의 편명으로, 미덕(美德)을 임금에게 돌리고, 임금에게 복록이 있기를 축원한 시이다.

53) 상체(常棣) : 『시경』「소아」의 편명으로, 형제간의 즐거움을 노래한 시이다.

54) 벌목(伐木) : 『시경』「소아」의 편명으로, 친구간의 우정을 노래한 시이다.

55) 높고 …… 문장이여 : 「태백」의 "공자께서 말하였다. '위대하시도다! 요께서 임금 노릇 하심이여'[子曰 大哉 堯之爲君也]" 조에 나온다.

천하를 비추는 것과 같다." 하였네. 이 구절은 아마도 요임금의 성공과 문장이 천지와 함께 기준이 된다는 것을 말한 듯하네.

문 "사사로운 뜻이 (없었으며), 기필함이 (없었으며), 집착함이 (없었으며), 이기심 (없었다.)[(毋)意 (毋)必 (毋)固 (毋)我]"[56]

답 『심경집록心經緝錄』에 "비유하면 다음과 같다. 어떤 사람이 어떤 물건을 취하고자 하는 것은 '의意'이며, 얻고자 함을 기필하는 것은 '필必'이며, 얻기를 기대하여 집착하는 마음은 '고固'이며, 끝내 얻어서 사사로움이 되는 것은 바로 '아我'이다." 하였네.

문 "(우러러볼수록 더욱) 높고 (뚫을수록 더욱) 견고하며, (바라봄에) 앞에 (있더니 갑자기) 뒤에 (있다.)[(仰之彌)高 (鑽之彌)堅 (瞻之在)前 (忽焉在)後]"[57]

답 『주서朱書』에서 문인門人[58]에게, "'고高'는 의리의 근원으로 상달上達[59]의 자리이며, '견堅'은 의리가 법도에 맞아서 고찰하기 어려운 자리이며, '전前'과 '후後'는 의리가 변화하여 자리에 머물러 있지 않는 것이다. '앙仰'이라는 것은 바라보며 미치기를 희망하는 모습이며, '찬鑽'이라는 것은 뚫어서 통하기를 구하는 뜻이다. '첨瞻'은 봄에 반드시 은밀히 보는 것이며 홀忽은 봄에 또 정하여지지 않는 것이다." 답하였네. 전前이라는 것은 앞에 있음에 뒤로 옮길 수 없음을 정확하게 봄이며, 후後라는 것은 뒤에 있음에 앞으로 옮길 수 없음을 정확하게 본 것이네. 높음과 견고함 이외에 별도로 이른바 '우뚝함'[60]이 있는 것은 아니네.

---

56) 사사로운 …… 없었다 : 「태백」의 "공자께서 네 가지를 끊으시니[子絶四]" 조에 나온다.
57) 우러러볼수록 …… 있다 : 「태백」의 "안연이 탄식하며 말하였다.[顔淵 喟然歎曰]" 조에 나온다.
58) 문인(門人) : 송나라 유학자 진순(陳淳, 1159~1223)을 말한다. 자는 안경(安卿), 호는 북계(北溪)이다. 인용 글은 진순에게 보낸 편지에 보인다. 저서로는 『북계대전집』·『자의상강(字義詳講)』 등이 있다.
59) 상달(上達) : 인간이 행해야 할 도리를 배우고 실천하면서 오묘한 천리(天理)를 통달하는 것을 말한다. "아래로 인간의 일을 배우면서 위로 천리를 통달한다.[下學而上達]"에서 온 말이다.(『論語』「憲問」)

문 주의 "천덕이 (있어야) 왕도를 (말할 수 있으니)[(有)天德 (便可語)王道]"61)

답 『심경』 소주小註에 "천덕天德은 바로 정심正心과 수신修身을 말하며, 왕도王道는 바로 제가齊家·치국治國·평천하平天下를 말한다." 하였네.

문 주의 "손괘로써 권도를 행한다.[巽以行權]"62)는 『주역』 「계사전하繫辭傳下」의 주의 "손巽은 넉넉하게 스며든다는 뜻이 있으며, 권權은 의義가 정미해지고 인仁이 익숙해져서 일을 처리함에 넉넉하여 들어갈 수 있다는 뜻인지를 묻습니다."63) 입니까?

답 "맞다."고 하였으며, 또 "설說은 구괘九卦64)의 마지막 자리에 있다. 앞자리의 팔괘의 일을 명확히 하여야 겨우 권도權道를 행할 수 있다."65) 고 하였네.

문 주의 "옷으로 갖옷 위에 덧입으니[衣以裼 -음은 석이다.- 裘]"66)

답 옷의 색을 덧입는 갖옷의 색과 같이 하네. 예를 들어 치의緇衣는 윗도리인데, 그 색이 검기 때문에 이 옷을 덧입는 양 갖옷의 위에 착용하네. 양 갖옷의 색이 검으니, 치의緇衣와는 서로 걸맞네. 갖옷 위에 덧입는다는 것은 석의裼衣로써 갖옷을 드러내는67) 것이네.

---

60) 우뚝함 : 주 57)과 같은 조에 나온다. "우뚝하게 서 있는 듯하다. 비록 이것을 따르고자 하나 말미암을 데가 없다.[如有所立 卓爾 雖欲從之 末由也已]"
61) 천덕·왕도 : 「자한(子罕)」의 "공자께서 시냇가에 계시면서 말씀하셨다. '가는 것이 이와 같구나'[子在天上曰 逝者如斯夫]" 조의 주에서 정자(程子)가 한 말이다.
62) 손괘로써 …… 행한다 : 「자한」의 "공자께서 말씀하셨다. '함께 배울 수는 있어도 함께 도에 나아갈 수는 없다'[子曰 可與共學 未可與適道]" 조의 주에서 홍씨(洪氏)가 한 말이다.
63) 손(巽)은 …… 묻습니다 : 인용한 구절은 『주역』에는 보이지 않고, 『주자어류(朱子語類)』에 나온다.
64) 구괘(九卦) : 우환(憂患)에 대처하는 도(道)를 밝히기 위해 덕(德)과 관련이 있는 아홉 개의 괘를 말한다. 리(履)·겸(謙)·복(復)·항(恒)·손(損)·익(益)·곤(困)·정(井)·손(巽)이다.(『周易』「繫辭傳下」)
65) 맞다 …… 있다. : 인용한 구절은 『주자어류(朱子語類)』에 주자의 답변으로 나온다.
66) 옷으로 …… 덧입으니 : 「향당(鄕黨)」의 "군자는 감색과 붉은 빛으로 꾸미지 않는다.[君子 不以紺緅飾]" 조의 주에 나온다.
67) 석의(裼衣)로써 …… 드러내는 : 홑옷을 갖옷 위에 덧입으면서 앞을 열어 갖옷이 보이도록 하는 것을 말한다.

문 "길월에 반드시 (조복을 입고) 조회하였다.[吉月 必(朝服而)朝]"[68]

답 『혹문』에서 사씨謝氏가 말하기를, "길월에 반드시 조회한다는 것은 비록 늙어 사직하였으나 오히려 달마다 군주에게 조회하는 것이다. 달마다 군주에게 조회하는 것은 나라에 큰 일이 있음에 우선 미리 들으려고 함이니, 진항陳恒을 토벌할 것을 청하려고 목욕하고 조회[69] 한 일과 같다." 하였네.

문 "많이 먹지 않았다.[不多食]"[70] 는 위 문장을 함께 가리켜 말한 것이지, 생강 먹는 일만을 가리킨 것은 아닙니다.

답 "생강을 먹는 일만을 가리킨 것이 아니다."라는 말은 매우 적당하네. 다만 앞 문장의 음식을 먹고 먹지 않는 것은 문세를 따라 이미 확실히 끊어져서, 이 문장과는 호응하지 않네. 그런데 다시 많이 먹지 않는다고 하였으니, 이는 바로 모든 음식을 대상으로 말한 것일 뿐이네.

문 "산 교량의 암꿩[山梁雌雉]"[71]

답 『혹문或問』에서 사씨謝氏가 말하기를, "꿩이 산에 있으니 그 때를 얻었다. 사람이 어지러운 세상을 만나니 때를 얻지 못하였다." 하였으며, 여씨呂氏가 말하기를, "암꿩을 말한 것은 응할 대상을 보고도 부르지 못하기 때문이다." 하였네.

문 주의 "석경石經"

답 동한東漢의 영제靈帝[72] 가 채옹蔡邕[73] 에게 명하여 예서隸書로 육경六經을 돌에 새겼네.

---

68) 길월에 …… 입는다 : 주 66)과 출전이 같다.
69) 진항(陳恒)을 …… 조회 : 진(陳)의 성자(成子)가 간공(簡公)을 시해하자, 공자께서 애공(哀公)에게 토벌할 것을 청한 일을 말한다.(『論語』「憲問」)
70) 많이 먹지 않았다 : 「향당」의 "밥은 정미한 것을 싫어하지 않으셨다.[食不厭精]" 조에 나온다.
71) 산 교량의 암꿩 : 「향당」편에 나온다.
72) 영제(靈帝) : 제11대의 황제인 유굉(劉宏)의 묘호이다. 환관(宦官)과 외척(外戚)에게 실권(實權)을

홍도문鴻都門 밖에 세워두고서 '석경石經'이라고 이름하였네.

문 "자취를 밟지 않는다.[不踐迹]"[74]

답 『혹문或問』에서 이천伊川[75]이 말하기를, "자취를 밟지 않는다는 이전에 저지른 악의 자취를 밟지 않는 것이다." 하였네. 불천적不踐迹이라는 세 글자에 악惡을 하지 않는다는 뜻이 본래 그 속에 포함되어 있네.

문 "장보관[章甫]"[76]

답 『예기』「유행儒行」의 주에 "장章은 밝음이니, 장부丈夫임을 밖으로 드러내므로 장章이라고 한다. 보甫는 치포관緇布冠이다." 하였네.

문 "노래하며 돌아오겠습니다.[詠而歸]"[77]

답 선왕先王의 도를 노래하며 부자夫子의 집으로 돌아온다는 것이네.

문 주의 "인심이 주장이 된다는 것[人心之所以爲主]"[78]에서 인심人心을 위주로 한다는 것은 무엇입니까?

답 인심은 해야 하지 않는 것을 위주로 삼네. 말하자면, 예禮가 아니면 금지해서 하지

빼앗긴 어리석은 황제이다.

73) 채옹(蔡邕) : 자는 백개(伯喈)이다. 시부(詩賦)를 잘 지었다. 저서로는 『채중랑전집(蔡仲郎全集)』이 있다.

74) 자취를 밟지 않는다 : 「선진」의 "자장이 선인의 도를 묻자[子張 問善人之道]" 조에 나온다.

75) 이천(伊川) : 송나라 성리학자인 정이(程頤, 1033~1107)의 호. 자는 정숙(正叔), 시호는 정공(正公)이다. 그의 형 정호(程顥)와 함께 유학(儒學)을 부흥시켰다. 저서로는 『역전(易傳)』·『춘추전(春秋傳)』·『어록(語錄)』 등이 있다.

76) 장보관 : 「선진」의 "자로·증석·염유·공서화가 모시고 앉았는데[子路曾晳冉有公西華侍坐]" 조에 나온다.

77) 노래하며 돌아오겠습니다 : 주 76)과 같은 조에 나온다.

78) 인심이 …… 것이다 : 「안연(顏淵)」의 "안연이 인을 묻자[顏淵 問仁]" 조의 주에 나온다.

말아야 하니, 이 때문에 금지하는 것으로 마음에 주장을 삼네.

문 주의 "지식이 유혹되고 외물에 동화되어[知誘物化]"79)

답 지知는 지식과 같다. 지식이 외물에 유혹되어 외물에 동화되는 것이네. 『소학』 주80)의 글을 따라 풀이한다면 "지식이 외물에 유혹되어 동화되어"이네.

문 소주小註의 "'시'와 '간·견'이 다르며, '청'과 '문'이 다르다.[視與看見 不同 聽與聞 不同]"

답 『심경강록心經講錄』에 "간看 자와 견見 자는 무의식적으로 보는 것이요, 시視 자는 의식적으로 살펴보는 것이다. 문聞 자는 무의식적으로 듣는 것이요, 청聽 자는 의식적으로 들으려는 것이다." 하였네.

문 주의 "엄연히 생각할 때이다.[儼若思時]"81)

답 『심경석의心經釋義』에 "엄연해서 생각하는 때"라고 하였네. 『예기』 「단궁檀弓」의 "엄연히 상중喪中에 있다."의 주에 "엄연儼然은 단정하게 지키는 모습이다." 하였네.

문 "사람은 믿음이 없으면 서지 못한다.[民 無信不立]"82)

답 『논어』 「양화陽貨」의 "믿음이 있으면 남들이 의지한다."83) 의 주註에 "임任은 의지

---

79) 지식이 …… 동화되어 : 주 78)과 같은 조의 주에 정자의 「사물잠(四勿箴)」에 나온다.
80) 주(註) : 『소학』 「가언(嘉言)」의 "이천 선생이 말하였다. '안연이 극기복례의 조목을 물었는데'[伊川先生曰 顏淵 問克己復禮之目]" 조의 나오는 "마음의 지식이 외물에게 유인당하여 그와 더불어 함께 화하여 정리(正理)가 마침내 망실된다."를 말한다.
81) 엄연히 …… 때이다 : 「안연」의 "중궁이 인을 묻자[仲弓 問仁]" 조의 주에 나온다.
82) 사람은 …… 못한다 : 「안연」의 "자공이 정치를 물으니, 공자께서 답하였다. '양식을 넉넉히 하고 병을 풍족하게 하면 사람들이 믿게 된다.'[子貢問政 子曰 足食足兵 民信之矣]"조에 나온다.
83) 믿음이 …… 의지한다 : 「양화」의 "자장이 공자에게 인을 묻자[子張 問仁於孔子]"조에 나온다.

하는 것이다." 하였네. 이 장의 립立 자는 아마도 임任 자와 같을 것이네. 사람이 의지하고 믿으면서 살아가니, 늙은이의 지팡이와 같네. 「자장子張」의 "세우면 이에 선다."[84]의 주註에 "세움은 그 생명을 심어주는 것을 말한다." 하였네.

문 소주小註의 "교갈은 어지러움이다.[轇轕 肯綮]"

답 교갈轇轕의 앞 글자의 음은 교膠이고, 뒤 글자의 음은 갈葛이네. 긍경肯綮은 어지러움이 교차하여 더해지는 것인데, 한편으로는 하늘의 맑은 기운이 뒤섞여 있음이라고 하네. 긍肯의 음은 고苦와 등等을 반절反切[85]하여 내며, 경綮의 음은 경謦이네. 근육筋肉이 모이는 곳을 긍肯이라고 하네. 또 긍경肯綮은 맺힌 자리라고 하니, 『장자』의 포정해우庖丁解牛[86] 조에 보이네.

문 주의 "세금을 거두는 것이 법칙이 없고[征斂無藝]"[87]

답 『송사宋史』의 "꾸짖고 상 줌이 항상 하지 못한다."의 주에 "예藝는 항상함이다." 하였네.

문 "이름하면 반드시 말할 수 있다.[名之 必可言也]"[88]

답 예를 들어 죽은 아비를 녜禰라 하고 조상을 조祖라고 하는 것이 이름함이니, 이와 같다면 말하지 않을 수 없네. 지금 문득 조祖를 녜禰라고 하면 이름하였으나 말할 수는 없네.

---

84) 세우면 이에 선다 : 「자장」의 "진자금이 자공에게 말하였다.[陳子禽 謂子貢曰]"조에 나온다.
85) 반절(反切) : 두 한자의 음을 반씩만 따서 한 음으로 읽는 방법을 말한다. 두 한자 중에 앞의 한자는 초성을 뒤의 한자는 중성과 종성을 따온다.
86) 포정해우(庖丁解牛) : 『장자』「양생주(養生主)」에 나온다.
87) 세금을 …… 없다 : 「안연」의 "애공이 유약에게 물었다.[哀公 問於有若]" 조의 주에서 양씨(楊氏)가 한 말이다.
88) 이름을 …… 있다 : 「자로」의 "자로가 말하였다. '위나라 군주가 선생님을 기다려 정사를 하려고하니,'[子路曰 衛君 待子而爲政]" 조에 나온다.

문 소주小註의 "주나라로 달아나다.[孫于邾]"

답 『좌전左傳』에서는 달아남을 손孫이라 하였네. 손孫의 음은 손이네.

문 주의 "동맹국[與國]"[89]

답 『맹자』 제6편[90] 「고자하告子下」의 주에 "화친和親하여 서로 동맹을 맺은 나라이다." 하였네.

문 주의 "하학·상달은[下學上達]"[91]

답 설 문청[92]薛文淸이 『독서록讀書錄』에서 말하였다. "군주를 섬기거나 어른을 가까이 하는 것과 같은 일은 모두 인사人事이다. 섬기는 도리를 다할 수 있다면 인의仁義의 이치가 이에서 벗어나지 않으니, 이른바 상달上達이다. 보고·듣고·말하고·움직이는 것과 음식·남녀의 유는 모두 인사이다. 이러한 상황에 대처하면서 각각 그 마땅함을 얻는다면 천리天理이다. 아래로 인사를 배우는 것은 형이하形而下의 기器이며, 위로 천리天理를 통달하는 것은 형이상形而上의 도道이다. 이러한 일이 있으면 이러한 이치가 있으며, 이러한 기器가 있으면 이러한 도道가 있다. 정추精粗는 본래 둘이 아니다. 정자程子의 이른바, '뜻이 말 밖에 있다.'는 것은 사람이 인사를 연유하여 묵묵히 천리를 아는 것에 있을 뿐이다."하였네.

---

89) 동맹국 : 「헌문」의 "진성자가 간공을 시해하자[陳成子 殺簡公]" 조의 주에서 정자(程子)가 한 말이다.

90) 제6편 : 『사서질의』에는 '제7편'으로 나온다. 제7편은 「진심(盡心)」장을 말한다. 하지만 인용 문구는 「고자 하」편의, "맹자께서 말하였다. '지금 군주를 섬기는 자가 말하였다.'[孟子曰 今之事君者曰]" 조의 주에 나온다. 그러므로 본 번역문에서는 '제7편'을 '제6편'으로 고쳤다.

91) 하학·상달은 : 「헌문」편의 "공자께서 말하였다. '나를 알아주는 사람이 없구나.'[子曰 莫我知也夫]" 조의 주에서 정자(程子)가 한 말이다.

92) 문청(文淸) : 명(明)나라의 이학가(理學家)인 설선(薛瑄, 1389~1464)의 시호, 자는 덕온(德溫), 호는 경헌(敬軒)이다. 영락(永樂) 때에 진사시에 입격하여 예부 시랑(禮部侍郎)을 지냈다. 정주(程朱)를 종(宗)으로 삼아, 이(理)를 밝히어 성(性)을 회복함을 주로 하고, 더욱 궁행실천(躬行實踐)을 중히 여겼다. 저서로는 『독서록(讀書錄)』·『종정명언(從政名言)』 등이 있다.

문 주의 "뜻이 말 밖에 있다.[意在言表]"93)

답 하학下學의 일은 단지 평상이라서, 기이하거나 특별하여 사람을 움직이게 하지 않는 자리이네. 묘한 천리天理의 경우는 홀연히 상달上達하여 가고, 또 잡아 베끼려 하여도 할 수 없으니, 이는 바로 형용하기 어려운 바를 말하네. 그러므로 "뜻이 말 밖에 있다." 하였네.

문 주의 "채찍질하여[鞭辟]"94)

답 주자의 설이 너무 자세하니, 채찍질로 몰아 감독하고 요약하여 내면으로 들어온다는 것과 같을 뿐이네.

문 주의 "다 밝혀서 찌꺼기가 모두 변화하여[明得盡 查滓便渾化却]"

답 "밝음을 다함에 찌꺼기가 곧 모두 변하여"라고 번역하고, 각却 자는 풀이하지 않네.

문 주의 "이를 발하여 단서로 삼았다.[發此 以爲(之)兆]"95)의 소주小註에서, "조兆는 준칙準則과 같다." 하였는데, 이 설이 어떠합니까?

답 말하지 않은 것은 말한 바로 기준하여 법칙으로 삼으니, 이것이 조兆가 되네.

문 주의 "발을 용납하는 곳 이외에는 모두 쓸모없는 자리가 되나 버릴 수 없다.[容足之外 皆爲無用之地而不可廢]"96)

답 발을 용납하는 곳은 가까운 자리이네. 이 자리부터 이외에는 발이 밟지 않은 곳으

---

93) 뜻이 …… 있다 : 주91)과 같은 조의 주에 나온다.
94) 채찍질하여 : 「위령공」의 "자장이 행해짐을 묻자[子張 問行]" 조의 주에 나온다.
95) 이를 …… 삼았다. : 「위령공」의 "안연이 나라 다스리는 것을 묻자[顔淵 問爲邦]" 조의 주에 나온다.
96) 발을 …… 없다 : 「위령공」의 "공자께서 말하였다. '사람이 먼 생각이 없으면 반드시 가까운 근심이 있다.[子曰 人無遠慮 必有近憂]" 조의 주에 나온다.

로 쓸모없는 자리가 되니, 또한 모두 먼 자리이네. 그러나 어찌 발이 밟지 않는 것으로 쓸모없다고 여겨서 마침내 그 자리를 버리고 우려하지 않겠는가? 만약 관계될 것이 없다고 여겨 우려하지 않는다면 근심이 반드시 밟고 있는 가까운 자리에서 생겨날 것이네.

문 "갖고 싶다고 말하지 않으면서 굳이 변명하는 것을 미워한다.[疾夫舍曰欲之 而必爲之辭]"[97]

답 '사왈舍曰'은 말하지 않는다와 같네. '욕지欲之'는 자신이 하고자 함이요, '필위지사必謂之辭'[98]는 반드시 꾸미는 말을 하여 스스로 벗어남을 말하네. 사람이 하고 싶어하는 일에 자기가 하고 싶다 말하지 않으면서 꾸미는 말을 하여 스스로 벗어나는 자를 군자가 미워한다고 말하였네.

문 주의 "보존되지 못함이 있더라도 적을 것이니[不存焉者 寡]"[99]

답 비록 천리가 보존되지 못한 것이 있으나 보존되지 못함이 반드시 적네. 보존되지 못한 것이 적다면 보존한 것은 많네.

문 "습관으로 서로 멀어진다.[習相遠]"[100]

답 홍 응길洪應吉이 말하기를, "이 원길李原吉이 '습관으로'라고 설說한 것은 잘못되었다. '습관이'라고 해야 한다." 하였네. 지금 살피건대 '습관으로'라는 설의 잘못된 점을 보지 못하겠네. 원길공이 왜 '습관이'라고 하였는지를 알지 못하겠네.

---

97) 갖고 …… 미워한다 : 「계씨(季氏)」의 "계씨가 전유를 치려고 하였는데[季氏將伐顓臾]" 조에 나온다.
98) 필위지사(必謂之辭) : 인용문의 '위(爲)'가 '위(謂)'로 되어 있다. 다르게 기술한 연유를 알 수 없어 밝혀주기만 한다.
99) 보존되지 …… 드물다 : 「계씨」의 "공자께서 말하였다. '군자는 아홉 가지 생각하는 것이 있으니'[孔子曰 君子有九思]" 조의 주에 나온다.
100) 습관에 …… 멀어진다 : 「양화(陽貨)」의 "공자께서 말하였다. '성은 서로 비슷하나,'[子曰 性相近也]" 조에 나온다.

문 "덕의 적이다.[德之賊]·덕을 버림이다.[德之棄]"101)

답 『통고通考』에서 주 공천朱公遷이 말하기를, "덕지적德之賊에서 이 덕 자는 바로 덕이 있는 사람을 가리켜 한 말이며, 덕지기德之棄에서 이 덕 자는 바로 인심人心의 덕을 가리켜 한 말이다." 하였네. 이 설이 정미하고 온당하네.

문 "길에서 듣고 길에서 말하면[道聽而塗說]"

답 본래 길에서 듣고 바로 길에서 말하여 행동함에 뜻이 없는 자는 스스로 그 덕德을 버리는 것임을 말하였네. 이 넉자는 반드시 당시의 속어俗語인데, 부자께서 언급을 하고는 "덕을 버림이다."라는 한 마디로 단언하니, 바로 격언이 되었을 뿐이네. 만일 오늘날 속인들이 평소 이 넉자를 말하면서 또한 본의를 따라 일컬으면 절대로 어긋남이 없네.

선유들의 억지로 만든 괴이한 학설이 무엇을 근거로 시작하였는지 알지 못하겠네. 주문註文에 '선언善言'이 있음으로 인하여 마침내 도道 자를 도리의 도에 붙여 인식하였네. 또 바로 길에서 말하는 것이 마땅하지 않은 듯하다고 의심하여 바로 선善을 들어도 행하지 않고 단지 부질없는 말이라는 뜻으로 의미를 연결하였네. 마침내 도塗 자를 호도糊塗한다의 도塗로 이해하여, 단지 호도의 의미를 언설言說에 붙여서 주문에서 '자신의 소유로 삼지 않으면'이라고 하였네. 이제 이 두 설중에 위의 설은 그릇됨이 도道 자에 있으며, 아래의 설은 그릇됨이 도塗 자에 있네. 잘못 전하여 받고 그릇되게 전하여서 굳어져 깨트릴 수 없음으로 후학들을 그르치고 있으니, 상심傷心하지 않을 수 있겠는가?

주자朱子가 조 연도趙然道에게 답한 편지에 "세상에서 불교나 노자의 학설을 도청도설道聽塗說한 나머지 스스로 얻음이 있다고 생각하는 사람이 있다."라고 한 말이 있네. 유 자징102)劉子澄에게 답한 편지에서 "집사執事는 남의 말을 길에서 듣는다."

---

101) 덕의 …… 버림이다 : 덕지적(德之賊)은 「양화」의 "공자께서 말하였다. '향원은 덕의 적이다.'[子曰 鄕愿 德之賊也]" 조에 나오며, 덕지기(德之棄)는 「양화」의, "공자께서 말하였다. '길에서 듣고 길에서 말하면 덕은 버리는 것이다.'[子曰 道聽而塗說 德之棄也]" 조에 나온다.

하였네. 의서醫書에 "오늘날에는 침법鍼法이 제대로 전하여지지 않아 못난 의사들이 도청도설道聽塗說한 것으로 용감하게 시술하고 있다."라는 말이 있네. 이와 같이 인용한 자리가 비록 수백이더라도 모두 도道로써 도리道理라고 하며 도塗로써 발라 부친다는 뜻으로 한 것은 없네.

얼마 전 성균관에서 이것의 의미를 논의하였는데, 동지同知 주 경유[103]周景遊는 보고 바로 그렇다고 믿었으며, 사예司藝인 허 태휘[104]許太輝는 처음에는 그렇지 않다고 하다가 뒤에는 믿었다고 하네.

문 "반드시 무너진다.[必壞]"[105]

답 스스로 무너짐을 '훼毁'라고 하며, 남이 무너뜨림을 '괴壞'라고 하네.

문 주의 "고운 삼베로 옷을 지어 입으며[受以成布]"

답 초상이 나면 거친 삼베로 상복을 지어 입었다가, 장사를 지내면 고운 삼베로 상복을 지어 입네. 고운 삼베로 지은 상복을 거친 삼베의 상복 대신에 받으니 대개 거친 삼베와 고운 삼베가 서로 받았다고 말한 것이요, 사람이 받았다고 하지 않았네.

---

102) 자징(子澄) : 송나라 유학자 유청지(劉淸之, 1134~1190)의 자, 임안인(臨安人)이다. 소흥(紹興) 진사로 악주 통판(鄂州通判)을 지냈다. 서실의 이름은 괴음정사(槐蔭精舍)이다. 저서로는 『증자내외잡편(曾子內外雜篇)』·『훈몽신서(訓蒙新書)』·『외서(外書)』·『제의(祭儀)』 등이 있다.

103) 경유(景遊) : 주세붕(周世鵬, 1495~1554)의 자, 호는 신재(愼齋), 본관은 상주(尙州), 시호는 문민(文敏)이다. 1522년 문과에 급제하여 승문원 정자(承文院正字)·도승지(都承旨)·황해 감사(黃海監司) 등을 역임하였다. 1543년 한국 최초의 서원인 백운동서원(白雲洞書院)을 창설하였다. 저서로는 『무릉잡고(武陵雜稿)』·『죽계지(竹溪志)』·『동국명신언행록(東國名臣言行錄)』 등이 있다.

104) 태휘(太輝) : 허엽(許曄, 1517~1580)의 자, 호는 초당(草堂), 본관은 양천(陽川)이다. 1546년 문과에 급제하여 필선(弼善)·동부승지(同副承旨)·경상도 관찰사(慶尙道觀察使) 등을 역임하였다. 저서로는 『초당집』·『전언왕행록(前言往行錄)』 등이 있다.

105) 반드시 무너진다 : 「양화」의 "재아가 물었다. '삼년상은 일 년만 하더라도 너무 오래입니다.'[宰我問 三年之喪 期已久矣]" 조에 나온다.

문 "(3일을) 게을리하지 않고 (3월을) 태만히 하지 않으며 1년을 슬퍼하고 3년을 근심하였다.[(三日)不怠 (三月)不解 期悲哀 三年憂]"106)

답 『예기』「상복사제喪服四制」 주에 "죽게 되면 3일 동안 곡소리는 끊어지지 않으며 장류醬類를 입에 대지 않으니, 이는 3일 동안 게을리 하지 않은 것이다. 장사를 치르지 않았다면 언제나 곡을 하는데 여막廬幕에서 지내며 잠자리에서 수질首絰과 요대腰帶를 벗지 않으니, 이는 3월 동안 태만히 하지 않는 것이다. 삼우三虞와 졸곡卒哭을 지내고나면 아침저녁으로 곡哭을 하니, 이는 1년 동안 슬퍼하는 것이다. 1년이 지나서는 아침저녁으로 곡을 하지 않고 정해진 때 없이 곡을 하고 슬픔이 일어나면 곡을 하니, 이는 3년 동안 근심하는 것이다."107) 하였네.

문 주의 "벌거벗는 것으로 꾸밈을 삼았다.[祼 -음은 라이다.- 以爲飾]"

답 오랑캐의 풍속은 의관을 갖추지 않네. 태백泰伯108)이 그 풍속을 따라 꾸민 것이지, 몸을 완전히 드러내지는 않았네.

문 주의 "이목구비와 같아서[猶耳目口鼻]"109)

답 농부가 농사일에 밝으며 의사가 의술에 밝은 것은 귀가 듣는데 밝으며 눈이 보는데 밝음과 같아서 그 나머지를 모두 통하지는 못하네.

---

106) 3일을 …… 근심하였다 : 「미자」의 "일민은 백이·숙재와[逸民 伯夷 叔弟]"의 주에서 인용한 내용인데, 『예기』「잡기(雜記)」에 나온다.
107) 죽게 …… 것이다 : 「상복사제」편의 "죽게 되면 3일을 게을리하지 않는다.[始死 三日不怠] 조의 주에 공씨(孔氏)가 한 말이다.
108) 태백(泰伯) : 주(周)나라 태왕(太王)의 장자이다. 태왕이 아우인 계력(季歷)을 세워서 후에 문왕(文王)이 되는 손자 창(昌)에게 왕위를 전하려고 하였다. 이를 안 태백은 아우 중옹(仲雍)과 함께 형만(荊蠻), 곧 오(吳)로 피신하여 그 곳의 왕이 되었다.(『史記』「吳太伯世家」)
109) 이목구비와 같아서 : 「자장(子張)」의 "자하가 말하였다. '작은 도라도 반드시 볼만한 것이 있거니와[子夏曰 雖小道 必有可觀者焉]" 조의 주에 나온다.

『맹자孟子』

[문] "또한 장차[亦將]"[110]

[답] 역亦 자는 아마도 당시 소진蘇秦과 장의張儀의 무리가 합종合縱·연횡連橫[111]의 술術로써 제후들에게 부국강병을 유세하였기 때문에 양 혜왕梁惠王이 맹자를 만나서, "또한 내 나라를 이롭게 함이 있겠습니까?" 한 것이네.

[문] 주의 "단서를 짓고 시작을 의탁하는[造端託始]"

[답] 인의仁義의 단서를 짓고, 7편의 시작을 의탁하였네. 혹자가, "왕정王政의 시작이다."라고 말한 이유는 알지 못하겠네.

[문] 주의 "뿌리를 뽑고 근원을 막아서[拔本塞源]"[112]

[답] 인의仁義의 근본을 뽑아내고 이욕利欲의 근원을 막는 것이네. 혹자는 말하기를, "이욕의 근본이며 이욕의 근원이다." 하였네.

[문] "큰 기러기를 돌아보고[顧鴻鴈]"[113]

[답] 아마도 현자가 온 것에는 마음이 없는 것이니, 위 영공衛靈公이 날아가는 큰 기러기를 돌아보며 공자에게는 관심이 없었던 일[114]과 같네.

---

110) 또한 장차 : 『맹자』「양혜왕상(梁惠王上)」의 "맹자께서 양 혜왕을 만나니[孟子見梁惠王]"조에 나온다. 아래 항도 출전이 같다.

111) 합종(合縱)·연횡(連橫) : 합종은 소진이 주장한 것으로, 조(趙)·위(魏)·한(韓)·연(燕)·제(齊)·초(楚) 여섯 나라가 남북[從]으로 연합하여 진나라에 대항하자는 계책이다. 연횡은 장의가 주장한 것으로 여섯 나라가 서쪽의 진나라와 동서[衡]로 연합하여 진나라를 섬기자는 계책이다.

112) 뿌리를 …… 막아서 : 주 110)와 같은 조에서 정자(程子)가 한 말이다.

113) 큰 …… 돌아보고 : 「양혜왕상」의 "맹자가 왕을 만났는데, 왕이 못가에 서있더니[孟子見梁惠王 王 立於沼上]" 조에 나온다.

114) 위령공이 …… 일 : "다음날 공자와 함께 이야기하였다. 이야기 중에 날아가는 기러기를 올려보며

문 "종신토록 배부르고[終身飽]"[115]

답 혹자는 말하기를, "종終은 한 해를 마치도록 배부름이다." 하였으며 혹자는 말하기를, "종은 다함인데, 지금 속어의 가지끈이다." 하였네. 두 설의 옳고 그름은 알지 못하겠네.

문 주[116]의 "대장과 함지와 소와 하[大章咸池韶夏]"

답 『예기』「악기樂記」의 주에 말하였다. "대장大章은 요堯임금의 덕을 천하에 밝힘을 말한다. 함咸은 모두이며, 지池는 베푸는 것이다. 함지咸池는 황제黃帝의 음악 이름인데, 덕이 천하에 모두 베풀어져서 두루 하지 않음이 없음을 말한다. 소韶는 이음이니, 순임금의 도덕이 요에게서 이어졌음을 말한다. 하夏는 큼인데, 우임금 음악의 이름이다. 하夏은 요순의 덕을 빛내고 크게 할 수 있음을 말한다."

문 "명당明堂"[117]

답 『예기』「명당明堂」[118]에 "명당이라는 것은 제후들의 높고 낮음을 밝힌 것이다." 하였네. 당堂의 이름을 이러한 뜻에서 취하였네.

문 "제나라 사람이 연나라를 정벌하여[齊人 伐燕]"[119]에서 제齊나라가 연燕나라를

공자에게는 관심이 없었다.[明日 與孔子語 見蜚鴈 仰視之 色不在孔子]"에서 유래한다.(『史記』「孔子世家」)

115) 종신토록 배부르고 : 「양혜왕상」의 "제 선왕이 물었다. '제 환공과 진 문공의 일을 들을 수 있겠습니까?'[齊宣王 問曰 齊桓晉文之事 可得聞乎]" 조에 나온다.

116) 주 : 아래의 인용문은 「양혜왕하」의 "장포가 맹자를 보고 말하였다.[莊暴見孟子曰]" 조의 소주(小註)에 나온다.

117) 명당 : 「양혜왕하」 편의 "제선왕이 물었다. '사람들이 모두 나에게 명당을 부수라하니'[齊宣王 問曰 人皆謂我毁明堂]" 조에 나온다.

118) 명당 : 『사서질의』에는 '명당위(明堂位)'로 되어 있으나, 『예기』 제14권 「명당」편에 아래의 인용문이 나온다. 그러므로 본 번역에서는 고쳐 번역하였다.

119) 제나라 …… 정벌하여 : 「양혜왕하」의 "제나라 사람이 연나라를 쳐서 승리하였거늘[齊人 伐燕

정벌하였다고 말하지 않고, 인人 자를 더한 것은 왜입니까?

답 혹자는 "무도無道한 군주를 인人이라고 한다." 하였으며, 혹자는 "졸개나 장수 중에 약한 사람을 인人이라고 한다." 하였네. 『춘추』에서 진인晉人·진인秦人이라고 한 것은 모두 폄하하는 말이니, 제인齊人이라고 한 것은 『춘추』의 기록법과 동일한 뜻이네.

문 "문왕이 어찌 당할 수 있겠는가?[文王 何可當]"[120]

답 "문왕을 어찌 당할 수 있으리오?"는 이제 이 설을 살펴보면 틀렸네. "문왕이 어찌 당할 수 있으리오?"라고 해야 하네. 맹자는 상商나라의 선왕들이 후덕한 덕으로 오랫동안 다스려왔으므로 비록 문왕이 성스러운 덕을 지녔으나 천하에 왕 노릇하려는 마음을 품지 못하였음을 말하려고 한 것이네. 그러므로 먼저 "어찌 당할 수 있겠는가?" 한 구句로써 발하니, 바로 이른바 도구법倒句法[121]이네. 집주集註에서 "당當은 맞섬과 같다." 하였으니, 또한 뜻이 분명하네. 만약 『석의釋意』와 같다면 공손추公孫丑가 본래 문왕이 법 받을 만한지의 여부를 물은 것이 되는데, 맹자가 어찌 갑자기 대적함과 대적하지 못함으로 답하였겠는가? 하물며 공손추의 뜻이 왕도가 이와 같이 쉽다면 성스러운 덕을 지닌 문왕이 어찌 왕 노릇하지 못할 이치가 있겠는가에 있음에랴? 맹자는 문왕이 비록 성스러운 덕을 지녔으나 그 당시 상商에 내린 천명을 거두지 않았으니, 문왕이 어떻게 천하를 소유할 수 있겠는가라고 답하였네. 그러므로 "이 때문에 어려웠다."라고 결론지었네. 어세와 문답이 기승전결의 사이에서 호응하여 통하네.

문 "반드시 이에 종사하되[必有事焉]"[122]

勝之]" 조에 나온다.

120) 문왕이 …… 있겠는가 : 「공손추상(公孫丑上)」의 "공손추가 물었다. '부자께서 제나라의 요직을 맡으신다면'[公孫丑問曰 夫子 當路於齊]" 조에 나온다.

121) 도구법(倒句法) : 뜻을 강조하기 위하여 구의 어순을 뒤바꾸는 문장 작법이다.

답 『심경』 소주小註에서 진씨陳氏가 말하기를, "이른바 종사從事한다는 것은 의리와 정직123)을 가리켜 한 말이다." 하였네.

문 주의 "나쁘게 하지 않으면서도 엄격하다.[不惡而嚴]"124)

답 살펴보니, 이는 『주역』 「둔괘遯卦·대상大象」의 말이네. 악惡은 본문에서 입성으로 발음하네. 혹 음을 거성去聲으로 읽는 사람이 있는데, 매우 잘못되었네.

문 "하후씨는 (50묘에 공법을 썼고) 은나라 사람은 (70묘에 조법을 썼고) 주나라 사람은 (100묘에 철법을 썼으니)[夏后氏(五十而貢) 殷人(七十而助) 周人(百畝而徹)]"125)

답 하 나라에는 씨氏라 하고 은 나라와 주 나라에는 인人이라고 한 것에 대하여 『성리서해性理書解』에서 "선위함을 받았으므로 씨氏라고 하였으며, 정벌하였으므로 인人이라고 하였다." 하였네.

문 "돌아와 들것으로 흙을 담아 쏟아서[歸 反虆梩]"126)

답 "돌아와 삼태기와 들것의 흙을 쏟아서 가리니"이네. 이제 이 설을 살피건대, 귀歸는 시신이 있는 곳으로 돌아오는 것이며 반反은 집주集註에 엎어 쏟는다고 하였네. 비록 복覆이 한 삼태기의 쏟을 물건을 쏟는 것이지만, 그릇에 흙을 가득 담아

---

122) 반드시 이에 종사하되 : 「공손추상」의 "공손추가 물었다. '부자께서 제나라 경상의 지위에 오르시어'[公孫丑問曰 夫子加齊之卿相]" 조에 나온다.
123) 의리와 정직 : 「공손추상」의 "이 호연지기는 의리를 많이 축적하여 생겨나는 것이다.[是集義所生者]"의 의(義)와 "정직함으로써 기르고 해침이 없으면[以直養而無害]"의 직(直)을 말한다.
124) 나쁘게 …… 엄격하다 : 「공손추하(公孫丑下)」의 "공자께서 제나라의 경이 되어 등나라로 조문갈 적에[孟子爲卿於齊 出弔於滕]" 조의 주에 나온다.
125) 하후씨 …… 썼으니 : 「등문공상(滕文公上)」의 "등문공이 나라 다스림을 물었는데[滕文公 問爲國]" 조에 나온다.
126) 돌아와서 …… 쏟아서 : 「등문공상」의 "묵자인 이지가 서벽을 통하여 맹자에게 뵙기를 요구하자[墨者夷之 因徐辟而求孟子]" 조에 나온다.

엎어 땅에 쏟음을 말하네. 이 뜻은 의심할 것 없이 명백하네. 혹자는 천착하여 "귀歸라는 것은 그 집으로 돌아감이오, 반反이라는 것은 시신이 있는 곳으로 돌아감이다." 하였네. 이를 근거로 집으로 돌아가 흙 담는 그릇을 취하여 시신이 있는 곳으로 돌아온다고 하니, 틀렸네.

문 "『춘추春秋』"127)

답 책 이름이다. 춘추라는 것은 8편 「이루하離婁下」의 집주에 "한 해에는 사시가 있으므로 번갈아 들어서 【『좌전左傳』 서문序文에, 착錯은 섞임이다. 춘추春秋 두 시기를 섞어 들어서 사시를 포용하였다.】 기록한 바의 책 이름으로 삼았다."128) 하였네. 『통서通書』129)의 주에 "봄에 사물이 나는 것과 같이 한 선善을 기록하고, 가을에 사물이 죽는 것과 같이 한 악惡을 기록하였기 때문이다." 하였네.

문 주의 "애처롭다는 것이다.[戚矣]"에서 척戚 자의 뜻이 자세하지 않습니다.

답 척戚은 아마도 마음이 움직여 편안하지 않다는 뜻이네. 허 미숙130)許美叔의 질문에 답한 것이 또한 옳네.

문 "인자에게는 많은 무리가 되지 못하니[仁不可爲衆]"131)

---

127) 춘추 : 「등문공하」의 "공도자가 물었다. '외부 사람들이 모두 부자께서 변론하기를 좋아한다고 칭하니'[公都子曰 外人 皆稱夫子好辯]" 조에 나온다.
128) 해에는 …… 삼았다 : 「이루하(離婁下)」의 "맹자가 말하였다. '왕의 자취가 사라지니 『시경』이 없어 졌으니'[孟子曰 王者之跡 熄而詩亡]" 조의 주에 나온다.
129) 통서(通書) : 송(宋)나라 주돈이(周敦頤)가 지었다. 처음에는 『역통(易通)』이라 이름 하였다가 나중에 고쳤다. 「태극도설(太極圖說)」과 서로 표리가 되는 글로써, 「태극도설」은 이론에 대하여 설명하고 『통서』는 응용에 대하여 설명하였다.
130) 미숙(美叔) : 허봉(許篈, 1551~1588)의 자, 호는 하곡(荷谷), 본관은 양천(陽川)이다. 1572년 문과에 급제하여 이조 좌랑(吏曹佐郞)·창원 부사(昌原府使) 등을 역임하였다. 저서로는 『하곡집』·『하곡조천기(荷谷朝天記)』·『해동야언(海東野言)』 등이 있다.
131) 인자에게는 …… 없으니 : 「이루상(離婁上)」의 "맹자가 말하였다. '천하가 도 있을 때에는[孟子曰 天下有道]" 조에 나온다.

답 "무리가 되지 못하다 하시니"이네. 이제 살피건대, 공자孔子의 말이 여기까지여서 "나라의 군주가" 이하는 맹자의 말이라고 하는 것은 틀렸네. "누가 감히 업신여기겠는가?"132)의 예와 마찬가지로 아래의 "천하에 대적할 이가 없다."까지가 모두 부자의 말이 되어야 하네.

문 주의 "반드시 성실히 하고 반드시 믿음 있어[必誠必信]"133)

답 『예기』「단궁檀弓」의 주에 "필성必誠은 죽은 자에게 속이는 것이 없으며, 필신必信은 산 자에게 의심받는 것이 없다." 하였네.

문 주의 "안배하고 배치하여[安排布置]"134)

답 『심경강록心經講錄』에 "안安은 안돈安頓의 안安이며, 배排는 배포排布이다. 안정시키고 배포하는 것은 의도적으로 조치함을 말한다. 포치布置는 베풀어 둠이니, 의리의 자연스러움을 따르지 않고 사사로운 뜻으로 헤아려 여러 방면으로 배치排置하는 것이다." 하였네.

문 "인의를 따라 행한 것이요[由仁義行]"135)

답 집주集註의 "인의仁義가 마음속에 뿌리 한다."는 바로 성인의 마음에 인의仁義가

---

132) 누가 감히 업신여기겠는가 : 「공손추상」의 "맹자가 말하였다. '인하면 영화롭고 불인하면 치욕을 받으니,[孟子曰 仁則榮 不仁則辱]" 조에 나온다. 『시경』「빈풍(豳風)·치효(鴟鴞)」편을 해석한, "이 시를 지은 사람은 도를 알 것이다. 자신의 국가를 다스릴 수 있다면 누가 감이 업신여기겠는가.' [爲此詩者 其知道乎 能治其國家 誰敢侮之]"를 공자의 말로 풀이하였듯이, '인불가위중(仁不可爲衆)' 또한 공자의 말이라고 하였다.

133) 반드시 …… 있어 : 「이루하」의 "맹자가 말하였다. '산자를 봉양함은 큰일에 해당하기 부족하고,' [孟子曰 養生者 不足以當大事]" 조에 나온다.

134) 안배하고 배치하여 : 「이루하」의 "맹자가 말하였다. '군자가 도로써 깊이 나아감은 스스로 얻고자 해서이다.'[孟子曰 君子 深造之以道 欲其自得之也]" 조의 주에서 정자(程子)가 한 말이다.

135) 인의를 …… 것이요 : 「이루하」의 "맹자가 말하였다. '사람이 금수와 다른 것이 얼마 안되니,'[孟子曰 人之所以異於禽獸者 幾希]" 조에 나온다.

본래 갖추어져 있다는 뜻을 먼저 말한 것이네. 이어서 말한 "행하는 바가 모두 이로부터 나온 것이요"에서 유차由此의 차此 자는 바로 인의를 가리켜 한 말이네. 인의가 본래 마음에 갖추어져 있기 때문에 행하는 바가 모두 인의를 따라서 나온다는 것은 귀와 눈이 본래 몸에 갖추어져 있기 때문에 만나는 바가 모두 귀와 눈을 통하여서 보고 듣는 것과 같네.

문 "그 마음을 보존하기 때문이니[以其存心]"136)

답 주자께서 감 길보甘吉甫에게 답하기를, "존심存心은 마음을 가지는 것이다. 또한 마음을 가지고 가서 인례仁禮137)에 두는 것이 아니며, 또 인례를 가지고 가서 마음 안에 두는 것이 아님을 반드시 알아야 한다." 하였네. 이를 근거로 하면 존심은 지금 우리말의 "마음을 가지다."와 뜻이 같네.

문 "하늘을 부르짖으며 울었으니[號泣于旻天]"138)

답 『이아爾雅』139)에 "봄에는 창천蒼天이며 여름에는 호천昊天이며 가을에는 민천旻天이며 겨울에는 상천上天이다. 봄에는 색色을 말하며 여름에는 기氣를 말하며 가을에는 정情을 말하며 겨울에는 위位를 말한다." 하였네.

문 "장차 천하를 살펴보아[將胥天下]"

답 살피건대, 주에 "서胥는 살펴봄이다." 하였네. 아마도 아래 장의 "백성들에게

---

136) 그……때문이니 : 「이루하」의 "맹자가 말하였다. '군자가 일반인과 다른 것은'[孟子曰 君子之所以異於人者]" 조에 나온다.
137) 인례(仁禮) : 주 136) 인용문의 다음에, "군자는 인을 마음에 두며 예를 마음에 둔다.[君子 以仁存心 以禮存心]"라고 하였기 때문에 언급하였다.
138) 하늘을……우셨으니 : 「만장상(萬章上)」의 "만장이 물었다. '순 임금이 밭에 가서[萬章 問曰 舜 往于田]" 조에 나온다.
139) 이아(爾雅) : 십삼경(十三經)의 하나인 자서(字書)인데, 저자(著者)는 알 수 없다. 초목(草木)·조수(鳥獸)·충어(蟲魚) 등에 관한 문자들을 자세히 설명하고 있다.

드러내니"140) 와 뜻이 같네.

문 "상이 근심하면 또한 근심하고[象憂亦憂]"

답 동래東萊141) 여씨呂氏가 말하기를, "구름에 어린 햇살이 앞에서 변하나 태허太虛의 천진天眞은 그대로이며, 은원이 앞에서 교차하나 형제의 참된 정은 변함이 없다. 답답하게 순舜을 생각함은 바로 상象의 천진天眞이며, 창고를 태우고 사다리를 버림은 바로 상의 인정人情이다." 하였네.

문 주의 "이윤이 (도를 행하여 훌륭한 인군을 만들고자 하였으나 방법이 없어, 마침내) 유신씨의 잉신이 되어[伊尹(欲行道以致君而無由 乃)爲有莘之媵臣]142)

답 탕湯임금이 유신씨有莘氏에게 장가드니, 유신씨가 이윤을 잉신媵臣으로 삼아 탕임금에게 보내었네. 『운법전서韻法全書』에 보이네.

문 "경대부卿大夫."143)

답 『백호통白虎通』144)에 "경卿은 향함이니, 사람들이 돌아갈 곳이 됨을 말한다. 대부

---

140) 백성들에게 드러내니 : 「만장상」의 "만장이 말하였다. '요임금이 천하를 순임금에게 주셨다고 하니,'[萬章曰 堯以天下與舜]" 조에 나온다.
141) 동래(東萊) : 송나라 학자인 여조겸(呂祖謙, 1137~1181)의 호. 자는 백공(伯恭), 시호는 성(成)이다. 주희(朱熹)·장식(張栻)과 동남삼현(東南三賢)으로 일컬어졌다. 그로 인하여 무학(婺學)파가 만들어졌다. 저서로는 『고주역(古周易)』·『동래박의(東萊博議)』·『춘추좌씨전설(春秋左氏傳說)』 등이 있다.
142) 이윤이 …… 되어 : 「만장상」의 "만장이 말하였다. '사람들이 말하기를,'[萬章 問曰 人 有言]" 조의 주에 나온다.
143) 경대부 : 「고자상(告子上)」의 "맹자가 말하였다. '천작이 있으며 인작이 있으니'[孟子曰 有天爵者 有人爵者]" 조에 나온다.
144) 백호통(白虎通) : 반고(班固)가 찬집(撰集)한 『백호통의(白虎通義)』를 말한다. 후한(後漢)의 장제(章帝)가 여러 학자를 백호관(白虎觀)에 모아 놓고 오경(五經)의 동이(同異)를 변정(辨正), 토론(討論)케 한 내용을 담고 있다.

大夫는 사람들을 크게 부축하여 나가게 하는 사람이다." 하였네.

문 "부용附庸"145)

답 『예기』「왕제王制」의 주에 "백성의 공功을 용庸이라 한다. 공로功勞가 대국에 붙어서 천자에게 이르기 때문에 '부용附庸'이라 한다." 하였네.

문 주의 "잘 회복하면 천지의 본성이 그대로 보존된다.[善反之則天地之性 存焉]"146)

답 반反은 "탕임금과 무왕武王께서는 성性을 회복하였다."147)의 반 자와 같을 것이네. 반은 몸에 돌이켜 회복함을 말하니, 배워서 맑지 않고 아름답지 않은 기질을 변화시킨다면 천지의 성性이 혼연히 기질 속에 모두 갖추어지네. 그러므로 "잘 회복하면 천지의 본성이 보존된다." 하였네. 선반善反은 잘 변화한다와 같은 말이네.

문 주의 "사물에 있음을 '리'라 하고 사물에 대처함을 '의'라 하니[在物爲理 處物爲義]"148)

답 설 문청薛文淸의 『독서록讀書錄』에 "군주가 어질고 신하가 공경하며 아비가 자애롭고 자식이 효도하는 것과 같은 유는 모두 물物의 이치에 달려 있다. 여기에서 처리하여 각자 그 마땅함을 얻는 것이 바로 물物에 대처하는 의義이다." 하였네.

---

145) 부용 : 「만장하」의 "북궁기가 물었다. '주 나라 왕실에서 작록을 반열함이 어떠하였습니까?[北宮錡問曰 周室班爵祿也 如之何]" 조에 나온다.

146) 잘 …… 된다 : 「고자상」의 "공도자가 말하였다. '고자는 성은 선함도 없고 불선함도 없다고 말하였고'[公都子曰 告子曰性 無善無不善也]" 조의 주에 장자(張子)가 한 말이다.

147) 탕 …… 회복하였다 : 「진심하(盡心下)」의 "맹자가 말하였다. '요 임금과 순 임금은 성대로 하셨고' [孟子曰 堯舜 性者也]" 조에 나온다.

148) 사물에 …… 하니 : 「고자상」의 "맹자가 말하였다. '풍년에는 자제들이 의뢰함이 많고'[孟子曰 富歲 子弟多賴]" 조의 주에서 정자(程子)가 한 말이다.

문 "이른 새벽의 맑은 기운에[平旦之氣]"149)

답 이를 살펴보니 '기운이'는 틀렸고 '기운에'라고 하여야 하네. 대개 좋아하고 미워함이 남과 서로 가까운 것은 기氣의 작용이 아니네. 이른 새벽의 맑은 기운으로 인하여 양심이 발현하기 때문에 좋아하고 미워함이 바름을 얻게 되는 것일 뿐이네. 만약 '기운이'라고 한다면 기운이 양심이라고 인지하는 것이니, 크게 본뜻을 잃었네.

문 "잃어버린 마음을 찾는[求放心]"150)

답 『대학혹문大學或問』에서 혹자가 묻기를, "마음을 잃는다는 것은 의심하는 마음이 일어나 삿되고 망령되이 생각하여서 입니다. 귀로 사특한 말을 들으며 눈으로 부정한 색色을 보며 입으로 도道가 아닌 것을 말하여 손과 발을 움직이고 고요히 할 적에 예禮로써 하지 않는 경우가 모두 잃어버리는 것입니다. 거둔다는 것은 바로 삿되고 망령된 생각의 자리를 끊어서 이어지지 않도록 하여, 귀와 눈·말과 움직임이 모두 그러하도록 하는 것입니다. 이를 거둔다고 말합니까?" 하니, 주자朱子께서 "그렇다."고 말하였네.

문 주의 "삼재가[三才]"151)

답 『회남자淮南子』152)에 "체體로써 말하면 천지이고 용用으로써 말하면 이의二儀[陰

---

149) 이른 …… 기운에 : 「고자상」의 "맹자가 말하였다. '우산의 나무가 일찍이 아름다웠는데'[孟子曰 牛山之木 嘗美矣]" 조에 나온다.
150) 잃어버린 마음을 찾는 : 『사서질의』에는 「고자상」의 "맹자가 말하였다. '인은 사람의 마음이요, 의는 사람의 길이다.'[孟子曰 仁 人心也 義 人路也]" 조에 나오는 원문의 내용으로 보고 주(註)라고 표시하지 않았다. 하지만 『맹자』 본문의 문장은 "그 마음을 잃어버리고 찾을 줄을 모르니[放其心而不知求]"로 되어 있다. 『사서질의』의 인용 문구는 해당 조의 주에 주자(朱子)의 말로 나온다.
151) 삼재가 : 「고자상」의 "공도자가 물었다. '똑같은 사람인데,'[公都子問曰 均是人也]" 조의 주에서 범준(范浚)의 「심잠(心箴)」에 나온다.
152) 회남자(淮南子) : 전한(前漢) 의 회남왕(淮南王) 유안(劉安)이 지은 책 이름이다. 도(道)를 논한 내편(內篇) 21편, 잡설(雜說)을 실은 외편(外篇) 33편, 도합 54편이었는데, 산일(散佚)되고 지금 전하는 것은 내편이라고 한다. 도교(道敎)를 중심으로 세상일을 논한 백과전서류의 책이다.

陽]이다. 이의를 재才라고 말하는데, 재라는 것은 용의 드러남이다. 그러므로 천天·지地·인人을 삼재라고 한다." 하였네.

문 "격하여질 수 없으니[不可磯]"153)

답 부딪치는 것은 물가의 돌인데 튀는 것은 물이며, 잘못을 한 사람은 어버이인데 원망하는 사람은 아들이네. 물가의 돌에 잔잔하게 부딪치는데도 물이 갑자기 튀는 것으로 어버이의 잘못이 적은데도 자식이 급히 원망하는 것을 비유하였네. 물가의 돌은 어버이를 가리키며, 물은 자식을 가리키네.

문 "음성과[聲音]"154)

답 『운서韻書』에서 단음單音을 성聲이라 하고 잡음雜音을 음音이라 하였네.

문 "(바다를 구경한 자에겐) 큰물이 되기 어렵고 (성인의 문하에서 유학한 자에겐) 훌륭한 말이 되기 어렵다.[(觀於海者) 難爲水 (遊於聖人之門者) 難爲言]"155)

답 『혹문或問』에서 여 시강呂侍講156) 이 말하기를, "천하의 물 중에 바다보다 넓은 것이 없어서 바다를 보고 수많은 시내를 살펴보면 수많은 시내가 모두 가는 지류支流가 되기 때문에 큰물이 되기 어려우며, 성인의 문하에 유학하여 요堯·순舜·주공周

(『四庫全書總目提要·子部』)

153) 격해질 수 없으니 : 「고자하」의 "공손추가 물었다. '고자는 소반시를 소인의 시라고 하였습니다.'[公孫丑問曰 告子曰小弁 小人之詩也]" 조에 나온다.

154) 음성과 : 「고자하」의 "노나라가 악정자에게 다스리게 하려고 했는데,[魯欲使樂正子 爲政]" 조에 나온다.

155) 바다를 …… 어렵다 : 「진심상(盡心上)」의 "맹자가 말하였다. '공자께서 동산에 올라 노 나라를 작게 여겼고,'[孟子曰 孔子登東山而小魯]" 조에 나온다.

156) 여 시강(呂侍講) : 송나라 때 시강을 지낸 여희철(呂希哲, 1039~1116)을 말한다. 자는 원명(原明), 변경인(汴京人)이다. 범조우(范祖禹)의 추천을 받아 숭정전 설서(崇政殿說書)를 지냈다. 정이(程頤)와 나이가 서로 비슷하였지만, 정이의 학문을 깊이 존경하여 나중에는 스승으로 섬겼다. 저서로는 『형양공설(滎陽公說)』·『여씨잡기(呂氏雜記)』 등이 있다.

公·공자孔子의 도를 들으면 제자백가諸子百家의 설이 모두 좋아하기에 부족한 줄을 알기 때문에 훌륭한 말이 되기 어렵다." 하였네.

문 "비록 보존되지 못함이 있더라도 적을 것이요[雖有不存焉者 寡]"157)

답 천리天理와 인욕人欲은 서로 소식消息하네. 욕심이 줄어들면 천리가 비록 보존되지 못하더라도 보존되지 못함이 적으니 보존된 것이 많음을 말하며, 욕심이 많으면 천리가 비록 보존됨이 있더라도 보존됨이 적으니 보존되지 못한 것이 많음을 말하네.

『중용中庸』

문 「서문序文」의 "인심과 인욕[人心人欲]"

답 인심人心은 인욕의 근본이며 인욕人欲은 인심의 유행流行이네. 형기形氣에 의하여 생겨나는 마음은 성인도 없을 수 없네. 그러므로 단지 인심이라고 말할 수 있지만 바로 인욕이 되지는 않네. 그런데 인욕의 일어남이 실로 인심에서 연유하기 때문에 "인욕의 근본이다." 하였네. 물욕物欲에 빠진 뒤에 바로 인욕이라 이름하니, 인심을 다르게 부르는 것이네.

문 「서문」의 "뒤섞어 참고하고[更互]"

답 살펴보니, 『사기史記』에서 경更은 단서를 바꾸는 것이요, 호互는 말을 섞는 것이라 하였네.

---

157) 비록 …… 것이요 : 「진심하(盡心下)」의 "맹자가 말하였다. '마음을 수양함은 욕심은 적게 하는 것보다 좋은 것이 없으니[孟子曰 養心 莫善於寡欲]" 조에 나온다.

문 「서문」의 "문인이[門人]"

답 살펴보니, 모두 정자程子의 문인門人일 것이네.

문 "하늘이 명한 것을 성이라 (말하고)[天命之(謂)性]"158)

답 『혹문或問』에 명命은 원元·형亨·이利·정貞이요, 성性은 인仁·의義·예禮·지智라고 하였네.

문 "본성을 따르는 것을 도라 (말하고)[率性之(謂)道]"

답 주註159)에서 주자朱子께서 말하기를, "솔성率性은 사람이 따르는 것이 아니다." 하였으며, 또 말하기를 "이 솔率 자는 힘을 쓴다는 자字가 아니다." 하였으며, 또 말하기를 "순循 자는 도道를 행하는 사람에 대하여 말하는 것이 아니다." 하였네. 그러므로 본성을 따르다는 설이 비록 지나친 듯하더라도 실제로는 옳네.

문 "도를 마름하여 놓은 것을 교라 (말한다.)[修道之(謂)教]" 근세에 『중용中庸』의 첫 세구를 체용體用·중화中和·비은費隱 및 지인용智仁勇으로 나누고, 또 첫 세 구를 『대학大學』의 삼강령三綱領에 분배하는데, 어떻습니까?

답 지금 살펴보니, 이 몇 가지 학설들을 지금 사람들이 모두 조심스럽게 지키고 이설異說을 제기하지 않네. 그러나 성性을 체體라고 중中이라고 은隱이라고 말하며, 도道를 용用이라고 화和라고 비費라고 말하며, 교敎를 또한 용用이라고 또한 비費라고 말한다면 그러하네. 지智·인仁·용勇과 같은 것은 바로 덕행德行의 이름인데, 어찌 억지로 여기에 끌어다가 부치겠는가?

성性이 마음을 단속함을 알지 못하고 인仁을 수행에 소속시키는데, 그렇다면 인을 성에 짝하게 되니 틀렸네. 주자께서 말하기를, "성을 따름은 도를 행하는

---

158) 하늘이 …… 말하고 : 『중용』 제1장에 나온다. 아래의 두 항도 출전이 같다.
159) 주(註) : 인용한 내용은 『중용』의 소주(小註)에 나온다.

사람에 대하여 말한 것이 아니다." 하였으며, 또 말하기를, "솔率은 사람이 따르는 것이 아니다." 하였네. 이는 바로 인물이 각자 자연의 성을 따르는 것을 말하네. 지智라면 앎에 소속시키니, 바로 중용을 가리는 일이네. 그렇다면 지智를 도道에 짝하게 되니, 또한 틀렸네.

교教로써 지智라고 한 경우는 비록 성물成物의 지智와 서로 비슷하나 그것은 저 성기成己의 인仁과 상대하여 말한 것이지, 이 뜻과는 같지 않네. 세 가지 모두 사람이 덕을 닦고 도를 행한다는 뜻이 아니니, 또 어찌 쉼 없는 용勇이 된다는 뜻이 있겠는가?

또 이 세 가지를 삼강령三綱領에 분배하는 것은 더욱 이치에 없는 일이네. 성이 명덕明德이 된다고 한 것은 비록 이치에 가까우나 성이라는 것은 인물이 받은 공공의 깊고 은미한 이치이며, 명덕은 바로 사람이 얻은 영험하고 밝아 모두 포괄하는 이름을 가리킨다고 한다면 이치는 비록 본래 같더라도 이름을 얻은 이유이고 보면 약간의 다름이 없을 수는 없네.

만약 솔성率性이라면 밝히는 공부가 있지 않으며, 도道를 마름해 놓는 교教도 새롭게 한다는 의미가 없네. 성性·도道·교教가 이름을 얻은 이유가 모두 의리義理라는 이름을 평평하게 편 것이라고 한다면 지선至善에 그쳐 그 지극함을 쓰지 않음이 없는 것과는 또한 뜻이 같지 않네.

또 존양存養을 인仁이라고 하며 성찰省察을 지智라고 하며 세 가지의 일에 스스로 힘써하는 것을 용勇이라고 하는데, 이는 그러하다네. 다만 자사子思[160]의 본래의 뜻에는 여기에 삼달덕三達德의 의사가 없었을 뿐이네.

대체로 의리義理는 본래 동일한 하나의 근원이라서 만약 비슷하여 서로 가까운 것을 취하여서 합하여 말한다면 어떻게 합하여지지 않겠는가? 다만 말을 한 본 뜻과 글 뜻의 취지는 각자 마땅한 바가 있어서 터럭과 같은 은미한 부분에 같고 다름이 있네. 오늘날 사람들은 기필코 다른 것을 억지로 합하여 같게

160) 자사(子思) : 백어(伯魚)의 아들이며 공자의 손자인 공급(孔伋)의 자이다. 공자의 뜻을 기술하여 「중용(中庸)」을 찬하였다고 전해진다.

하려고 하네. 이 때문에 파고들수록 더욱 어긋나고 뒤섞이며 가려져서 도리어 대의大義를 잃어버리네. 또 첫 세 구는 천도天道가 되며, 계신戒愼·공구恐懼와 신독愼獨은 인도人道가 되네. 여기 세 구에서 천도天道와 인도人道를 나누는 것은 마땅하지 않네.

문 주의 "건순·오상의 덕을[健順五常之德]"[161]은 사람에게 있어서는 맞지만, 물物에 있어서도 또한 병칭할 수 있습니까?

답 만물이 체를 달리하는 측면에서 살펴본다면 물物은 치우치고 막혀서 온전한 건순健順·오상五常의 덕을 갖추지 못하며, 한 이치를 고르게 부여받은 측면에서 말한다면 물物마다 천연히 성이 절로 있지 않음이 없네. 대개 기가 비록 그냥 물에 막혀 있더라도 리는 기에 의하여 사로잡히지 않네. 그러므로 말하기를, "만물萬物은 각각 한 태극太極을 갖추고 있다." 하였네. 또 말하기를, "리理로써 말하면 온전하지 않음이 없으며, 기氣로써 말하면 치우치지 않을 수 없다." 하였네. 「장구」의 이 자리에서는 하늘이 명한 성性을 설명하였기 때문에 통체統體[162]의 같은 자리에서 말하였을 뿐이네.

문 소주小註의 "『대학』은 덕에 들어가는 책이니 배우는 자의 일이며, 『중용』은 도를 밝히는 책이니 가르치는 자의 일이다.[大學 入德之書 學者事也 中庸 明道之書 敎者事也]" 그렇다면 배우는 자는 『중용』의 도에 능할 수 없으며, 가르치는 자는 『대학』의 도를 익히지 못합니까? 『중용』과 『대학』이 겉과 속이 되는 이유는 어디에 있습니까?

답 『대학』은 몸을 닦는 근본이고 덕德에 들어가는 문이므로 "배우는 자의 일이다."

---

161) 건순·오상의 덕을 : 『중용』 제1장의 "하늘이 명한 것을 성이라 말하고[天命之謂性]" 조의 주에 나온다.

162) 통체(統體) : 자연세계 전체의 보편의 원리를 통체태극(統體太極)이라고 한다. 리(理)를 달리 부르는 말이다.

하였으며, 『중용』은 도를 밝히는 책이고 마음을 전하는 법이므로 "가르치는 자의 일이다." 하였네. 그러나 몸을 닦아 덕에 들어가는 학문이 아니면 도를 밝히고 마음을 전하는 가르침을 펼 길이 없으며, 도를 밝히고 마음을 전하는 가르침이 아니면 몸을 닦아 도에 들어가는 학문을 궁구하지 못하네. 이는 『중용』과 『대학』이 서로 겉과 속이 되는 이유이네.

문 "도라는 것은 잠시도 떠날 수 없으니[道也者 不可須臾離]"

답 여기서 도道 자는 바로 윗글의 '성을 따르는 것을 도라 말하고'의 도 자이네. 떠날 수 없음은 도를 행하는 사람에게 말한 것이 아니네.

문 "홀로를 삼가는 것이다.[愼其獨]"

답 어떤 사람이 말하기를, "『중용』은 가르치는 자의 일이므로 필必 자가 없으며, 『대학』은 배우는 자의 일이므로 필 자를 더하였다." 하였네.

문 "기뻐하고 노하고 슬퍼하고 즐거워하는[喜怒哀樂]"에서 칠정七情 가운데 단지 기뻐함·노함·슬퍼함·즐거워함만을 말한 것은 생략된 문장입니까? 기뻐함과 즐거워함은 서로 겹치지 않습니까? 『중용』에서는 기뻐함·노함·슬퍼함·즐거워함을 말하였으며, 『대학』에서는 성냄·두려워함·좋아함·걱정함을 말하였는데, 같지 않은 것은 왜입니까?

답 공자께서는 인의를 말하면서 사덕四德을 갖추어 거론하지 않았으나 맹자에게 와서 비로소 말하였으며, 자사는 사정四情을 말하면서 칠정을 모두 거론하지 않았으나 『예기』에 와서 비로소 말하였네. 이는 생략된 문장이 아니라 의리義理가 그 속에서 혼연하기 때문이네. 기뻐함은 노함과는 대對가 되지만 슬퍼함과는 대가 될 수 없으며, 즐거워함은 슬퍼함과 대가 되지만 노함과는 대가 될 수 없고 보면 기뻐함과 즐거워함이 겹치지 않는 것을 알 수 있네. 『중용』의 기뻐함·노함·슬퍼함·즐거워함과 『대학』의 성냄·두려워함·좋아함·걱정함은 적당한 것을 각각 들어서 말한 것이지, 특별히 깊은 뜻이 그 사이에 있는 것은 아니네. 굳이 같지 않음을 논하려고 한다면 억측이네.

문 "중니께서 말하였다.[仲尼曰]"163)

답 예전에는 살아서 작위가 없고 죽어서 시호가 없으면 자손들이 할아버지에게 또한 이름으로 불렀을 뿐이네. 주나라 사람들은 관례冠禮를 치르면 자字를 지어서 그 이름을 높였으며 죽으면 시호를 지어서 그 이름을 피하였으니, 이는 참으로 꾸민 글이네. 그러나 그 자를 피한 일은 없었네. 만약 '공자'라고 한다면 도외시하는 말이 되며, 또 공孔이라는 성은 통칭通稱이네. 만약 '부자'라고 한다면 또 당시 뭇사람들이 서로 부르는 통칭이네. '중니'라고 하지 않고 무엇이라 하겠는가? 중니라고 부름은 높이면서 가까이 한 것이네.

문 "중용을 가려서[擇乎中庸]"164)에서 중용을 어찌 가릴 수 있습니까? 가리는 것은 어떻게 하는 것입니까?

답 여기서 가린다고 한 것은 널리 배우며 자세히 물으며 독실히 행하며 생각하여 얻는 것과 같네. 그러므로 "중용을 가려서"라고 하였네.

문 "중용은 능할 수 없다.[中庸 不可能也]"165)

답 혹설或說에 "관중管仲의 천하를 한 번 바로 잡음이 고르게 다스릴 수 있을 듯하였으나 인의仁義로 위장하였고 보면 중이 아니다. 신문晨門166)과 하조荷蓧167)가 사양할

163) 중니께서 말하였다 : 『중용』 제2장 첫 구절에 나온다.
164) 중용을 가려서 : 『중용』 제7장의 "공자께서 말하였다. '사람들은 모두 내가 지혜롭다고 하지만[子曰 人皆曰予知]" 조에 나온다.
165) 중용은 …… 없다 : 『중용』 제9장의 "공자께서 말하였다. '천하를 고르게 다스릴 수 있으며'[子曰 天下國家 可均也]" 조에 나온다.
166) 신문(晨門) : 새벽에 성문을 열어 주는 일을 맡은 사람으로, 은자를 말한다. 자로(子路)가 석문(石門)에서 유숙하였는데, 문을 지키던 자가 자로에게 어디서 왔냐고 물었다. 이에 자로가 공씨(孔氏)에게서 왔다고 하니, 문을 지키던 자가 조롱하며 말하기를, "불가능한 줄을 알면서도 하는 자를 말하는가?[是知其不可而爲之者與]" 한 데서 유래한다.(『論語』「憲問」)
167) 하조(荷蓧) : 지팡이로 삼태기를 메고 있는 사람으로, 은자를 말한다. 뒤쳐진 자로가 지팡이로 삼태기를 맨 어른을 만나 공자의 행방을 물었다. 그러자 어른이 조롱하며 말하기를, "사지를

수 있을 듯하였으나 과감함에 오로지하였고 보면 중이 아니다. 소홀召忽[168]의 죽음이 밟을 수 있을 듯 하였으나 바르지 않음을 섬겼고 보면 중이 아니다." 하였네.

문 "군자의 도[君子之道]"[169]

답 혹문或問에 도道가 비록 천하의 공유하는 것이더라도 군자가 아니면 제대로 알고 제대로 행하지 못한다. 그러므로 특별히 "군자의 도"라고 하였네.

문 "큰 것을 말할진댄 (천하가 싣지 못하며) 작은 것을 말할진댄 (천하가 깨트리지 못한다.)[語大 (天下莫能載焉) 語小 (天下莫能破焉)]"[170]

답 「이십칠장」의, "성대하게 (만물을) 발육發育하여"는 바로 큰 것을 말한 것이며, "넉넉히 크도다. 예의禮儀가 300가지요, 위의威儀가 3,000가지이다."는 바로 적은 것을 말한 것이네. 요씨饒氏[171]의 설에 보이네.

문 "(큰 것을 말할진댄 천하가) 싣지 못하며 (작은 것을 말할진댄 천하가) 깨뜨리지 못한다.[(語大 天下)莫能載焉 (語小 天下)莫能破焉)]"

답 도道는 한정된 양이 없기 때문에 실을 수 없으며, 도는 틈이 없기 때문에 깨뜨릴

움직이지 않고 오곡을 분별하지 못하니 누구를 부자라고 하는가?[四體不勤 五穀不分 孰爲夫子]" 한 데서 유래한다.(『論語』「微子」)

168) 소홀(召忽) : 제(齊)나라 양공(襄公)이 무도(無道)하자, 포숙아(鮑叔牙)는 공자(公子) 소백(小白)을 모시고 거(莒)나라로 망명하였으며, 관중(管仲)과 소홀은 공자 규(糾)를 모시고 노(魯)나라로 망명하였다. 이후 규가 정치적으로 패배를 하게 되자, 소홀은 규를 위하여 죽었다.(『春秋左氏傳』「莊公九年」)

169) 군자의 도 : 『중용』 제14장의 첫 구절에 나온다.

170) 큰 …… 못한다 : 『중용』 제27장에 나온다.

171) 요씨(饒氏) : 송나라 경학자 요로(饒魯, 1193~1264)를 말한다. 자는 백여(伯輿), 호는 쌍봉(雙峯), 여간(餘干) 사람이다. 황간(黃榦)의 제자로, 경학(經學)에 조예가 깊었다. 저서로는 『오경강의(五經講義)』·『논맹기문(論孟紀聞)』·『춘추절전(春秋節傳)』·『학용찬술(學庸纂述)』·『근사록주(近思錄注)』 등이 있다.

수 없네. 한편 말하기를, "천하의 힘을 다하여도 싣지 못하며 천하의 앎을 다하여도 깨트리지 못한다." 하였네. 다만 틈이 없다고 말한 것은 모양이 없다는 말과는 다를 뿐이네.

문 "솔개는 날아 하늘에 이르거늘 물고기는 연못에 뛰논다.[鳶飛戾天 魚躍于淵]"172) 에서 솔개가 날고 물고기가 뛰는 것은 반드시 리理와 기氣가 그렇게 만드는 것입니다. 그런데 소주小註에서 주자는 말하기를, "날게 하는 것과 뛰게 하는 것은 리이다." 하였습니다. 그렇다면 기는 관여하지 않습니까?

답 나는 것과 뛰는 것은 참으로 이 기氣이지만 날게 하는 것과 뛰게 하는 것은 바로 리理이네. 그러나 자사子思가 이 시를 인용한 뜻은 본래 기에 있지 않네. 단지 이 두 가지 일에서 이 리理의 본체本體가 드러나 보이고 묘용妙用이 드러나 운행하는 묘한 현상의 생동감 넘치는 자리를 관찰한 것일 뿐이네. 그러므로 『장구章句』에서, "이 리理의 용이 아님이 없다." 하였네. 어떻게 기氣가 관여하였는지 관여하지 않았는지를 물을 수 있겠는가?

문 "상하에 드러남이다.[上下察]"

답 인도人道의 측면에서 말한다면 상上은 아마도 군주와 부모·지아비와 형이며, 하下는 아마도 신하와 자식·아우와 아내이네.

문 "귀신의[鬼神]"173) 에서 천지天地·상제上帝·귀신鬼神이 이름은 비록 다르더라도 실지는 같습니까?

답 『정전程傳』에서 건괘乾卦를 풀며, "천天은 오로지 도를 말하였다. 형체形體로써 말하

---

172) 솔개는 …… 뛰논다 : 『중용』 제12장에서 인용한 『시경』 「대아(大雅)·한록(旱麓)」 편의 내용이다.
173) 귀신의 : 『중용』 제16장의 첫 구절에 나온다.

면 천天이며, 성정性情으로써 말하면 건乾이며, 주재主宰로써 말하면 제帝이며, 공용功用으로써 말하면 귀鬼이며, 묘용妙用으로써 말하면 신神이다." 하였네. 지금 살펴보니, 단지 음양陰陽의 조화인데 다만 가리키는 바를 따라 말이 달라졌을 뿐이네.

문 "순임금은 대효이시다.[舜 其大孝]"174)

답 혹설或說에, "특별히 순임금을 말한 것은 순임금이 인도의 극이 되고 인륜의 변고를 대처함에 중용의 도를 다할 수 있어서이다." 하였네.

문 "근심이 없는 사람은 오직 문왕이시다.[無憂者 其惟文王]"175)

답 혹설에 "특별히 주나라를 거론한 것은 주나라가 왕제王制를 갖추어 만세토록 이어가니, 바꿀 수 없어서이다. 문왕은 평상적인 부자의 자리에서 중용의 도를 다할 수 있었으며, 무왕은 변화하는 군신의 자리에서 중용의 도를 다할 수 있었으며, 주공은 아름다운 제도를 정하면서 중용의 도를 다할 수 있었다." 하였네.

문 "부모의 뜻을 잘 계승하며[善繼人之志]"176)

답 혹설에 "아버지라 하지 않고 사람이라 말한 것은 나의 효도만이 아니라, 바로 천하 사람들이 함께 그러하기 때문이다." 하였네.

문 "문왕과 무왕의 정사가[文武之政]"177)에서 요순堯舜의 도로 대답하지 않고 단지 문무의 정사를 거론한 것은 왜입니까?

답 단지 정사는 물었으나 도를 묻지 않았으니, 도로써 대답하지 않고 정사로 한

---

174) 순 …… 대효이시다 : 『중용』 제17장의 첫 구절에 나온다.
175) 근심이 …… 문왕이시다 : 『중용』 제18장의 첫 구절에 나온다.
176) 부모의 …… 계승하며 : 『중용』 제19장의 "공자께서 말하였다. '주공과 무왕은 통용되는 효도이다.'[子曰 武王周公 其達孝矣乎]" 조에 나온다.
177) 문왕과 …… 정사가 : 『중용』 제20장의 "애공이 정치를 물었다.[哀公 問政]" 조에 나온다.

것을 어찌 의심할 수 있겠는가? 하물며 주나라의 정사가 도에 가깝고 또 구비되어 있음에 이겠는가?

문 "도 닦음을 인으로써 하여야 한다.[修道以仁]"

답 소주에, 주자께서 말하기를 "도는 의리라서 공공의 이름이요, 인은 인심이라서 친절한 묘함이다." 하였으며, 진씨가 말하기를 "도에 뜻을 두었으면서도 저들은 향할 바를 알지 못한다. 인이고 보면 바로 돌아가 머무는 자리이고 용공用功의 친절한 곳이다. 만약 도 닦음만을 말한다면 공공의 의리가 넓어 지경이 없어서 붙여 둘 곳이 없다. 그러므로 '인으로써' 하였고 보면 인심人心의 친절한 묘함과 용공用功의 돌아가 머무는 자리를 바로 지적하여 도를 닦는 첫 머리로 여긴 것이다. 그렇다면 인은 도를 닦아 얻게 되는 효험이 아니요, 바로 도는 인을 행함으로 인하여 밝아지는 것이다." 하였네. 진씨陳氏[178]가 『장구章句』의 "그 몸을 인하게 한다."는 세 글자의 정묘함을 기리며 "도로써 몸을 닦고 인으로써 도를 닦는다."는 여덟 글자의 뜻을 포괄한다고 여긴 것에서 또한 볼 수 있네.

문 "붕우간의 사귐.[朋友之交]"

답 부자간에 선을 요구함이 은혜를 크게 해침은 군신간의 간쟁이 의義를 가르는 톱이며, 부부간에 서로 헐뜯음이 집안을 가르는 칼이며, 형제간에 서로 비난함이 가정을 문란하게 하는 도이네. 그러나 오직 붕우간에 사귀는 것은 어려움을 요구하는 것으로 말할 수 있네. 그러므로 붕우의 아래에 특별히 한 교交 자를 두었을 뿐이네.

문 "(천지의) 화육을 도운다.[贊(天地之)化育]"·"(천지의) 화육을 아니,[知(天地之)

178) 진씨(陳氏) : 원(元)나라 진력(陳櫟, 1252~1334)을 말한다. 자는 수옹(壽翁), 호는 신안(新安), 휴녕인(休寧人)이다. 주자의 학통을 존숭하였는데, 송나라가 망하자 은거하여 저술에 힘썼다. 저서로는 『상서집전찬소(尙書集傳纂疏)』·『역대통략(歷代通略)』·『근유당수록(勤有堂隨錄)』·『정우집(定宇集)』 등이 있다.

化育]" 제22장에서 이미 '천지의 화육化育을 도운다.' 하였는데, 제33장에서 또 '천지의 화육을 안다.' 하였습니다. 도우는 일과 아는 일이 경중輕重과 천심淺深의 차이가 있습니까?

답 화육을 도움은 행의 입장에서 말한 것이니 지극히 성실한 공이 조화에 도움이 있음이요, 화육을 앎은 지의 입장에서 말한 것이니 지극히 성실한 마음이 천지의 이치와 차이가 없네. 말이 각각 지적하는 것은 있어도 경중輕重과 천심淺深의 차이는 없네.

문 "내외를 합한[合內外]"179)

답 지금 이 설說의 뜻을 살펴보니, 자신을 이루고 남을 이루는 극치는 닦음을 빌리지 않는다고 여겼기 때문에 "내외內外가 합하여서는"이라고 하였네. 『장구』의 "내외의 분별이 없다."180)는 말을 근거로 하여 또한 성실을 알았다는 설이 될 듯하고 보면 이 설이 합당한 듯하네. 그러나 소주小註에서 주자朱子께서 "능히 내외의 도를 합한다." 하였으며, 쌍봉雙峯 요씨饒氏가 "내외를 합하여 하나의 도리로 삼는다." 하였네. 신안新安 진씨陳氏가 또 말하기를, "내외를 합한다는 설이 여럿인데, 살펴보면 어찌 모두 닦음을 빌리지 않고 내외가 저절로 합해짐을 말하는 것이겠는가? 하물며 이 장에서 인도人道가 참으로 밝음에서부터 성실해지는 일임을 말하고 있음에 이겠는가?" 하였으며, 또 "내외가 합하여져서 내외를 합한다."고 말하지 않았는가? 당연히 "내외를 합한 도이다."하여야 하니, 다시 무슨 의문을 가지겠는가?

문 "나는 밝은 덕이 음성과 낯빛을 대단하게 여기지 않음을 생각한다.[予懷明德 不大聲以色] -예전에는 이以 자와 여與 자를 통용하였다.-

답 명덕은 바로 덕을 밝힌 사람이네. 대大는 '귀하다'·'주장하다'와 뜻이 같네.

---

179) 내외를 합한 : 『중용』 제25장의 "성이라는 것은 자신을 이룰 뿐만 아니라[誠者 非自成己而已也]" 조에 나온다.
180) 내외의 분별이 없다 : 주179)에서 인용한 조의 주에 나온다.

「체용도體用圖」를 붙여둔다.

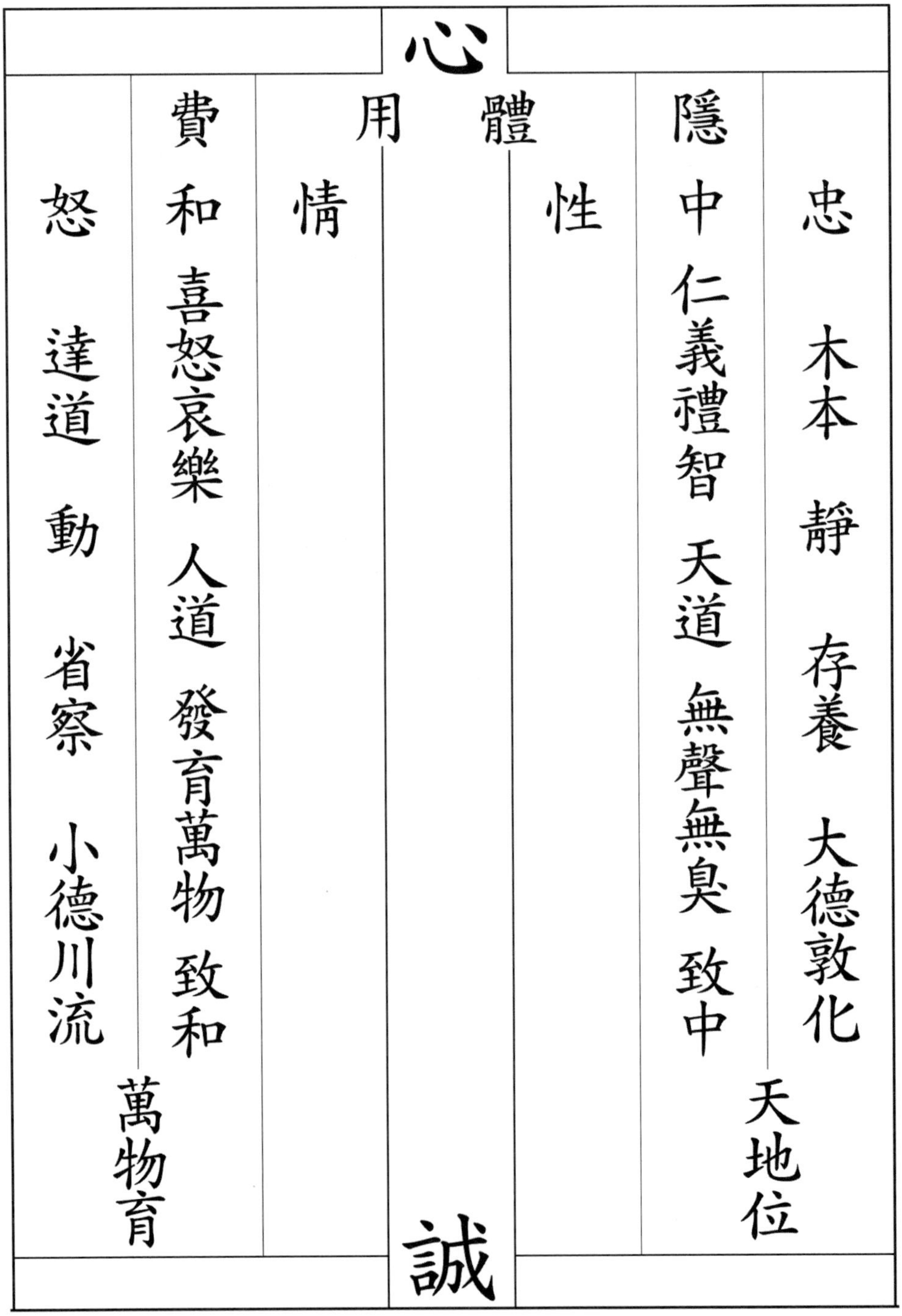

『대학』

문 서문序文의 "억조의 군주와 선생으로 삼아서 그에게 다스리고 가르치도록 하여[以爲億兆之君師 使之治而敎之]"에서 신농씨神農氏·황제씨黃帝氏의 시대이고 보면 군주의 다스림은 지극한데, 선생의 가르침은 알려지지 않은 것은 왜입니까?

답 상고 시대에는 풍속이 섞이지 않고 백성들의 성품이 순후하여 말하지 않아도 믿고 하지 않아도 다스려졌으니, 선생의 가르치는 방도를 후세와 같이 갖출 필요는 없네. 또 관리를 두어 가르침을 베푸는 일이 더러 있었는데, 빠트려져서 전하여지지 않은 것인가? 굳이 의문을 가지고 캐물을 필요는 없네.

문 서문의 "일체[一切]"

답 일체一切는 '한결같이'와 같은 말이네. 말하자면, 권모술수權謀術數하는 자들은 모두 시비是非를 돌아보지 않고 의리義利를 가리지 않아 반드시 공명功名을 이룬 후에야 그만 두네. 그러므로 '일체'라고 말하였네. 만약 우리 유자儒者라면 그렇지 않으니, 도道에 맞지 않다면 바로 스스로 그만둘 뿐이네.

문 "사물의 이치가 이른[物格]"181)

답 "사물 이치의 지극한 곳이 이르지 않음이 없다."182)를 낙봉駱峯183) 신공申公이 "사물의 이치에 지극한 곳이 이르지 않음이 없다."라고 해석하였네. 이어서 살펴보니, '전10장'의 마지막184) 장을 지적하며 "가령 말하자면 이 책을 읽으며 권의

181) 사물의 이치가 이른 : 『대학』 경1장에 나온다.
182) 사물 …… 없다 : 『대학』 경1장에서 물격(物格)의 의미를 설명한 주자(朱子)의 말이다.
183) 낙봉(駱峯) : 신광한(申光漢, 1484~1555)의 호. 자는 한지(漢之), 다른 호는 기재(企齋), 본관은 고령(高靈)이다. 1510년 문과에 급제하여 승문원 박사(承文院博士)·대사성(大司成)·좌찬성(左贊成) 등을 역임하였다. 문장에 능하고 필력이 뛰어났다. 저서로는 『기재집』이 있다.
184) '전10장'의 마지막 : '전10장'은 『대학』을 말한다. 마지막은 극처를 말한다. 『퇴계선생문집』의

처음부터 이곳까지 다하지 않음이 없다."[185] 하였네. 참으로 이러한 뜻을 안다면 비록 '지극한 자리에'라고 번역하여도 괜찮네. 또 말하기를, "지극한 곳에 이른다는 것은 궁구함이 지극하여 이곳에 이를 뿐이네. 일찍이 이 복고李復古의 설을 살펴보니 '마음이 지극한 곳에 이른다.'고 하였는데, 이 설은 잘못되었네. 만약 마음이 이른다고 한다면 '그침을 아는' 일에 포함될 것이요, '사물의 이치에 이르는' 일은 아니다." 하였네.

지금 신공申公의 이 설을 살펴보니, 매우 정미하네. 내가 젊어서 성균관에 입학하였을 때, 윤탁尹倬[186] 공이 대사성大司成으로 있었네. 일찍이 '사물의 이치가 이른' 조 주註의, '지극한 곳'의 토에 대하여 물었더니, 윤공尹公이 말하기를, "'이'라고 해야 한다."하였네. 다시 "이치의 지극한 자리가 저절로 내 마음에 이르는 것입니까?"라고 물었더니, 공은 다만, "아니다." 하고는, 아닌 이유를 말하지는 않았기 때문에 매번 자세히 물어보지 못하였던 것을 한스러워하였네.

문 "마음을 바르게 함과 뜻을 성실하게 함[正心 誠意]"

답 지금 살펴보니 "그 마음을 바르게 해오고 그 뜻을 성실하게 해오다."라고 한다면 이쪽에서 저쪽을 부린다는 의미가 있는 듯하네. "바르게 하고 성실하게 하고"라고 하여야 하네.

문 "능히 밝은 덕을 밝힌다.[克明德]·능히 큰 덕을 밝힌다.[克明峻德]"[187]에서 성인의

「격물물격속설변의(格物物格俗說辨疑)」에는 「요왈(堯曰)」의 마지막을 『논어』의 극처라고 하며 「진심(盡心)」장의 마지막을 『맹자』의 극처라는 표현이 나온다.

185) 만약…… 말한다 : 『퇴계선생문집』의 「격물물격속설변의(格物物格俗說辨疑)」를 살펴보면, 『사서질의』의 '무불진야(無不盡也)' 아래에 '어찌 불가하리요?[豈不可也]'가 신광한이 한 말로 나온다. 이 곳에서 다르게 기록한 이유를 알 수 없어 다만 밝혀둔다.

186) 윤탁(尹倬, 1472~1534) : 자는 언명(彦明), 호는 평와(平窩), 본관은 파평(坡平)이다. 1501년 문과에 급제하여 사관(史官)·대사성(大司成)·성균관 동지사(成均館同知事) 등을 역임하였다. 학문이 높아 조광조(趙光祖) 등 여러 대신들에게 도학(道學)을 가르쳤고 송인수(宋麟壽)·이황(李滉) 등이 그의 가르침을 받았다.

덕은 본래 광명한데, 왜 능히 밝힘을 기다려야 합니까?

답 천도가 그침이 없으니, 문왕이 순수하여 또한 그침이 없었네. 대개 비록 성인이더라도 조금의 틈이 생겨 더러 게으르게 된다면 밝히는 공부를 계속하지 못하여 바로 미치광이가 되어[188] 버리네. 그러므로 조심하고 두려워하여[189] 조금의 끊어짐도 없어야 하네. 이 '능히 밝히다.' 두 글자를 제요帝堯와 문왕文王에게 더한 것은 그러한 이유에서이네.

문 "새로워지는 백성을 진작하라.[作新民]"[190]

답 "새로워진 백성을 진작하라하며" ○"새로워지는 백성을" 이것이 옳네.

문 "즐겁게 해 주심을 즐거워하고 이롭게 해 주심을 이롭게 여기니[樂其樂(而)利其利]"[191]

답 "즐겁게 해주셔서는"·"이롭게 해주셔서는"이네. 살펴보건대, 두 설이 모두 옳네.

문 주의, "후현과 우왕을[後賢後王]" 먼저 현자를 말한 뒤에 왕자를 말한 것은 왜입니까?

답 대개 사랑하고 그리워하는 마음을 오직 현자가 독실하게 하기 때문에 먼저 현자를 말하였네.

문 "백성의 마음을 크게 두렵게 하니[大畏民志]"[192]

---

187) 능히 …… 밝힌다. : 전1장에 나오는 「태갑(太甲)」과 제전(帝典)의 말이다.
188) 미치광이가 되어[作狂] : "오직 성인도 생각이 없으면 미치광이가 되고 미치광이도 능히 생각하면 성인이 된다.[惟聖罔念作狂 惟狂克念作聖]"에서 온 말이다.(『書經』「周書·多方」)
189) 조심하고 두려워하여[兢兢業業] : 경계하고 조심하면서 위태롭게 여겨 두려워함을 말한다. 하(夏) 나라 우왕(禹王)에게 고요(皐陶)가 건의한 말이다.(『書經』「皐陶謨」)
190) 새로워지는 …… 진작하라 : 전2장에 나오는 「강고(康誥)」의 말이다.
191) 즐겁게 …… 여기니 :전3장에 나오는 『시경(詩經)』「주송(周頌)·열문(烈文)」의 말이다.

답 지금 살펴보니, 만약 '마음을'이라 한다면 의도적으로 위엄 있게 행동하여 백성들이 두려워하도록 만든다는 혐의에 걸리는 듯하네. 그러므로 차라리 문세를 돌아보지 않고 반드시 '마음이'라고 하였네. 근세에 여러 선생들이 이러한 문자文字를 예에 따라 이러한 뜻으로 풀이하였네. 비록 의도적인 것을 피한다하더라도 의도적이지 않은 곳으로 나간다고 한다면 그럴 듯하네. 문세文勢와 어맥語脈193)이 서로 응하지 않으니 어떻게 하겠는가? '마음을 두렵게 하나니'라고 하여야 하네. 예전에도 이러한 설이 있었네.

문 "성내는 바가 있으면[有所忿懥]"194)

답 "성낼 바가 있으면" 지금 살펴보니, 이 설은 엉성하네. 세유世儒들이 풀이한 것을 따라야 하네. 기대한다는 의미이면 '할 것을'이라고 하며, 편벽되어 매인다는 의미이면 '하는 것을'이라고 하며, 머물러 막힌다는 의미이면 '한 것을'이라고 하네. 유有 자는 또한 모두 '두면'이라고 하여야 한다하니, 이 말이 정밀하네.

문 "성냄·두려움·좋음·걱정[忿懥·恐懼·好樂·憂患]"에서 네 가지는 칠정七情입니까?

답 네 가지 중에 세 가지는 칠정에서 온 것이지만, 이른바 걱정한다는 것은 없네. 그러나 이것 역시 칠정의 밖에 있는 것은 아니네.

문 "마음이 있지 않으면,[心不在焉]"

답 '있다'는 몸 속에 있는 것인데, 혹 몸 안이라 하고 혹 보고 듣는 데에 있다고 하네. 지금 살펴보니, 이 두 설은 통하여 보아야 하네. 대개 마음이 몸 안에 있어야 바야흐로 보고 듣는 곳에 있을 수 있네. 이는 마음에 주장해서 밖에 응함이니,

---

192) 백성의 …… 하니 : 전4장에 나온다.
193) 어맥(語脈) : 말과 말의 유기적인 관계를 말한다.
194) 성내는 것이 있으면 : 전7장에 나온다.

두 곳에 있는 것은 아니네. 만약 마음이 몸속에 없다면 보고 듣는 곳에 있을 수 있는 이치가 없어서 마음이 물物을 좇아가서 주재主宰하지 못하기 때문이네. 그러므로 명도明道 선생께서 말하기를, "내면을 옳다하고 외면을 그르다하기 보다는 내외를 모두 잊어버리는 것이 낫다." 하였네. 이는 마음이 주재함을 잃어버렸을 때를 바로 지적하여 그 병통을 말하였을 뿐이네.

애초에 사람이 마음을 잡지 못하여 이러한 병통이 생기는 것을 경계한 것이 아니네. 그러므로 장구章句에서는 단지 "마음이 보존되지 않음이 있다면 그 몸을 검속檢束할 수 없다."[195] 고 직해直解하여 뜻을 바루었으며, 이어서 "이 때문에 군자는 반드시 이를 살펴서 경건함으로 마음을 곧게 한 연후에"라고 하였네. 여기에서 바야흐로 본 장구章句의 말 밖의 의미를 미루어 설명하여 사람에게 성찰省察·조존操存하는 공부를 하도록 하여 마음이 주재主宰의 지위를 잃어버리는 병통을 구하였네. 장구의 정밀하고 자세함이 이와 같으니, 선불리 조존操存의 설에 마음을 두지 않고서 해석할 수는 없네.

○몸속에 있다를 『통고通考』[196]에 거듭 살펴보니, 오 계자吳季子[197]가 말하기를, "금을 훔쳐 들었을 때 시장 사람들을 보지 못하는 것은 마음이 사람들에게 있지 않아서이고, 밥을 먹다가 수저를 놓치는 것은 마음이 수저에 있지 않아서이다. 이를 말미암아 살펴보면, 몸을 닦고자 하는 자가 이 마음을 거두지 않고서 하여금 내 가슴의 사이에 있도록 할 수 있겠는가?" 하였네. 이로써 증명하여 보면, 위의 이른바 "마음에 주장하여 밖으로 응한다."는 설이 더욱 믿을 만하네.

문 "이것을 일러 몸이 닦이지 않으면 그 집을 가지런히 하지 못한다는 것이다.[此謂身不

195) 마음이 …… 없다 : 전7장의 주자의 주에 나온다.
196) 『통고(通考)』 : 원(元)나라 마단림(馬端臨)이 편찬한 『문헌통고(文獻通考)』 348권을 말한다. 마단림의 자는 귀여(貴與)이다. 이 책은 중국 역대의 전장제도를 서술한 책이다.
197) 오 계자(吳季子) : 춘추 시대 오(吳)나라의 계찰(季札)이다. 상국(上國)에 두루 조빙(朝聘)하면서 당시의 어진 사대부들과 사귀었는데, 노나라에 갔을 적에는 각국의 음악 소리를 듣고 열국의 치란 흥망을 알았다고 전하여진다.(『史記』「吳太伯世家」)

修 不可以齊其家]"198)

답 양촌陽村199) 의 「입학도설入學圖說」에 "이는 경문經文의 뜻을 받아 뒤집어 결론지었다." 하였는데, 경문經文200) 은 바로 "그 근본이 어지럽히고서 지엽이 다스려지는 자가 없으며"이니, 이 말은 이 의미를 근본하고 있네. 대개 수신修身은 몸으로 행하는 것이고 제가齊家는 미루어 행하는 것이네. 만약 몸으로 행하지 않으면 무엇으로 미루어 행할 수 있겠는가? 여기서는 몸으로 행함을 미루어 행하는 일의 대對로 말하였으니, 뒤집어서 활용하는 법이 있네. 이렇게 뒤집어 결론지은 것은 호소력이 있기 때문이네. 닦지 않는다면 가지런히 할 수 없음은 반드시 닦은 연후에 가지런히 할 수 있음을 보여주네.

문 "부자와 형제된 자가 법 받기에 충분하다고[其爲父子兄弟足法]"201)

답 "그 부자와 형제가 족히 법 받은 후에 백성이 법 받느니라." 한편으로는 "법 받은 후에 백성이 법하나니라."라고 하였네. 위爲 자는 어조사이네.

○주자께서 어떤 사람의 물음에 답하며, "요임금과 순임금이 그 자식을 교화시키지 못하였으며, 주공이 그 형제와 잘 어울리지 못하였다라는 설에서 또한 볼 수 있다." 하였네. 어떤 이유로 지금 사람들이 억지로 생각을 만들어 이설異說에 힘을 쏟는가?

문 "국가의 어른이 되어[長國家]"202)

---

198) 이것을 …… 것이다 : 전8장에 나온다.
199) 양촌(陽村) : 권근(權近, 1352~1409)의 호. 자는 가원(可遠), 시호는 문충(文忠), 본관은 안동이다. 1368년 문과에 급제하여 예문관 응교(藝文館應敎)·지신사(知申事) 등을 지냈다. 조선이 개국하자 정당 문학(政堂文學)·의정부 찬성사(議政府贊成事) 등을 지냈다. 문장과 경학에 모두 밝았다. 저서로는 『양촌집』·『오경천견록(五經淺見錄)』·『사서오경구결(四書五經口訣)』·『동현사략(東賢事略)』 등이 있다.
200) 경문(經文) : 『대학』 경1장을 말한다.
201) 부자와 …… 여긴 : 전9장에 나오는 『시경』 「조풍(曹風)·시구(鳲鳩)」편의 말이다.

답 지금 『통고』를 살펴보니 오 계자가 말하기를, "경대부卿大夫와 사士는 한 집안의 어른이고 천자天子와 제후諸侯는 한 나라의 어른이다." 하였네. 일설에는 "국가를 오래도록 이익 있게 하려 하여"라고 하는데, 이 설은 잘못되었네. 그러나 어떤 한 고서古書에 '장국가長國家'라는 세 글자가 있는 것을 본 적이 있는데, 그 해석에서 바로 '오래도록 이익 있게'라고 풀이하였네. 마침 무슨 책인지 잊어버려 우선 이곳에 적어두네.

문 "이를 이익으로 여기지 않고[不以利爲利]"

답 이 두 장章의 설을 살펴보면, 윗장은 주로 의義를 말하여 이익으로 여기는 뜻의 이유를 순리대로 결론지었으며, 아랫장은 이익으로 여겨서 생기는 해를 주로 말하였으나 반드시 의義를 이익으로 여겨야 하는 뜻으로 뒤집어 결론지었네. 말이 따르거나 뒤집음이 있으나 뜻이고 보면 한 가지이네.

풀이하는 자가 아랫장 만을 보고 윗글에서 말한 바가 "의를 이익으로 여기다."는 뜻이 아니라고 여겨서 마침내 결어結語가 옳지 않다고 의심하여 바로 억견臆見을 만들어 윗구의 '불不'자를 아래의 "의를 이익으로 여기다."의 뜻에 합하였네. 풀이하여 말하는 것이 이 설과 같다면 그 글은 마땅히 "이것을 일러 나라는 이利를 이익으로 여기지 의義를 이익으로 여기지 않는다."라고 해야 하네. 어떤 이유로 '불不'자가 이리以利 앞에 있어야 하는가? 이는 완전히 문리文理에 맞지 않으니, 웃을 만하네. 이제 윗장에서 풀이한 바를 따라야 하네.

202) 국가의 …… 되어 : 전10장에 나온다.

매헌선생문집
梅軒先生文集

제4권

매헌선생문집 제4권

부록附錄

선생과 벗들이 기증하다[師友寄贈]

금 사임의 계재에 적다[題琴士任溪齋]

퇴계 선생

해와 별처럼 밝은 가르침 책에 실려 있으니	日星明訓載前書
이 엄한 스승을 대하면 저절로 여유가 있네	對此嚴師自有餘
바닷가에서 악취 따름[1]은 참 이상한 일이라	逐臭海濱良異事
이웃에 집 지은 자네의 고생에 감탄하겠네	歎君辛苦築隣廬

【당시 사임士任이 한서암寒栖菴 근처의 남계南溪 가에 집을 지었다.】

금 사임의 시에 차운하다[次琴士任韻]

찬 골에 서리 내리자 손님들 찾아와	寒谷冰霜致客來
술 한 동이를 오늘 그대가 가져와 여네	一尊今日荷君開

1) 바닷가에서 악취 따름 : 변변찮은 자신을 찾아와 글을 배움을 말한다.

진솔회[2]는 자주 열어 즐겨도 탈 없기에　　不妨眞率頻相款
다음해 이른 매화 피기를 또 기약하네　　更約明年趁早梅

【병진년(1556) 11월, 사마회司馬會를 계당溪堂에서 열었다.】

금 사임의 시에 차운하다[次琴士任韻]

월천月川 조목趙穆[3]

잣 숲의 정자 그림자 푸른 물에 닿는 곳　　栢樹亭陰綠水臨
서로 만나 술을 불러 해 넘긴 마음 터놓네　　相逢呼酒去年心
그대의 시 내게 봄 촌락의 흥을 일으키니　　詩來起我春村興
애오라지 이러한 일 해마다 찾아보세　　此事聊將歲歲尋

처음에는 사임이 봉성[4]에서 와서　　士任初自鳳城臨
남계 가에 집 짓는다고 괴로웠는데　　溪上營居最苦心
만년에는 온계의 집에서 벗과 술 즐기며　　晩歲家溫朋酒樂
이전의 가르침을 책 속에서 찾으려 하네　　且將前訓卷中尋

금 사임의 시에 차운하다[次琴士任韻]

춘당春塘 오수영吳守盈[5]

젊어서 떠돌았던 자네 매화에 빠지니　　少年流落惱梅枝
맑은 향이 찬 옷에 배였음을 상상하네　　想得淸香著淬衣

---

2) 진솔회[眞率] : 송나라 사마광(司馬光)이 주축이 되어 열었던 검소한 모임을 말한다.
3) 조목(趙穆, 1524~1606) : 자는 사경(士敬), 본관은 횡성(橫城)이다.
4) 봉성(鳳城) : 봉화(奉化)의 다른 이름이다.
5) 오수영(吳守盈, 1521~1606) : 자는 겸중(謙仲), 본관은 고창(高敞)이다. 글씨를 잘 써서 선성삼필(宣城三筆)의 칭호를 얻었다.

작별하고 여러 해 멀리 떨어져 지내니　　一別多年湖海隔
지금에 와서는 꿈속에서 더 아련하네　　至今魂夢更依稀

금 사임에게 부치다[寄琴士任]

형문을 만들고도 낮에는 항상 닫고서　　衡門雖設晝常關
다만 이전 작품 가져다 온종일 다듬네　　但取前題盡日刪
서리 기다리는 국화 이슬에 젖어 누웠고　　黃菊待霜和露臥
비 머금은 이끼 계단 위를 물들이네　　綠苔乘雨上階斑

문 마주한 동봉에 그대의 달이 훤하고　　東峯對戶君多月
누 앞의 남쪽 봉우리에 나의 산이 있네　　南嶺當樓我有山
번잡한 세상일은 모두 개의치 않고서　　世事紛紛都不管
이제는 십묘[6]에서 한가로이 지내세　　從今十畝得閒閒

홍도를 읊어 매헌 금 사임에게 부치다[詠紅桃 寄梅軒琴士任]

일휴日休 금응협琴應夾[7]

맺힌 이슬로 아롱져 붉게 물든 꽃가지　　浥露迎暉紅滿枝
아름다움 뽐내려고 온갖 꽃 피우는데　　爭姸鬪媚百花時
어찌하여 시냇가의 차가운 매화나무　　如何溪上寒梅樹
옥과 얼음 같은 자태 눈 속에서 피웠나　　玉色氷姿雪裏披

6) 십묘(十畝) : 한가로이 지낼만한 작은 땅을 말한다. “십 묘의 사이에, 뽕을 따는 자가 여유작작하거니, 장차 그대와 함께 돌아가련다.[十畝之間兮 桑者閑閑兮 行與子還兮]”에서 온 말이다.(『詩經』「魏風·十畝之間」)
7) 금응협(琴應夾, 1526~1596) : 자는 협지(夾之), 본관은 봉화(奉化)이다.

김 돈서[8])와 도산서원에 유람 왔다가 금 사임에게 받들어 올리다[與金惇敍遊山院 奉呈琴士任]

거칠게 세월 보내느라 옛 벗을 저버리고　鹵莽年來失舊聞
부끄럽게도 못난 나는 홀로 지냈네[9])　多慚愚我索離羣
그대 만나 예전 유람이 더욱 생각나니　逢君尙記前遊事
봄 맞은 뜰 매화 가지에는 향기 가득하네　春入庭梅滿樹芬

용수사에서 금 사임의 시에 차운하다[龍壽寺次琴士任韻]

성재惺齋 금난수琴蘭秀[10])

절집은 깊고 깊어 오랜 시냇가에 있는데　佛宇深深古澗傍
여러 공들과 함께 모시고 찾아왔네　羣公聯袂折陪行
말술을 더 사니 취함을 어이 사양하리　添沽斗酒何辭醉
책상의 서책 덮고서 오래 생각하지 않네　全廢床書久欠商
의리가 이기니 자하처럼 살찌고[11])　義理戰勝肥子夏

---

8) 돈서(惇敍) : 김부륜(金富倫, 1531~1598)의 자, 호는 설월당(雪月堂), 본관은 광산(光山)이다.
9) 홀로 지냈네[索離羣] : '삭리군'은 이군삭거(離群索居)의 준말로, 친구들 곁을 떠나 외로이 지내는 것을 말한다. 자하(子夏)가 아들을 여의고 상심하여 실명(失明)을 하였을 때, 하늘이 죄 없는 자신에게 불행을 주었다고 원망을 하였다. 조문을 왔던 증자(曾子)가 그의 잘못을 꾸짖으니, 자하가 "내가 벗을 떠나 쓸쓸히 홀로 산지가 너무 오래되었다.[吾離群而索居 亦已久矣]"라고 답한 데서 유래한다.(『禮記』「檀弓上」)
10) 금난수(琴蘭秀, 1530~1604) : 자는 문원(聞遠), 본관은 봉화(奉化)이다.
11) 의리가 …… 살찌니 : 마음이 넉넉하여 몸이 윤택하여짐을 말한다. 증자(曾子)가 자하를 만나 살이 찐 이유를 물으니 자하가 싸움에 이겨서라고 답하였다. 이에 그 이유를 다시 물으니, 자하가 "내가 들어가 선왕의 의를 보고서 영화롭게 여기고 나와 부귀의 낙을 보고서 또 영화롭게 여겼다. 이 두 가지가 마음속에서 서로 싸워 승부를 알지 못하였기에 몸이 여위었다가 이제 선왕의 의가 이겼기에 살이 쪘노라.[吾入見先王之義則榮之 出見富貴之樂又榮之 兩者 戰於胸中 未知勝負 故臞 今先王之義勝 故肥]"고 답한 데서 유래한다.(『韓非子』「喩老」)

병중에 읊조리니 동양처럼 수척하네[12] 病痾吟苦瘦東陽
훌륭한 그대 글씨는 옥구슬처럼 빛나니 多君筆灑珠璣璨
검을 만지며 야광벽 노려보게 하지 마소[13] 按劒休敎抵夜光

【『월천일록月川日錄』에 "사임士任의 붓글씨가 훨훨 날 듯하니 온 좌중座中이 칭찬하며 감상하였다. 그러므로 문원의 시에 옥구슬이라는 말이 있다." 하였다.】

금 매헌에게 차운하여 드리다[次呈琴梅軒]

설월雪月 김부륜金富倫

세월[14] 속에 자네나 나나 머물지 못하여 兎走烏飛兩不留
젊음이 지나 금세 흰 머리 가득하여졌네 紅顔坐見白渾頭
깊은 밤에 등잔불은 깜빡거리고 寒燈耿耿三更夜
구월의 가을에 낙엽만 사각거리네 落葉蕭蕭九月秋
이전의 맑은 시는 세상 밖의 읊조림인데 清韻向來塵外詠
예전처럼 세상 근심으로 마음 어지럽네 煩襟依舊世間愁
지나고 나면 모두 꿈결인줄 겨우 아니 方知事過都成夢
궁하고 통함으로 누가 낫다 비교마세 莫把窮通較孰優

---

12) 병중에 …… 수척하네 : 동양(東陽)은 양(梁)나라 동양 태수를 지낸 심약(沈約, 441~513)을 말한다. 자(字)는 휴문(休文), 무강인(武康人)이다. 노쇠하여 병든 나머지 1백여 일이 지나는 사이에 허리띠의 구멍을 자꾸만 새로 뚫게 되고 손으로 팔뚝을 만져 보면 부쩍부쩍 말라만 갔다는 고사에서 유래한다.(『梁書』「沈約傳」)

13) 검을 …… 마소 : 재주 없는 자신에게 화답시를 짓도록 만들지 말아 달라는 것을 말한다. "명월주와 야광벽 같은 좋은 보배를 몰래 길 가는 사람에게 던지면 칼자루를 잡고 노려보지 않을 사람이 없으니, 그 까닭은 이유 없이 자기 앞에 떨어졌기 때문이다.[明月之珠 夜光之璧 以闇投人於道路 人無不按劍相眄者 何則 無因而至前也]"에서 유래한다.(『史記』「魯仲連鄒陽列傳」)

14) 세월[兎走烏飛] : 태양 속에는 금 까마귀[金烏]가 있고, 달 속에는 옥토끼[玉兎]가 있다는 전설에서, 까마귀와 토끼는 일월(日月)을 가리키며 전하여 세월을 말한다.

사미정에 모여 금 사임을 슬퍼하며[會四美亭 悼琴士任]

월천月川

담 구석의 열 나무 그늘 시원하고	墻隅十挺樹陰清
사미정 안의 네 노인은 정다웠네	四美亭中四老情
생사에 대한 애환으로 슬픔이 일어	存歿悲歡成感慨
술 넘치는 동이만큼 회한이 가득하네	酒盈樽處恨兼盈

가장家狀

부군府君의 휘는 보輔이고, 자는 사임士任이며, 호는 백당栢堂 또는 매헌梅軒이다. 금씨琴氏 중에 봉성鳳城을 관향으로 쓴 분은 고려에서 비로소 나타났다. 한림 학사翰林學士 휘 의儀는 문하시랑 평장사門下侍郞平章事[15]를 마지막으로 벼슬을 그만두셨는데, 시호는 영렬英烈이시다. 그 후로도 벼슬이 끊어지지 않았다.

고조할아버지 용화用和는 비순위備巡衛[16] 영중랑장領中郞將을 지내셨으며, 대사성大司成 연안 송씨延安宋氏 광언光彦의 따님에게 장가드셨다. 증조할아버지 휘 회淮는 은진 현감恩津縣監을 지내셨으며, 지평주사知平州事 남원 양씨南原梁氏 도藻의 따님에게 장가드셨다. 할아버지 휘 계啓는 군위 현감軍威縣監을 지내셨으며, 대사헌大司憲 월성 이씨月城李氏 승직繩直의 아들 생원 시민時敏의 따님에게 장가드셨다. 아버지 휘 원수元壽는 사도시[17] 첨정司導寺僉正을 지내셨는데, 노인을 우대하는 은전을 입어 첨지중추부사僉知中樞府事[18]에 올랐으며, 어머니는 안동 김씨安東金氏 장령掌令 영수永銖의 따님이시다. 정덕正德[19] 16년 신사(1521) 4월 어느 날, 부군을 괴촌리槐村里의 집에서 낳으셨다.

부군께서는 어려서부터 영민하여 보통 아이들과는 남달랐다. 나이 겨우 일곱 살에 과정을 세워서 엄격하게 독촉하지 않았으나 스스로 책을 읽고 글씨를 쓸 줄 알았다. 숙부 군수공郡守公께서 일찍이 배와 밤을 주면서 말하기를, "절을 하고 받아야 한다." 하니, 부군께서 "배나 밤은 아이들의 울음이나 그치게 하는 물건입니다. 만약 붓·벼루·종이·먹을 주신다면 마땅히 절하고 받겠습니다."라고 말하였다. 군수공께서 기특히 여기

---

15) 문하시랑 평장사(門下侍郞平章事) : 고려 때에 나라 안의 모든 정치를 관장하는 내사문하성(內史門下省)의 정이품(正二品) 벼슬이다.
16) 비순위(備巡衛) : 고려 경군(京軍)의 2군 6위(二軍六衛)의 하나인 금오위(金吾衛)가 바뀐 명칭이다. 금오위는 도성의 경찰의 임무를 맡았던 것으로 알려져 있다.
17) 사도시(司導寺) : 궁궐 안에서 소비되는 쌀과 조미료를 맡아 관리하는 관청이다.
18) 첨지중추부사(僉知中樞府事) : 일정한 직무가 없는 당상관을 우대하기 위한 관청인 중추부(中樞府)의 정삼품(正三品) 벼슬이다.
19) 정덕(正德) : 명나라 무종(武宗, 1506~1521)의 연호이다.

시어 마침내 문방文房에서 쓰는 여러 도구들을 상으로 주시니, 부군께서 과연 절하고 받았다. 문예와 필법이 일취월장하니, 명예가 약관의 나이 이전에 벌써 성대하여졌다.

자라서는, 퇴도退陶 이선생의 문하에서 수업하여 마음을 가라앉히고 책을 외우며 반복하여 묻고 변론하니, 선생께서 말하기를, "세월을 두고 공부가 더하여지면 그 진취는 쉽게 헤아리지 못한다." 하였다.

가정嘉靖[20] 병오년(1546), 사마시에 입격하여 5년 동안 성균관에서 유학하며 청직淸直으로 스스로 지키고 시론時論에 마음을 빼앗기거나 흔들리지 않았다. 당시 당화黨禍가 일어나 많은 어진 이들이 쫓겨나거나 귀양을 가니, 부군께서 마침내 마음을 정하고 향리로 돌아와 다시는 과거에 응시하지 않으며 말하기를, "과거에 급제하는 일은 선비에게 있어 여사餘事일 뿐입니다. 명리名利에 골몰하여 날마다 더러운 곳으로 쫓아가는 것이 어찌 뜻과 일을 향상시켜 사람이 되는 것만 하겠습니까?" 하였다. 첨정공僉正公께서 기뻐하며 말하기를, "네가 좋아하는 대로 하는 것이 좋겠다." 하였다.

병진년(1556) 여름, 한서암寒栖菴의 남쪽 시냇가에 집을 지었다. 퇴계 선생께서 시를 지어 주었다.

해와 별처럼 밝은 가르침 책에 실려 있으니	日星明訓載前書
이 엄한 스승을 대하면 저절로 여유가 있다네	對此嚴師自有餘
바닷가에서 체취 따라감은 참 이상한 일	逐臭海濱良異事
이웃에 집 지은 자네의 고생에 감탄하겠네	歎君辛苦築隣廬

이때부터 날마다 늘 선생을 모시며 선생께서 일상으로 하시는 말씀과 행동의 사이에서 묵묵히 알고 마음속으로 이해하였다. 매일 주자의 글을 두세 장씩 읽어 『사서』의 이해를 도우는 공부로 삼았다. 선생께서 말하기를, "이러한 생각은 매우 좋네. 다만 날마다 과정만 일삼고 푹 잠기어 무젖으려는 의사가 없으면 급박하게 구하려는 병통이 있게

20) 가정(嘉靖) : 명나라 세종(世宗, 1522~1566)의 연호이다.

되네." 하니, 부군께서는 선생의 가르침을 마음에 새겨 두었다. 질문하는 대로 적어두어서 『사서질의四書質疑』·『심근강의心近講義』를 남겼다.

달마다 어버이를 찾아뵙고 정성定省[21]하는 여가에 형 송계공松溪公과 선생에게 수업받은 것을 강론講論하면서 부지런히 힘써 멈추지 않았다. 만년에 살고 있던 집이 불어난 시냇물에 부서져서 온계溫溪의 송내촌松內村으로 이주하니, 계당溪堂과의 거리가 또 몇 리나 가까워졌다. 때때로 늘 왕래하며 직접 지결旨訣을 받고 물러나서는 동문의 여러 벗들과 도의를 강마하니, 견문이 날로 더욱 넓어지고 조예가 날로 더욱 깊어졌다. 월천 조공趙公이 부군의 시에 차운하였다.

사임이 처음에는 봉성에서 와서	士任初自鳳城臨
계상에 집 짓는다고 괴로웠는데	溪上營居最苦心
만년에는 온계의 집에서 벗과 술 즐기며	晩歲家溫朋酒樂
이전의 가르침을 책 속에서 찾으려 하네	且將前訓卷中尋

부군의 필법이 또한 신묘神妙하였으니, 매암梅巖 이숙량李叔樑[22]·춘당春塘 오수영吳守盈과 함께 삼필三筆로 일컬어졌다. 선생께서 일찍이 말하기를, "여러 필적이 모두 아름다우나 아무개의 글씨가 더욱 아름답네. 글씨를 쓰는 일이 비록 작은 기예이기는 하나 이 사람의 글씨에서는 조금도 왜곡된 의사가 없음을 충분히 볼 수 있네." 하였다. 선생의 아버지 찬성공贊成公[23]의 비문과 선생께서 세상을 떠난[24] 뒤 묘소의 비문 및 도산의 신판神版

---

21) 정성(定省) : 혼정신성(昏定晨省)의 줄임말로, 자식이 부모를 보살피는 행위를 말한다. "모든 자식된 사람의 예는 겨울이면 어버이를 따뜻하게 해 드리고 여름이면 서늘하게 해 드리며, 저녁에는 잠자리를 편안하게 보아 드리고 새벽에는 안부를 살피는 것이다.[凡爲人子之禮 冬溫而夏凊 昏定而晨省]"라고 한 데서 유래한다.(『禮記』「曲禮」)

22) 이숙량(李叔樑, 1519~1592) : 자는 대용(大用), 본관은 영천(永川)이다.

23) 찬성공(贊成公) : 이식(李埴, 1463~1502)을 말한다. 자는 기지(器之), 본관은 진보(眞寶)이다. 1501년 진사시에 입격하고, 이듬해에 39세로 죽었다. 1544년 이조참판 겸 동지의금부사에 추증되었고, 1568년 좌찬성(左贊成) 겸 판의금부사(判義禁府事)에 가증(加贈)되었다.

글씨를 쓰도록 명한 적이 있으니, 또한 모두 부군을 추중推重한 것이었다.

청담淸潭 이희득李希得이 하동군河東君의 묘비 글씨를 써줄 것을 청하며 말하기를, "금 매헌의 글씨를 받지 못하면 불효자이다." 하였다. 관찰사 이청李淸[25] 공이 황해도[26]에 있을 때 부군의 필적을 수양관首陽館[27]에 판각하여 서북의 선비들에게 필법을 본받도록 하였다.

부군께서는 천성이 효성스럽고 우애로웠으며 몸가짐이 정갈하였다. 어버이를 섬기고 형을 따르며 사랑과 공경을 다하였다. 초상을 당하여서는 피눈물을 흘리며 삼년상을 마치고 『문공가례文公家禮』[28]를 한결 같이 따랐다. 기일忌日이 되면 종일토록 슬픔으로 즐거워하지 않았으며 반드시 살아 계신 듯한[29] 정성을 다하였다. 숙부 군수공께서 돌아가시자, 여러 아이들이 모두 어려서 부군께서 초상과 장례를 직접 치르며 정리情理와 예의禮儀에 부족함이 없었다. 숙부의 일생을 대략 써서 퇴계 선생께 묘비명을 청하고, 이를 직접 묘비에 써서 새겼다.

종족을 대함에 매우 우애롭고 화목하였다. 자질들을 반드시 공손과 삼감으로 가르치고 항상 말하기를, "칠정七情 중에 오직 욕欲이 가장 제어하기 어렵다. 욕을 성찰하면 마음은 저절로 차분해지고 일은 저절로 간이簡易해진다." 하였다. 또 말하기를, "마음을 다스림에

---

24) 세상을 떠난[易簀] : '역책'은 대자리를 바꾸는 것으로, 죽음을 말한다. 증자(曾子)가 운명할 때에 계손(季孫)에게서 받은 대자리에 누워 있었다. 동자(童子)가 그것이 대부가 사용하는 대자리어서 신분에 맞지 않다고 지적하자, 증자가 아들 증원(曾元)에게 자리를 바꿀[易簀] 것을 명하며 말하기를, "내가 정도를 얻고서 죽게 되니, 이제 끝이로구나.[吾得正而斃焉 斯已矣]" 하고는, 다른 자리로 바꾸어 제대로 눕기도 전에 세상을 떠난 일에서 유래한다.(『禮記』「檀弓上」)

25) 이청(李淸, 1483~1549) : 자는 계아(季雅), 본관은 한산(韓山), 기묘명인(己卯名人)의 한 사람이다. 1511년 문과에 급제하여 교리(校理)·사간(司諫)·경상도 관찰사 등을 역임하였다.

26) 황해도[海營] : 다음 문장의 수양관(首陽館)으로 미루어 볼 때, 해영(海營)은 황해도로 여겨진다. 다만 이청이 함경도 관찰사를 역임하였고 황해도 지역으로 부임한 적이 없어 자세히는 알 수 없다.

27) 수양관(首陽館) : 황해도 감영의 본청인 선화당(宣化堂)의 별칭이다.

28) 문공가례(文公家禮) : 송나라 주희(朱熹)가 지은 것으로, 『주자가례(朱子家禮)』라고도 한다. 관혼상제(冠婚喪祭)에 관한 예제(禮制)가 주 내용이다. 원(元)·명(明) 시대는 물론, 우리나라에서도 많이 준용하였다.

29) 계신 듯한[如在] : '여재'는 제사를 지낼 적에 정성을 다하는 것을 말한다. "제사지낼 적에는 계신 듯이 하였으며, 신에게 제사지낼 적에는 신이 계신 듯이 하였다.[祭如在 祭神如神在]"에서 온 말이다. (『論語』「八佾」)

는 하나의 경敬 자를 얻었으며, 사물을 접함에는 하나의 성誠 자를 얻었으며, 집안을 다스림에는 하나의 화和 자를 얻었으니, 이는 내가 띠에 쓰는 삼자부三字符이다." 하였다.

선생께서 노재魯齋[30] 왕씨王氏의 「인심도심도人心道心圖」의 모양을 본떠 「경재잠敬齋箴」을 직접 써주신 적이 있었다. 부군께서 족자로 만들어 벽에 걸어 두고 아침저녁으로 엄숙하게 외우며 말하기를, "엄한 선생님께서 바로 여기에 계신다." 하였다. 부군께서는 또 「사물잠四勿箴」[31]을 써서, 보고 듣고 말하고 행동하는 사이에 반드시 자세히 살피고 힘써 실천하였다.

예안 현감禮安縣監 곽황郭趪[32]이 부군을 박학博學과 독행篤行으로 천거하려고 하자 부군께서 편지를 보내 만류하시기를, "저는 젊어서부터 어버이를 떠나 선생님을 따랐으나 수십 년 동안 아직 이름을 이룬 것이 없습니다. 어버이께 효행을 어겼고 스승께 학문을 저버렸으니 바야흐로 자신을 돌아보며 두려워할 겨를도 없는데, 어찌 감히 명예를 훔쳐 벼슬을 차지할 계책을 꾸미겠습니까? 설령 취할 만한 것이 있다 하더라도 참으로 사람이 스스로 당연히 해야 할 도리를 하였을 뿐입니다. 원래 벼슬을 위한 것이 아니라 배움을 위한 것이었습니다." 하였다. 조 월천趙月川과 일휴당日休堂 등의 여러 공이 듣고, "우리들은 공公이 부끄러워하는 일을 하지는 않았는가? 공의 말씀은 참으로 명예를 구하는 사람이 깊이 경계하고 두려워할 만한 말이다."라고 말하였다. 세상 사람들 또한 첨정공이 벼슬하기를 부끄러워한 가풍家風이 남아 있어서라고 하였다. 【첨정공께서 젊었을 적에 공을 위하여 권력자와 통하여 벼슬자리를 구하여주려는 사람이 있었는데, 공께서 사양하면서 "몸소 실천한 실제도 없으면서 구차히 나아가기를 구하는 것은 내가 매우 부끄러워하는 일입니다." 하였다.】

---

30) 노재(魯齋) : 왕백(王柏, 1197~1274)의 호이다. 자는 회지(會之)·백회(伯會), 남송(南宋) 무주(婺州) 금화(金華) 사람이다. 젊어서는 제갈량의 사람됨을 사모하여 호를 장소(長嘯)라 하였다. 성리학(性理學)에 밝았고 시화(詩畵) 에도 능했다. 저서로는 『노재집』·『논어통지(論語通旨)』·『독역기(讀易記)』 등이 있다.

31) 사물잠(四勿箴) : 송나라 이천(伊川) 정이(程頤)의 작품이다. 보고·듣고·말하고·행동하는 데 따른 공자(孔子)의 네 가지의 금지 사항에 대하여 교훈성이 짙은 잠언(箴言)의 문체를 빌려 스스로 경계 삼아 지은 글이다.

32) 곽황(郭趪, ?~1569) : 자는 경정(景靜), 호는 읍청헌(挹淸軒), 본관은 현풍(玄風)이다.

퇴계 선생께서 우 좨주禹祭酒[33]가 역학을 우리나라로 가져온 공을 사모하여 오담鼇潭의 가에 서원을 짓자, 부군께서 재물을 출연하고 공사를 감독하여 도학를 강론하고 학업을 익히는 장소로 삼았다. 향교를 중수하고는 선생께 아뢰어 입약立約할 조목을 정하였다. 도산서원을 창건할 적에는 처음부터 끝까지 감독하며 비바람을 피하지 않았다. 이와 같이 사문斯文[34]의 일에 온 힘을 다하였다.

신미년(1571) 봄, 구성龜城으로 나갔다가 아직 돌아오지 않았는데, 우연히 집에 불이 나서 서실에 보관되어 있던 퇴계 선생께서 손수 쓴 잠명箴銘·간찰簡札과 부군께서 손수 쓰신 서책들이 흔적도 없이 재가 되어버렸고, 『사서질의四書質疑』와 퇴계 선생께서 써 주신 「경재잠도敬齋箴圖」만이 겨우 불길을 피하였다. 부군께서 말하기를, "나의 필적은 아까울 것이 없으나, 한번 잃어버린 선사先師의 보배로운 묵적을 어떻게 다시 얻을 수 있겠는가?" 하였다. 이어서 통곡하며 「감음感吟」 시를 지었다.

경건하게 필적 대하면 덕용을 뵙는 듯하여	盥薇對筆德容臨
열 겹 싸서 간직하니 옥구슬 안는 심정이네	十襲珍藏拱璧心
무슨 일로 불길이 이리 가혹히 시기하여	底事鬱攸猜戲劇
선생님 잃은 슬픈 심정 더욱 깊게 하는가	樑摧哀臆轉增深

퇴계 선생께서 돌아가시고 나서 배우는 자들이 오로지 학문만을 숭상하는 폐습弊習이 있어서, 부군께서 일휴당日休堂 공에게 편지를 보내어 "덕성을 높이는 일과 학문을 탐구하는 일은 어느 한 쪽도 폐할 수 없습니다. 근자에 우리들의 한담閑談이 구이口耳의 습성이

---

33) 우 좨주(禹祭酒) : 우탁(禹倬, 1262~1342)이 성균 좨주(成均祭酒)를 지냈기에 붙여진 이름이다. 자는 천장(天章), 호는 백운당(白雲堂), 본관은 단양(丹陽), 시호는 문희(文僖)이다.

34) 사문(斯文) : 유학(儒學)을 말한다. 공자께서 광(匡) 땅에서 위협을 받을 때, 도통(道統)을 자임하며 말하였다. "하늘이 사문을 없애려 한다면 뒤에 죽는 내가 사문에 참여할 수 없겠지만, 하늘이 사문을 없애지 않으시니 광 땅 사람이 나를 어찌하리오.[天之將喪斯文也 後死者不得與於斯文也 天之未喪斯文也 匡人其如予何]"에서 온 말이다.(『論語』「子罕」)

되어, 말학末學의 폐단을 열게 될까 염려됩니다. 큰 요체는 경敬에 머물러 그 근본을 세우며, 이치를 궁구하여 그 앎을 지극히 하며, 몸에 돌이켜 그 실제를 실천하는 것입니다. 이는 바로 우리 학문의 종지宗旨입니다." 하니, 일휴당 공이 말하기를, "저 역시 후생이 되어 근심하고 있습니다. 공의 말씀이 참으로 옳습니다." 하였다.

부군께서 「진정부陳情賦」를 지어 평생의 뜻을 붙였다.

선생님의 문하에서　　函丈門下
어지신 보살핌 많이도 받았지　　濫荷仁眷
정성스럽게 가르치시고　　諄諄誨導
끊임없이 바로잡아 주시어　　針砭不倦
사랑이 이 몸에 사무쳤으니　　愛澈微軀
참으로 잊기 어렵네　　誠所難忘
위급하여도 변절하지 않을 것을 맹세하며　　矢顚沛而不渝
한 마음으로 끝없이 받들고자 하네　　奉一心於無疆
대들보 서둘러 꺾일 줄 어찌 알았으랴　　何知樑木之遽摧
말씀을 듣지 못한지가 여러 달이네　　曠謦欬於屢月
참으로 이 도를 밝히기 어려우니　　誠此道之難明
비록 통곡한들 어찌 따라잡겠는가?　　縱啜泣兮何及
우러러 선성의 좋은 말씀 중에　　仰宣聖之至言
덕은 덕으로 보답하라는 말이 있네　　有德報以德恩
그대로 마음에 새겨 잃지 말고　　庶佩服而勿失
성문에 저버림이 없기를 기약하네　　期無負於聖門

부군께서는 선생님에게 대개 천지 같이 끝이 없는 은혜를 입었으니, 이를테면 형문衡門과 간곡澗谷의 탄식[35]은 실로 오도吾道를 밝히기 어려움을 개탄하여 말하신 것이다.

---

35) 형문과 간곡의 탄식 : 은자의 삶을 말한다. 「진정부」의 "골짜기에선 은거의 즐거움을 읊고, 형문에는

또「도산기陶山記」 한 질을 손수 써서 책상 위에 두고 말하기를, "때로 한 번씩 소리 내어 읽으면 마치 선생님을 천연대天淵臺와 농운정사隴雲精舍 사이에서 직접 모시는 듯하구나." 하였다. 천성이 산수山水를 좋아하여 퇴계 선생께서 청량산清凉山을 유람할 적에는 반드시 모시고 따랐다. 모시고 뜻을 읊음에 시의 운율이 맑고 낭랑하였으니, 퇴계 선생의 시에서 다음과 같이 말씀하셨다.

같이 유람하는 이 모두 뛰어나고 同遊盡英英
일찍 온 사람 또한 많고 많네 曾到亦濟濟

어찌 수창의 시가 없으리요 那無唱與酬
참으로 선현들의 선례가 있네36) 前贒固有例

매번 좋은 때와 아름다운 풍경을 만날 적마다 맑은 물과 빼어난 돌 사이에서 혹은 흥을 타고 혼자 가거나 혹은 동지들과 마냥 읊조리니, 깨끗하게 티끌세상을 벗어나려는 생각이 있었다. 이를테면 청음대淸吟臺의 수석은 봄가을로 늘 유람하던 곳인데 매번 동문의 여러 벗들을 불러 온종일 청음대 주변을 맴돌며 말하기를, "우리 선사先師의 자취와 향기가 시냇가 돌 위에도 남아 있어서 이곳에 오면 복잡한 마음을 저절로 씻을 수 있습니다. 어찌 다만 경물이나 사랑하고 흥이나 즐길 뿐이겠습니까?"하니, 이 매암李梅巖이 말하기를, "그대는 요임금을 국과 담장에서 본 사람37)과 같다고 할 수 있습니다." 하였다.

금 성재琴惺齋 공에게 시와 편지를 보내어 고산孤山 서쪽의 땅 절반을 떼어달라고 부탁하여 수운정水雲亭을 지어 쉴 수 있는 장소로 삼으려 하였으나, 세상일이 연이어 잡아 당겨서

느긋이 머물 곳이 있네.[澗谷詠考槃之樂 衡門有棲遲之處]"라는 구절에서 유래한다.

36) 같이 …… 있네 : 『퇴계선생문집』 권3의 「연대사(蓮臺寺)」시의 일부분이다.

37) 요임금을 …… 사람 : 진심으로 선인(先人)을 추모하는 자세를 말한다. 요임금이 죽은 뒤에 순임금이 지극히 사모한 나머지 "자리에 앉으면 담에 요임금의 모습이 나타나는 듯하고 밥을 먹으면 국그릇 속에 요임금의 모습이 비치는 듯하였다.[坐則見堯於墻 食則覩堯於羹]"는 고사에서 유래한다.(『後漢書』「李固列傳」)

시는 지었으나 집은 짓지 못하였다는 탄식을 남겼다.

만력 12년 갑신(1584) 3월 7일, 질병으로 집에서 세상을 떠나시니, 향년 64세였다. 그 해 9월 20일, 예안현禮安縣의 북쪽 용두산龍頭山의 동쪽 기슭 대흥당大興堂 묘향卯向의 터에 장사하였다.

배配 의인宜人 진성 이씨眞城李氏는 바로 퇴계 선생의 종질宗姪로, 장사랑將仕郞 인寅의 따님이시다. 부군의 묘소에 부장附葬하였다. 아들이 없어서 조카 중훈대부中訓大夫[38] 수守[39] 군자감 정軍資監正 윤고胤古[40]를 양자로 들였다. 손자는 여섯인데, 봉사奉事 시문是文·호군護軍 시무是武·진사進士 시정是正[41]·시양是養[42]·양자를 나간 시율是律·시려是呂이며, 두 손녀는 사인士人 김광부金光溥[43]와 생원生員 류형립柳亨立[44]에게 각각 시집갔다. 증손과 현손 이하는 다 기록하지 못한다.

아! 부군께서는 덕성이 근후하며 용모가 단정하시니, 옛날에 일컬었던 바 바탕이 아름다운 군자였다. 어려서부터 공명功名의 길에 생각을 버리고 반드시 퇴도 부자를 귀결처로 삼았으니, 배운 바는 몸소 행하여 실천하는 일이고 익힌 바는 심성과 도의의 말이었다. 만년에는 임천林泉에 터를 잡아 여러 칸의 정사를 온계 가에 지어서 장수藏修하고 양식養息하는[45] 장소로 삼았다. 날마다 문생門生들과 반복하여 강론하고 토의하여, 흥기시키고

---

38) 중훈대부(中訓大夫) : 문관 벼슬아치 종3품의 둘째 품계이다.
39) 수(守) : 품계가 낮은 자가 높은 벼슬자리에 있는 경우를 말한다.
40) 윤고(胤古, 1558~1641) : 자는 역여(繹如), 호는 송파(松坡), 본관은 봉화이다. 임진왜란 이후 굶주린 자와 노약자를 구휼하였다.
41) 시정(是正, 1596~1627) : 자는 자심(子心), 본관은 봉화이다. 1618년 진사시에 입격하였다.
42) 시양(是養, 1598~1663) : 자는 자선(子善), 호는 삼기당(三棄堂), 본관은 봉화이다. 1618년 향시(鄕試)에 입격하고 상경하여 과거를 보려 하였지만, 당시 북인의 득세로 인해 포기하고 귀향하였다. 인조반정 이후에 다시 과거 공부를 시작하였으나, 병자호란 때 성하지맹(城下之盟)의 소식을 듣고 은둔하였다. 사헌부 지평(司憲府指平)에 증직되고 정려를 받았다. 저서로는 『삼기집』이 있다.
43) 김광부(金光溥, 1591~1669) : 자는 덕원(德遠), 호는 매당(梅堂), 본관은 광산(光山)이다. 저서로는 『매당유고』가 있다.
44) 류형립(柳亨立, 1611~1675) : 자는 시우(時遇), 본관은 전주(全州)이다. 1633년 생원시에 입격하였다.
45) 장수하고 양식하는[藏修養息] : 학문함에 가장 필요한 요소를 말한다. "군자가 학문함에 품고 닦으며 쉬고 노닌다.[君子之於學也 藏焉 修焉 息焉 遊焉]"에서 유래한다.(『禮記』「學記」) 장(藏)은 늘 학문에 대한 생각을 품고 있는 것이요, 수(修)는 방치하지 않고 늘 익히는 것이요, 식(息)은 피곤하여

장려하는 것으로 자신의 책무를 삼지 않은 적이 없었다.

비록 여러 사람들과 자리하여 어수선한 자리에 있더라도 옷깃을 여미고 단정히 앉아 종일토록 열심히 하였다. 자질들 중에 가까이에서 모시는 이가 부군의 기력이 손상될 것을 염려하여 멈추기를 청하면 바로 말하기를, "내가 스스로 이 일이 즐거워서 날로 보탬을 추구하는데, 어찌 손상이 있겠느냐?" 하였다. 끊임없이 힘쓰니, 진덕進德·수업修業[46]의 공부가 늙을수록 더욱 독실하여졌다. 이 때문에 자취는 비록 숨겼으나 명성은 더욱 높아졌으며, 세도世道는 비록 어두워졌으나 지조는 더욱 굳건하여졌다. 이는 모두 선생께 도학 강론을 전수받은 힘이나, 독실하게 믿고 배우기를 좋아하여 확고하게 스스로 지키는 분이 아니었다면 이와 같이 할 수 있었겠는가?

『사서질의四書質疑』·『심근강의心近講義』·『가선휘편嘉善彙編』·『사례정변四禮正變』·『사례기문四禮記問』 등의 저술과 시문詩文 약간 권이 집에 보관되어 있었으나, 화재를 겪은 뒤에 또 전란 속에서 대부분 잃어버리고 남의 집에 더러 남아 있는 것은 거의 태산泰山의 작은 티끌과 같다. 자손 된 자의 통렬한 한이 어찌 끝이 있겠는가? 남기신 말씀과 아름다운 행실이 오래 갈수록 더 없어질 것이 염려스러워 선군자께서 기술하신 것을 수습하여 가장家狀 한 편을 우선 지었다. 그러나 문장이 졸렬하여 문장가가 채택하기에 부족할까 염려스럽다.

손자 시양是養이 삼가 쓰다.

쉬는 것이요, 유(遊)는 한가하게 노니는 것이다. '양(養)'과 '유(遊)'가 다르나 전체적인 의미는 같다.

46) 진덕(進德)·수업(修業) : 도덕(道德)을 증진시키고 공업(功業)을 세우는 것을 말한다. "군자는 도덕을 증진시키고 공업을 세운다.[君子 進德修業]"에서 온 말이다.(『周易』「文言傳·乾卦」)

행장行狀

선생先生의 휘는 보輔이고, 자는 사임士任이며, 호는 매헌梅軒 또는 백당栢堂이시다. 금씨琴氏는 고려 문하평장사 한림학사門下平章事翰林學士로 벼슬에서 물러난 영렬공英烈公 휘 의儀가 처음으로 봉화奉化에 관적을 올리니, 대대로 본관을 봉화라고 하였다. 벼슬이 계속 이어졌다.

증조할아버지 휘 회淮는 은진 현감을 지냈으며, 할아버지 휘 계啓는 군위 현감을 지냈다. 아버지 휘 원수元壽는 사도시 첨정을 지냈는데, 노인을 우대하는 은전恩典을 입어 첨지중추부사로 승진하였으며, 어머니 숙부인은 장령掌令을 지낸 안동 김씨 영수永銖의 따님이다. 정덕正德 신사년(1521) 4월 아무 날 선생을 봉화 괴촌槐村의 집에서 낳았다.

겨우 일곱 살에 책을 읽고 글자를 썼는데, 엄격한 감독이 필요 없었다. 숙부 군수공께서 일찍이 배와 밤을 주면서 말하기를, "절하고 받아야 한다." 하니, 선생께서 말하기를, "이는 단지 아이들의 울음이나 그치게 하는 물건입니다. 만약 붓·벼루·종이·먹을 주신다면 마땅히 절하고 받겠습니다." 하였다. 군수공이 기특히 여기며 바로 문방文房에서 사용하는 여러 도구들을 하사하여 차근차근 익히는 재료로 하였다. 문한文翰이 일취월장日就月將하여 명성이 약관의 나이 이전에 벌써 성대해졌다.

가정嘉靖 병오년(1546), 별시에 입격하여 사마에 올랐다. 당시 인종仁宗께서 승하하시자 간악한 무리들이 당화黨禍를 엮어내니, 마침내 마음을 정하여 고장으로 돌아왔다. 다시는 과거에 응시하지 않고 성리학에 오로지 마음을 두어 퇴계 이 선생에게 학업을 청하였다. 왕래하며 묻고 변론하는 일이 아침 저녁으로 직접 배우는 것보다 못하다고 여겨서 바로 한서암寒栖菴의 남쪽 시냇가에 집을 지었다. 퇴계 선생께서 시를 지어 주었다.

해와 별처럼 밝은 가르침 책에 실려 있으니	日星明訓載前書
이 엄한 스승을 대하면 저절로 여유가 있다네	對此嚴師自有餘
바닷가에서 체취 따라감은 참 이상한 일	逐臭海濱良異事
이웃에 집지은 자네의 고생에 감탄하겠네	歎君辛苦築隣廬

이로부터 항상 선생님을 모시며, 일상의 하시는 말씀과 행동을 묵묵히 알고 마음으로 이해하여 선생님의 학설을 독실하게 믿었다. 매일 주자의 글을 읽어 『사서』의 이해를 도우는 공부로 삼으면서 강론을 게을리하지 않았다.

만년에 물난리로 지내던 집이 무너지니, 온계의 송내松內로 옮겨 자리 잡았다. 계당과의 거리가 몇 리나 가까워서 날마다 동문의 여러 벗들과 연마하고 간곡하게 권면하니,[47] 학문의 조예가 더욱 깊어졌다.

퇴계 선생께서 돌아가시고 나서 학자들이 오로지 학문만을 숭상하는 폐습이 있어서 선생께서 말하기를, "덕성을 높이는 일과 학문을 탐구하는 일은 어느 한 쪽도 폐할 수 없습니다. 근자에 우리들이 구이口耳의 습성이 됨을 면하지 못할까 염려스럽습니다. 큰 요체는 경敬에 머물러 그 근본을 세우며, 이치를 궁구하여 그 앎을 지극히 하며, 몸에 돌이켜 그 실제를 실천하는 것입니다. 이는 바로 우리 학문의 종지宗旨입니다." 하였다.

선생의 서법이 신묘하였으니, 이 매암李梅巖·오 춘당吳春塘과 나란히 계문삼필溪門三筆로 일컬어졌다. 선생께서 첫 자리를 차지하였으므로 퇴계 선생께서 아버지 찬성공의 비문 글씨를 쓰도록 시켰으며, 퇴계 선생께서 돌아가신 뒤 묘비와 도산의 신판神版 글씨를 모두 썼다. 청담淸潭 이희득李希得이 그의 아버지 하동군河東君의 비문 글씨를 청하며 말하기를, "금 매헌의 글씨를 받지 못하면 나는 불효하게 된다." 하였다.

선생께서는 천성이 효성스럽고 우애로워 부모님과 형제들의 사이가 정답고 화락하니,[48] 사랑과 공경이 모두 지극하였다. 무진년(1568)과 기사년(1569), 부모님의 초상을 연이어 당하여 피눈물을 흘리며 삼년상을 마치고 『문공가례文公家禮』를 한결같이 따랐다. 종족

---

47) 간곡하게 권면하니[偲切] : '시절'은 절절시시(切切偲偲)의 줄임말이다. 절절은 간곡하고 지극한 것이며, 시시는 자상하게 권면하는 모습을 형용한 것이다. 이는 선비로서 지녀야 할 태도를 말한다. 자로가 공자에게 어떠하여야만 선비라고 할 만한가를 묻자, 공자께서 답하였다. "간절하고 자상하게 권면하며, 화락하면 선비라고 이를 만하다.[切切偲偲 怡怡如也 可謂士矣]"에서 유래한다.(『論語』「子路」)

48) 화락하니[怡怡] : 형제간에 정다운 모습을 말한다. "형제간에는 화락하여야 한다.[兄弟 怡怡]"에서 온 말이다.(『論語』「子路」)

들을 대할 적에는 촌수의 가깝고 먼 것으로 차이 두지 않았다.

자질들을 공손과 근면으로 가르치며 일찍이 말하기를, “칠정 중에 오직 욕欲이 가장 제어하기 어렵다. 욕을 성찰하면 마음은 저절로 차분해지고 일은 저절로 간이簡易해진다.” 하였다. 또 말하기를, “마음을 다스림에는 하나의 경敬 자를 얻었으며, 사물을 접함에는 하나의 성誠 자를 얻었으며, 집안을 다스림에는 하나의 화和 자를 얻었으니, 띠에 써둔 삼자부三字符이다.” 하였다.

퇴계 선생께서 「경재잠도敬齋箴圖」를 직접 써주니 선생께서 아침저녁으로 큰소리로 외우며 말하기를, “엄한 스승께서 바로 여기에 계신다.” 하였다. 스스로 「사물잠四勿箴」을 써서 보고 듣고 말하고 행동하는 사이에 자세히 살펴서 힘써 실천하였다.

천성이 산수를 사랑하여, 약속한 동문의 여러 사람과 매번 퇴계 선생의 청량산 유람길을 모시면서 시를 주고받았다. 또 고산孤山의 뛰어난 풍경을 좋아하여 금 성성琴惺惺에게 시를 부쳐서 산의 반을 나누어 받아서 수운정水雲亭을 지어 쉬는 장소로 삼으려고 하였으나 시는 지어졌어도 집은 짓지 못하였다.

고을의 현감인 곽황郭趪 선생이 박학博學과 독행篤行하였으므로 향중의 논의에 따라 조정에 천거하려고 하자 선생께서 굳이 그만두게 하였다.

퇴계 선생께서 우 좨주禹祭酒기 역학易學을 우리나라로 가져온 공을 사모하여 서원을 오담鼇潭의 가에 세웠다. 선생께서 재물을 출연하고 공사를 감독하여 도학을 강론하고 학업을 익히는 장소로 삼았다. 향교를 중수하고는 퇴계 선생께 여쭈어 입약立約의 조문을 지어 정하였다. 도산서원을 창건할 적에는 처음부터 끝까지 감독하며 비바람이 쳐도 그만두지 않았다. 이와 같이 사문의 일에 온 힘을 다하였다.

만력萬曆 갑신년(1584), 3월 7일에 돌아가시니, 향년 64세였다. 그 해 9월 20일, 예안 용두산의 동쪽 기슭 대흥당 동향의 터에 장사하였다.

배配 진성 이씨는 퇴계 선생의 맏형인 여절교위勵節校尉49) 잠潛의 아들인 장사랑 인寅의

49) 여절교위(勵節校尉) : 무관 벼슬아치들의 종6품 첫째 품계이다.

따님이다. 계사년(1593), 5월 29일에 돌아가시니, 선생 묘소의 오른 편에 부장附葬하였다.

아들이 없으니, 공조 참의工曹參議에 증직된 아우 은轞의 아들 군자감 정 윤고胤古를 양자로 들였다. 손자는 여섯인데, 봉사 시문是文·호군 시무是武·진사 시정是正·명나라에 대한 절의를 지켰기 때문에 지평에 증직되고 정려를 받은 시양是養·양자를 나간 시율是律·시려是呂이며, 손녀사위 두 명은 사인 김광부金光溥와 생원 류형립柳亨立이다.

선생께서는 덕성이 순후純厚하며 용모가 단엄端嚴하여, 비록 여러 사람들과 자리하여 어수선하더라도 옷깃을 여미고 꼿꼿이 앉아 게으른 낯빛을 보이지 않았다. 늙어서도 독서를 멈추지 않으며 말하기를, "이렇게 하지 않으면 그릇되고 치우쳐진 마음이 쉽게 생겨난다." 하였다. 선생의 저술은 『사서질의四書質疑』·『심근강의心近講義』·『가선휘편嘉善彙編』·『사례정변四禮正變』·『사례기문四禮記問』 등 여러 편이 있었는데, 집의 화재와 전란의 불길 속에서 완전히 없어졌으며 『사서질의四書質疑』·잡저·시문 약간 권만이 책 상자에 보관되어 있다.

선생의 10세손인 우열佑烈[50]이 나에게 와서 여러 해 유학하였는데, 덕을 드러내는 행장을 부탁하니, 정리情理로 보아 사양할 수 없어서 가장을 따라 차례대로 기술한다.

숭정대부崇政大夫 행 이조 판서行吏曹判書 겸 판의금부사兼判義禁府事
지 경연춘추관사知經筵春秋館事 동지성균관사同知成均館事 홍문관 제학弘文館提學
예문관 제학藝文館提學 경연일강관經筵日講官 공암孔巖 허전許傳[51]이 삼가 짓다.

---

50) 우열(佑烈, 1824~1904) : 자는 경조(景祖), 호는 자산(紫山), 본관은 봉화(奉化)이다. 1885년 소과에 입격하였으나 관직에 나가지 않고 학문 연구에 전념하였다. 저서는 『자산문집』이 전한다.

51) 허전(許傳, 1797~1886) : 자는 이로(以老), 호는 성재(性齋), 본관은 양천(陽川)이다. 1835년 문과에 급제하여 전적(典籍)·병조 참의(兵曹參議)·김해 부사(金海府使) 등을 역임하였다. 이익(李瀷)·안정복(安鼎福)의 뒤를 이은 기호(畿湖) 남인학자로서 당대 유림의 종장(宗匠)이 되었다. 저서로는 『성재집』·『종요록(宗堯錄)』·『철명편(哲命編)』 등이 전한다.

묘지명墓誌銘 서문 병기

공의 휘는 보輔이며, 자는 사임士任이며, 호는 백률당栢栗堂이었는데 후에 매헌梅軒으로 고쳤다. 금씨 중에 봉화라고 본적을 사용하는 사람은 모두 고려 태사 영렬공 휘 의儀에게서 나왔는데, 후세에 훌륭한 사람이 많다.

공의 증조할아버지 휘 회淮는 은진 현감을 지냈으며, 할아버지 휘 계啓는 군위 현감을 지냈다. 아버지 휘 원수元壽는 첨지중추부사를 지냈으며, 어머니 안동 김씨는 장령 영수永銖의 따님이다. 정덕 16년 신사(1521), 공을 봉화 괴촌槐村의 집에서 낳았다.

영민함이 보통 아이들과 달라, 겨우 7세에 지각이 성인과 같아서 놀이를 즐겨하지 않으며 책을 읽거나 글자를 쓸 줄 알았다. 숙부 군수공이 매우 사랑하여 일찍이 배와 밤을 주니, 공이 말하기를, "숙부께서 이것으로 저의 울음을 그치고자 하십니까? 만약 붓·벼루·종이·먹을 주신다면 마땅히 절하고 받겠습니다." 하였다. 군수공이 머리를 쓰다듬으며 기뻐서 말하기를, "이 아이가 당연히 우리 가문을 빛낼 것이다." 하였다. 마침내 문방文房에서 사용하는 여러 도구들을 상으로 주어 차근차근 익히는 재료로 삼았다.

문예가 일취월장日就月將하니 필법도 함께 진보하였다. 첨지공이 서당의 편액과 선현들의 격언을 써서 벽에 나누어 걸도록 명한 적이 있었는데, 들러서 첨지공의 안부를 묻는 손님이 그 자획을 보고 경이로워 하였다. 글씨를 구하는 자들이 날로 계속 찾아왔다.

가정 병오년(1546), 사마시에 입격하여 5년 동안 성균관에서 유학하고는 다시 과거에 응시하지 않고 성리학에 전념하였다. 이 당시 퇴계 선생께서 도산 서당에서 도학을 강론하였는데, 공이 제자52)가 되어 문하에서 학업을 청하였다. 퇴계 선생께서 자제들과 다름이 없이 친절하게 가르쳐 주었다.

---

52) 제자[摳衣] : '구의'는 옷자락을 치켜든다는 뜻으로, 스승에게 공경히 나아가는 제자의 모습을 말한다. "옷자락을 공손히 치켜들고 구석을 따라 빠른 걸음으로 가서 응대함에 반드시 조심성 있게 해야 한다.[摳衣趨隅 必愼唯諾]"에서 온 말이다.(『禮記』「曲禮上」)

공이 처음에는 한서암寒栖菴의 곁에서 지내다가, 만년에 온계 송내松內에 자리 잡아 계당溪堂과 거리가 몇 리나 가까워지니, 조석으로 왕래하며 직접 지결旨訣을 받았다. 물러나서는 동문의 여러 벗들과 도의로 서로 강마講磨하니, 견문이 날로 넓어지고 조예가 날로 더욱 깊어졌다.

공의 필법이 정묘하니, 퇴계 선생께서도 애지중지하여 어떤 때는 공이 먹을 적셔 병풍이나 족자를 만들면 보관하여 두기까지 하였다. 퇴계 선생께서 아버지 찬성공의 비문 글씨를 공에게 부탁한 적이 있으며, 또 선생께서 세상을 떠난 뒤 도산의 신판神版 글씨도 모두 공에게 부탁하였다. 산소에 비석을 세울 적에 문인들이 이 비석의 글은 고봉高峯[53]이 아니면 지을 수 없으며 글씨는 매헌梅軒이 아니면 쓸 수 없다고 여겼다. 동 시대 인물 이 매암李梅巖·오 춘당吳春塘과 나란히 계문삼필로 불렸는데, 공이 첫 자리를 차지하였다. 감사 이청李淸 공이 해주 감영에 있을 때 공의 글씨를 수양관首陽館에 판각하여 서북 선비들에게 필법을 본받도록 명한 적이 있었다. 서예는 육예六藝 중의 한 가지여서 공에게 경중을 따지기는 부족하나 정신이 깃든 바에서 또한 그 일단을 알 수 있다.

공은 평생토록 자신을 감추기에 힘써서 문장가로 자임한 적이 없었다. 그러나 학문이 넉넉하여진 나머지에 지은 시는 또한 맑고 빼어나 한 잔 술과 한 번 읊조리는 사이에 금석의 맑은 울림과 같은 시운詩韻이 있었다. 좋은 시절의 아름다운 풍경을 만나면 맑은 물과 빼어난 돌에서 동지들과 함께 시문과 술을 즐기니, 깨끗하게 티끌세상을 벗어나려는 생각이 있었다. 퇴계 선생의 전후에 걸친 청량산 유람을 모두 함께 하여 인자仁者와 지자智者의 흥취[54]를 도와 발하였으므로 기수沂水에서 목욕하고 바람 쐬며 읊조리고 돌아

53) 고봉(高峯) : 기대승(奇大升, 1527~1572)의 호이다. 자는 명언(明彦), 다른 호는 존재(存齋), 시호는 문헌(文憲), 본관은 행주(幸州)이다. 1558년 문과에 급제하여 승정원 주서(承政院注書)·이조 정랑(吏曹正郞)·성균관 대사성(成均館大司成) 등을 역임하였다. 1559년에서 1566년까지 8년 동안 스승인 퇴계 선생과 벌인 사칠논변(四七論辨)은 유학사상 지대한 영향을 끼친 논쟁으로 평가되고 있다. 저서로는 『고봉집』·『논사록(論思錄)』·『왕복서(往復書)』·『이기왕복서』·『주자문록(朱子文錄)』 등이 있다.

54) 인자(仁者)와 지자(智者)의 흥취 : 제대로 산수를 즐기는 모습을 말한다.

오는[55] 기상을 얻음이 있었다.

공은 효성과 우애에 독실하여 어버이 곁에 있을 적에는 넉넉하고[56] 공경하며[57] 형제와는 화락하였다. 삼년상을 치르면서 피눈물을 흘리며 이를 드러내 보인 적이 없었다. 종족들은 멀고 가까움으로 차별하지 않았다. 자손들은 반드시 공경과 삼감으로 가르쳤다.

고인의 명언이나 선행을 얻으면 앉는 자리 가까이에 써두고서 입으로 외우고 마음으로 이해하였다. 일찍이 말하기를, "칠정七情 중에 오직 욕欲이 가장 제어하기 어렵다. 욕을 성찰 하면 마음은 저절로 차분해지고 일은 저절로 간이簡易해진다." 하였다. 또 말하기를, "마음을 다스림에는 하나의 경敬 자를 얻었으며, 사물을 접함에는 하나의 성誠 자를 얻었으며, 집안을 다스림에는 하나의 화和 자를 얻었다." 하였다. 이는 모두 몸소 겪은 나머지의 말이니, 공이 본원을 함양하는 공부를 하였다는 것을 이에서 알 수 있다.

고을의 현감 곽황郭趪이 공이 박학·독행하기 때문에 천거하려고 하니, 공이 편지를 보내 저지하며 "보輔는 젊어서부터 어버이께 효행을 어겼고 선생님께 학문을 저버렸습니다. 바야흐로 자신을 돌아보며 두려워할 겨를도 없는데, 어찌 감히 명예를 훔쳐 벼슬을 차지할 계책을 꾸미겠습니까? 설령 취할 만한 것이 있다 하더라도 참으로 사람이 스스로 마땅히 해야 할 도리를 하였을 뿐입니다. 원래 벼슬을 위한 것이 아니라 배움을 위한 것이었습니다." 하니, 일휴당과 월천 등 여러 공들이 듣고는 "우리들은 공公이 부끄러워하는 것을 하지는 않았는가? 공의 말씀은 참으로 명예를 구하는 사람이 깊이 경계하고 두려워할 만한 말이다."라고 말하였다.

---

55) 기수(沂水)에서 …… 돌아오는 : 고상한 뜻을 가지고 자연 속에서 즐기는 낙을 말한다.

56) 넉넉하고[油油] : '유유'는 벼와 기장이 무성하게 자란 모습을 말하는데 여기서는 자식의 넉넉한 모습을 말한다. 기자(箕子)의 「맥수가(麥秀歌)」의 "보리 이삭은 이미 자랐고, 벼와 기장도 무성하구나! 저 교활한 아이놈은, 어찌 나의 충고 듣지 않았던고.[麥秀漸漸兮 禾黍油油 彼狡童兮 不與我好兮]"에서 온 말이다.(『史記』「宋微子世家」)

57) 공경하며[翼翼] : '익익'은 조심하고 공경하는 것을 말한다. "오직 이 문왕이, 조심하고 공손하고 삼간다.[維此文王 小心翼翼]"에서 온 말이다.(『詩經』「大雅·大明」)

만력 갑신년(1584) 병으로 집에서 세상을 떠나니, 향년 64세였다. 그 해 9월 20일에 용두산 대흥당의 묘향의 터에 장사하였다. 의인 이씨는 무덤을 같은 자리에 쓰니, 바로 퇴계 선생의 조카 인寅의 따님이다.

아들이 없어 조카인 윤고胤古를 양자로 들였는데, 지금 군자감 판관이다. 손자는 여섯인데, 시문是文·시무是武·시정是正·시양是養·시율是律·시려是呂이다.

판관은 내가 문친門親의 의리가 있으므로 묘지명을 부탁하였다. 내가 참으로 정중히 하여 가벼이 허락하지 못할 일이지만, 공께서는 나의 아버지와는 동문의 벗이 되고 업僕에게는 조항祖行이 된다. 계시던 곳을 찾아뵈어 보았던 두터운 덕과 단정한 용모는 모두 후생의 긍식矜式[58]이 될 만하다고 아직도 기억하며, 매번 이끌어주심을 받들어 헛된 곳으로 돌아가지 않았음을 스스로 다행스럽게 생각하니, 마음에 새겨두고서 함부로 잊었겠는가? 이제 판관의 청에 끝내 사양하지 못할 것이 있어, 예전에 들은 것들을 순서대로 정리하고는 명銘을 짓는다.

태사공의 이름난 가문	太師華胄
공께서 아름다움을 이었네	公趾其美
효성스럽고 우애로우시니	克孝克友
학문한 공효 이에 있었네	爲學在是
암헌에서 가르침을 받아[59]	立雪巖軒
성리학에 마음을 다하였네	從事性理
널리 배우고 많이 들으니	博學多聞
즉시 평가[60]를 받았네	月評卽視

58) 긍식(矜式) : 공경하고 법 받는 것을 말한다. “여러 대부와 국민들에게 모두 공경하고 법 받는 것이 있도록 하려 하니 자네는 어찌 나를 위하여 말하지 않는가?[使諸大夫國人 皆有所矜式 子盍爲我言之]”에서 온 말이다.(『孟子』「公孫丑下」)

59) 가르침을 받아[立雪] : ‘입설’은 정문입설(程門立雪)의 줄임말로 스승을 찾아가 가르침을 받으려는 정성을 말한다.

60) 평가[月評] : ‘월평’은 월단평(月旦評)의 줄임말로 인물을 품평(品評)하는 것을 말한다. 한(漢)

필체는 종왕[61]의 법을 열었고　筆闡鍾王
시는 정시의 풍[62]을 이었네　詩挽正始
비석과 신판의 글씨 빛나고　碑版照耀
편지 글은 종이에 가득하네　翰札盈紙
동문들은 추대를 하고　同門推重
종족들은 모두 의지하였네　宗黨咸依
온천이 나는 한 굽이에　溫泉一曲
석인께서 터를 잡았네　碩人所里
방 안에는 무엇이 있는가　一室何有
서책을 좌우에 두었네　左圖右史
작은 수레[63] 때로 나가니　小車時出
아름다운 산수가 펼쳐졌네　佳山勝水
이 또한 정사이니　是亦爲政
어찌 높은 벼슬[64]하리요　奚其膴仕
안에는 어진 내조자 있어　內有贒助
여사[65]가 되시었네　是爲女士

나라 허소(許劭)가 향당의 인물을 논핵하기를 좋아해서 매월 초가 되면 인물을 다시 품평하였으므로, 여남(汝南) 사람들이 이를 두고 월단평이라고 한 데서 유래한다.(『後漢書』「許劭列傳」)

61) 종왕(鍾王) : '종'은 종요(鍾繇)인데, 삼국 시대 위(魏)나라의 서예가로 자는 원상(元常)이다. 특히 해서(楷書)에 뛰어나 '종법(鍾法)'으로 불려졌다. '왕'은 왕희지(王羲之)인데, 진(晉)나라의 서예가로 자는 일소(逸少)이다. 해서·행서·초서에 모두 뛰어나 '서성(書聖)'으로 불려졌다.

62) 정시(正始)의 풍 : '정시'는 처음을 바르게 한다는 의미로, 매헌 선생의 시가 『시경』의 정풍(正風)의 풍을 따르고 있음을 말한다. 자하(子夏)의 「모시서(毛詩序)」의 "「주남」과 「소남」이야말로 왕도를 처음부터 단정하게 펴는 도요, 제왕의 교화의 기초이다.[周南召南 正始之道 王化之基]"에서 유래한다.(『詩經』)

63) 작은 수레[小車] : '소거'는 수레 타고 유람을 나가는 것을 말한다. 소옹(邵雍) 「천도음(天道吟)」의, "고마워라 봄과 가을 흥취에 편승하여, 작은 수레 타고서 문 밖을 나가보네.[春秋賴乘輿 出用小車兒]"에서 온 말이다.

64) 벼슬[膴仕] : '무사'는 녹봉이 후(厚)하고 높은 벼슬을 말한다. "자잘한 인아는, 높은 벼슬 시키지 말아라.[瑣瑣姻亞 則無膴仕]"에서 온 말이다.(『詩經』「小雅·節南山」)

65) 여사(女士) : 여성 중에 선비와 같은 행실이 있는 사람을 말한다. "그 따름은 무엇인가? 너에게 훌륭한 여사를 줌이로다.[其僕維何 釐以女士]"에서 온 말이다.(『詩經』「大雅·旣醉」)

자손66)에게 계책을 남기니	錫類貽謀
아들 없었는데 아들을 두었네	無子有子
우뚝한 무덤에	宰如之阡
의복과 신을 묻었는데	衣履藏只
지관67)이 길함을 도와	青烏協吉
부부68)가 함께 하였네	雙劒會此
이 산소에 지문을 새겨	刻誌幽宮
천년토록 알리려하네	用睎千祀

만력 31년(1603) 2월 어느 날, 후학後學 통훈대부通訓大夫 행 사헌부 집의行司憲府執義 지제교知製敎 금업琴愹69)은 삼가 짓다.

---

66) 자손[錫類] : '석류'는 훌륭한 자손을 두는 것을 말한다. "효자가 끊어지지 않으니, 길이 너와 같은 좋음을 주리로다.[孝子不匱 永錫爾類]"에서 유래한다.(『詩經』「大雅·旣醉」)

67) 지관[青烏] : '청오'는 한(漢)나라 유명한 지관(地官)인 청오자(青烏子)를 말한다. 팽조(彭祖)의 제자로 화음산(華陰山)에 들어가서 도를 배워 신선이 되었고, 지리학을 정통하였다.

68) 부부[雙劒] : '쌍검'은 춘추(春秋) 때 오(吳) 나라 간장(干將)과 막야(莫邪)가 만든 웅검(雄劍)과 자검(雌劍)을 말한다. 이 명(銘)에서는 부부를 말한다. 진(晉)나라 때 뇌환(雷煥)이 남창(南昌)의 풍성옥(豐城獄) 지하에 묻힌 이 두 자루의 검을 발굴하여 간장검(干將劍)은 상서(尙書) 장화(張華)에게 바치고 막야검(莫邪劍)은 자신이 차고 다녔다. 장화가 주살(誅殺)된 뒤에 간장검의 행방을 알 수 없었다. 뇌환이 죽은 뒤에 그 아들 뇌화(雷華)가 막야검을 차고 평진(平津)을 지나는데, 갑자기 검이 허리에서 빠져나가 물속으로 들어갔다. 뇌화가 사람을 시켜 물속에 들어가 검을 찾게 하였는데, 검은 보이지 않고 두 마리의 용이 서로 엉킨 것만이 보였다고 한다. 곧 헤어졌던 웅검과 자검이 재회(再會)한 것으로 여겼다는 고사에서 유래한다.(『晉書』「張華列傳」)

69) 금업(琴愹, 1557~1638) : 자는 언신(彦愼), 호는 만수재(晩修齋), 본관은 봉화이다. 1601년 문과에 급제하여 사간(司諫)·승지(承旨)·창원 부사(昌原府使) 등을 역임하였다. 저서로는 『만수재집』이 있다.

묘갈명墓碣銘 서문 병기

선생先生의 휘는 보輔이며, 자는 사임士任이며, 호는 백당栢堂 또는 매헌梅軒이며, 본관은 봉화이시다. 고려 평장사 금공琴公 휘 의儀의 후손이다. 증조할아버지 휘 회淮는 은진 현감을 지냈으며, 할아버지 휘 계啓는 군위 현감을 지냈다. 아버지 휘 원수元壽는 사도시 첨정을 지냈으며, 어머니 안동 김씨는 장령 영수永銖의 따님이시다. 선생은 정덕 16년 신사(1521)에 태어났다.

어려서 영민하여 7세에 책을 읽고 글씨를 쓸 줄 알았다. 숙부 군수공이 배와 밤을 준 적이 있는데, 선생이 사양하며 말하기를, "배와 밤은 붓·벼루·종이·먹보다 못합니다." 하니, 군수공이 기특해하며 마침내 문방文房에 사용하는 여러 도구들을 상으로 주니, 선생이 절하고 받았다. 오직 삼가니, 문예는 일취월장하고 필법은 가르치지 않았는데도 성취하였다.

가정 병오년(1546), 사마시에 입격하였다. 이로부터 다시 과거에 응시하지 않고 퇴도退陶이 선생에게 학업을 청하여 성리학에 전념하였다. 한서암寒栖菴 곁에 집을 짓고는 퇴도 선생을 조석으로 모시니, 퇴도 선생이 시를 지어 주었다.

해와 별처럼 밝은 가르침 책에 실려 있으니	日星明訓載前書
이 엄한 스승을 대하면 저절로 여유가 있다네	對此嚴師自有餘
바닷가에서 체취 따라감은 참 이상한 일	逐臭海濱良異事
이웃에 집 지은 자네의 고생에 감탄하겠네	歎君辛苦築隣廬

차분히 익히며 스승의 학설을 마음속으로 간직하여 『사서질의四書質疑』·『심근강의心近講義』·『가선휘편嘉善彙編』·『사례기문四禮記問』·『사례정변四禮正變』은 손길 가는대로 따라 책을 만드니, 견문이 더욱 넓어지고 지조가 또 굳건해졌다.

필법이 반듯하니, 퇴도 선생께서도 애지중지하였다. 퇴도 선생께서 돌아가신 뒤 산소의 비석을 마련하려고 하면서 여러 문인들이 이 비석의 글은 고봉高峯이 아니면 지을 수 없으며 글씨는 매헌梅軒이 아니면 쓸 수 없다고 여겼다. 도산서원을 준공하는 날

위판位版에 글씨 쓰는 일은 또한 모두 선생을 추대하였으니, 이 어찌 필한筆翰의 아름다움만이겠는가? 매암梅巖 이숙량李叔樑·춘당春塘 오수영吳守盈 등과 함께 선성삼필宣城三筆로 일컬어졌는데, 선생께서 첫자리를 차지하니, 그 글씨가 더욱 아름다웠기 때문이다.

선생은 효성과 우애가 독실하여 어버이 곁에서는 넉넉하면서 공경하였으며 형제와는 화락하였다. 초상을 치르면서 슬픔으로 몸이 훼손될 지경이었고 삼년동안 피눈물 흘리며 이를 내보인 적이 없었다.

고인의 명언이나 선행을 보면 앉는 자리 가까이에 써두고 스스로 경계하였다. 일찍이 말하기를, "칠정 중에 오직 욕欲이 가장 제어하기 어렵다. 욕을 성찰하면 마음은 저절로 차분해지고 일은 저절로 간이簡易해진다." 하였다. 또 말하기를, "마음을 다스림에는 하나의 경敬 자를 얻었으며, 사물을 접함에는 하나의 성誠 자를 얻었으며, 집안을 다스림에는 하나의 화和 자를 얻었다." 하였다. 이는 대개 실제로 체득體得하여 마음으로 얻은 다음의 말이지 암송만으로 얻은 것은 아니었다.

역동서원을 창건할 적에는 재물을 출연하고 부역을 도우며 감독하기를 가장 부지런히 하였다. 향교를 중수할 적에는 입약의 조문을 골라 정하고는 품식品式을 구비하였다. 선생이 사문에 힘을 다한 것이 또한 이와 같았다.

만력 12년 갑신(1584) 3월 7일에 세상을 떠나시니, 향년 64세였다. 그해 9월 20일에 예안현 북쪽 용두산 동쪽 기슭 대흥당 묘향의 터에 장사하였다. 배配 의인 진성 이씨는 여절교위 잠潛의 아들 장사랑 인寅의 따님이시다. 선생이 돌아가신지 9년 뒤 계사년(1593) 5월 29일에 세상을 떠나시니, 선생의 묘소 가까이에 부장附葬하였다.

후손이 없어 조카 윤고胤古로 뒤를 이었는데, 후에 군자감 정이 되었다. 손자는 여섯인데, 봉사 시문是文·호군 시무是武·진사 시정是正·지평으로 증직된 시양是養·양자를 나간 시율是律·시려是呂이다. 손녀사위는 둘인데, 사인 김광부金光溥와 생원 류형립柳亨立이다.

선생은 천품이 본래 아름다웠다. 일찍부터 믿고 의지할 곳을 얻어 위기爲己의 학문[70]에 뜻을 두고 명리를 구하지 않았다. 선생님의 말씀과 행동을 흠모하고 기뻐하지 않음이 없어 주선하고 응대하는 것이 모두 법도 안에 있었다. 심지어는 붓을 놀리거나 수석 사이에서 마시고 읊조릴 적에 조금도 함부로 하지 않았다. 도의를 듬뿍 함양하여

찬란히 문장을 이루니, 참으로 학문을 좋아하고 독실하게 행동하는 군자라고 할 만하였다.

유독 안타까운 것은 퇴계 선생을 모시며 당일에 기록한 문자와 왕복한 편지들을 화재로 인하여 다 잃어버리고 또 임진왜란을 겪으면서 다시 남은 것이 없는 지경이 되어 쓸쓸해진지 이제 수백 년이 되었음이다. 후손 중에 우열佑烈씨가 흩어진 것을 두루 모아 시문과 짧은 편지 약간에다가 행장과 묘지명을 붙여서 한 책을 만들고는 묘비명을 나에게 요청하였다. 돌아보건대, 나의 어리석음으로 어찌 함부로 감당하겠는가마는 또한 양 집안의 아름다운 세의世誼로 끝내 사양할 수 없었다. 삼가 한두 가지 일을 차례대로 서술하고, 이어서 명銘을 짓는다.

명銘에 말하였다.

오래전에 선생께서　久矣先生
계당의 제자가 되었네　摳衣溪堂
책을 들고 의심을 묻기 위하여　抱卷質疑
그 곁에 집을 지었네　築室其傍
선생님의 가르침 부지런하여　師敎無倦
몽양에 단서가 있었네　蒙養旣端
빼어난 재목이 문채 나니　英材斐然
유하[71]의 사이였네　游夏之間
이에 믿고 의지하였으니　是爲依歸
어떻게 명리를 사모하였으리요　外慕何有

---

70) 위기(爲己)의 학문 : 남이 알아주기를 바라서 공부하는 '위인지학(爲人之學)'과 상대되는 말로, 오직 자신의 덕성을 함양하기 위해 공부하는 것을 말한다. "옛날의 학자들은 위기지학을 하더니 지금의 학자들은 위인지학을 한다.[古之學者 爲己 今之學者 爲人]"에서 온 말이다.(『論語』「憲問」)

71) 유하(游夏) : 문학으로 이름났던 자유(子游)와 자하(子夏)의 병칭이다. 공자께서 말하였다. "문학에는 자유와 자하가 있었다.[文學 子游子夏]"에서 유래한다.(『論語』「先進」) 이 명에서는 선생의 문학성이 높았음을 말한다.

필법이 묘함을 이루니	筆法臻妙
마음이 손을 부려서라네	惟心使手
잠명은 잘 보관하였고	箴銘寶藏
비석과 신판은 후세에 남겼네	碑版垂後
본 자는 눈길을 고정하니	觀者寓目
군자의 전형이었네	君子典型
띠에 적어 스스로 경계하니	書紳自警
경건함과 성실함이네	曰敬曰誠
용두산의 동쪽 기슭이	龍山東麓
무덤이 있는 곳으로	衣履攸安
덕스러운 부인도	夫人媲德
돌아가신 뒤 터를 함께 하였네	歿亦同原
유풍이 나를 일으키니	遺風起余
백세토록 잊지 않으리라	百世不諼

후학後學 통정대부通政大夫 호조 참의戶曹參議 진성 이휘재李彙載[72]는 삼가 짓다.

72) 이휘재(李彙載, 1795~1875) : 자는 덕여(德輿), 호는 운산(雲山), 본관은 진성(眞城)이다. 1827년 생원시에 입격하여 선릉 참봉(宣陵參奉)·경산 현령(慶山縣令)·한성부 우윤(漢城府右尹) 등을 역임하였다. 저서로는 『운산집』이 있다.

매헌선생문집
梅軒先生文集

발

매헌선생문집발梅軒先生文集跋

이상의 두 책은 매헌 금 선생의 유고遺稿이다. 선생은 퇴계 선생의 수제자로서 날마다 퇴계 선생께 직접 배우니, 도를 전수받음이 매우 빨랐다. 넉넉한 학업과 날로 새로워진 덕성이 반드시 스승의 뜻을 이어 받고 마음에 얻은 것을 발명하여 언어와 문자로 드러나서 배우는 자들의 기준이 되는 작품이 서가에 가득하고 책 상자에 넘쳐나야 한다. 그러나 불행하게도 화재를 겪고 이어서 전란을 맞으면서 마침내 거의 다 없어졌다. 지금 수많은 글 중에서 조금 남아 있는 것은 근체시 오언칠언 절구와 부·만사·제문·짧은 편지 약간 편뿐이다. 이른바 『심근강의心近講義』·『사례기문四禮記問』·『사례정변四禮正變』·『가선휘편嘉善彙編』 등의 책은 또한 그 편의 제목은 보이나 전서全書는 보이지 않는다.

그러나 선생의 말씀을 들어보면 선생의 도가 치우치지 않았음을 알 수 있다. 배우는 자들이 오로지 학문만을 숭상하는 폐습弊習이 있으니, 바로 말하기를, "덕성을 높이는 일과 학문을 탐구하는 일은 어느 한 쪽도 폐할 수 없습니다. 근자에 우리들이 구이口耳의 습성이 됨을 면하지 못할까 염려스럽습니다." 하였으며, 또 일찍이 스스로 말하기를, "내가 마음을 다스림에는 하나의 경敬 자를 얻었으며, 사물을 접함에는 하나의 성誠 자를 얻었으며, 집안을 다스림에는 하나의 화和 자를 얻었다." 하였다. 경건에 머무는 일과 이치를 궁구하는 일을 함께 닦아서 아울러 진취한 효험이 과연 어떠하였겠는가?

이는 선생의 학문이 사서를 근본으로 하고 『심경』·『근사록』·주자서로써 참고를 하였기 때문에 그 말씀이 간절하고 가까우면서도 평이하니, 마치 비단이나 콩과 곡식이 어디에서나 쓰여지지 않음이 없는 것과 같다. 시가로 발한 것은 또한 깊이 있고 청아하여 일창삼탄一唱三歎[73]의 운치가 있다. 절묘한 서법은 고인에 가까이 다가갔으니, 이는 선생에게 있어 다만 여사餘事일 뿐이다. 또한 성정性情의 바름을 볼 수 있는 것 중에 글씨가 한 가지이니, 어찌 많이 있어야만 하겠는가? 이것이 비록 잘려나가고 남은 부분이라 하더라도 참으로 남아 있는 바를 근거로 남아 있지 않은 부분을 찾고 말한 바를 말미암아 말하지 않은 부분을 찾을 수 있다면 선생을 잘 배운 자라고 말할 수 있다.

선생의 외할아버지가 나의 먼 조상 장령공이시기 때문에 양손자인 호열祜烈씨가 예전의 정리를 말하며 나에게 발문을 지어달라고 하여 삼가 내가 손을 씻고 기록한다.

기유년(1909) 2월 상순,
숭정대부崇政大夫 원임대제학原任大提學 안동 김학진金鶴鎭[74]이 삼가 짓다.

---

73) 일창삼탄(一唱三歎) : 한 사람이 노래를 선창(先唱)하면 세 사람이 화답한다는 뜻으로, 시문이 매우 뛰어남을 말한다. "청묘의 비파는 붉은 현으로 되어 있고 소리가 느릿하여 한 사람이 선창하면 세 사람이 화답하여 여음이 있다.[淸廟之瑟朱弦而疏越, 壹倡而三歎, 有遺音者矣]" 에서 유래한다.(『禮記』「樂記」)

74) 김학진(金鶴鎭, 1838~1917) : 자는 성천(聖天), 호는 후몽(後夢), 본관은 안동이다. 1871년 문과에 급제하여 동부승지(同副承旨)·형조 판서(刑曹判書)·홍문관 태학사(弘文館太學士) 등을 역임하였다. 1910년 우리나라를 병탄한 일제로부터 남작의 작위를 받았다.

매헌 선생의 평소 저술은 이른바 『심근강의心近講義』·『사서질의四書質疑』·『사례기문四禮記問』·『사례정변四禮正變』·『가선휘편嘉善彙編』 등이다. 편의 제목으로 미루어볼 때 모두 퇴계 선생의 지결旨訣이자 고인의 격언格言이므로 전할 만하여 없앨 수 없음이 분명하다. 그러나 집의 화재를 한번 겪고 다시 전란을 겪으면서 조용히 담소 나누며 지은 시문·간찰들과 함께 다 없어지고 남아 있는 것이 없다.

손자 삼기당三棄堂 시양是養께서 눈과 귀로 보고 들은 것들을 가까스로 모아 행장 한편을 지었고, 그 뒤로 이를테면 설헌공雪軒公 삼달三達[75]·이안공易安公 성규聖奎[76]·상사공上舍公 경제敬躋[77]께서 다 명필과 문장으로 그 집안의 학통을 이었으나 유문遺文의 경우는 오랜 세월을 거치면서 찾을 길이 없다.

10세손 우열佑烈 공께서 젊은 나이에 비로소 수습하고 고찰하는 일을 제대로 시작하여 무릇 당시 오래된 집안 중에 선대의 전적을 수호하고 있는 집이라면 거리의 멀고 가까움과 시간의 오래고 빠름을 따지지 않고 마음을 다하여 찾아내었다. 수록隨錄한 것이 오언 칠언의 절구시·고시·근체시와 부·만사·제문·짧은 편지·「계몽문목」·『사서질의』·잡저 약간 편뿐이었다.

대저 평생의 저술이 후학과 관계있는 것들이므로, 오늘날 편집의 약소함을 헤아려볼 때 참으로 매헌 선생의 문집이 되기에는 부족하다. 그러나 이것은 온 솥 안의 한 점 고기와 같으며 춤추는 봉황의 한 깃털[78]과 같다. 대개 세월이 오래므로 남은 것이 드물고, 남은

---

75) 삼달(三達, 1614~1681) : 자는 이겸(爾兼), 호는 설헌(雪軒), 본관은 봉화이다. 시무(是武)의 아들이다. 천거를 받아 참봉(參奉)을 제수 받았다.

76) 성규(聖奎, 1636~1700) : 자는 문숙(文叔), 호는 이안당(易安堂), 본관은 봉화이다. 시율(是律)의 아들이다. 1678년 문과에 급제하여 성균관 사예(成均館司藝)·예조 정랑(禮曹正郎) 등을 역임하였다. 퇴계 선생과 매헌 선생을 참고하여 필법에 힘을 쏟았다. 저서로는 『이안당집』이 있다.

77) 경제(敬躋, 1692~1745) : 자는 경승(景昇), 호는 성헌(惺軒), 본관은 봉화이다. 1733년 생원시에 입격하였다. 1728년 이인좌(李麟佐)의 난 때 서기(書記)가 되어 가담하였다.

78) 춤춘 …… 깃털 : 순임금의 음악과 같은 훌륭한 문장은 약간의 것을 통해서도 전체를 알 수 있음을 말한다. "순임금의 음악이 아홉 번 연주되자, 봉황새가 와서 춤을 추었다.[簫韶九成 鳳凰來儀]"에서 유래한다.(『書經』「益稷」)

것이 드물기에 더욱 진귀하다.

후인이 받들어 음미할 적에 요약된 것을 가지고 그 넓은 것을 상상하며 보이는 것을 연유하여 보이지 않는 것을 이해한다면 또한 많음이 아니겠는가? 이것을 책 상자에 간직하여 자손들이 대대로 전할 큰 보배로 삼으며, 이것을 간행하여 세상에 유포한다면 오히려 후배들이 그 세대를 논하며 그 사람을 알게 되는 바탕이 될 수 있다. 대개 예전부터 종유宗儒나 거장鋸匠이면서도 일집逸集 또는 유고遺稿라고 이름하여 소략하게나마 후세에 전한 경우도 있다.

아! 선생께서 말하기를, "내가 마음을 다스림에는 하나의 경敬 자를 얻었으며, 사물을 접함에는 하나의 성誠 자를 얻었으며, 집안을 다스림에는 하나의 화和 자를 얻었다." 하였다. 내가 스스로 이 말을 외우고부터 뚜렷이 이치가 순하고 공경히 마음으로 승복하게 되니, 세간世間의 서가에 넘쳐나는 책들이 무엇하는 것인지 알지 못하겠다.

계축년(1853) 어느 달 어느 날 문중의 후손인 서술書述[79]이 삼가 발문을 짓다.

---

79) 서술(書述, 1791~?) : 자는 계흠(季欽), 호는 소무헌(素無軒), 본관은 봉화이다. 일찍이 과거에 뜻을 단념하고 고산정(孤山亭)에 들어가 성리학을 연구하였다. 저서로는 『소무헌집』이 있다.

나의 선조 매헌 선생께서는 일찍부터 도산의 문하에 들어가 학문을 숭상하고 의리를 마음에 담아 퇴계 선생의 뜻을 발휘하였으니, 덕을 이룬 범주에 들어서기 충분하였다. 일상생활의 말과 행동이 하나의 성誠과 하나의 경敬 공부에서 벗어나지 않았고 언어와 문장으로 표현한 것은 순박하고 진실하여 평이하였으니, 세상에서 꾸미거나 명예를 파는 자들의 의논거리가 아니었다. 이를테면 『심근강의心近講義』·『사서질의四書質疑』·『사례정변四禮正變』·『사례기문四禮記問』·『가선휘편嘉善彙編』 등의 여러 책들은 모두 널리 배우고 자세히 물어본 결과에서 나온 것이고, 「진정부陳情賦」 한 편의 경우는 스스로 평생의 뜻을 서술하여 오도吾道에 대한 느낌을 표현한 것이다.

선생께서는 젊은 시절 성균관에서 유학한 이후부터 벼슬에 나갈 뜻을 접었다. 현감이 천거하려고 하자 극력 사양하면서 명예를 훔치고 벼슬을 탐내는 부끄러움이 있다고 하였다. 말학을 타이르면서 오로지 구이口耳의 학문을 숭상한다고 개탄하였으니, 퇴계 선생께 정미한 의리를 전수받았다는 것은 속일 수 없는 사실이다.

만약 선생께서 손수 기록한 책들이 오래 전해졌다면 또한 사도에 보탬을 주었고 후진들에게 은혜를 끼치기에 충분하였을 것이 분명하다. 어쩌다가 신미년(1571)의 화재와 임진년(1592)의 전란으로 재앙이 거듭되어 당시 왕복하고 증여한 글과 책을 보며 기록한 문사들이 남김없이 다 없어졌고 보면 자손들의 무궁한 한이 어떠하겠는가? 그런데도 선대에서 책으로 펴낼 겨를이 없었던 것은 편질篇帙을 이루지 못하였기 때문이다.

내가 은미한 말과 짧은 편지가 끝내 먼지나 좀 속에서 묻혀 없어질 것이 두려워서 도산의 초본과 여러 집안에 남아 있는 옛 자취를 두루 뒤져서 시·부·만사·제문·짧은 편지·잡저·『사서질의』·부록 약간 편을 겨우 찾아내어 4권 2책으로 만들었으니, 매우 소략하다. 그러나 후세에 읽는 사람들이 혹시라도 이것을 근거로 하여 그림자나 메아리 밖에서 만에 하나라도 알게 된다면 또한 다행이다.

신묘년(1891) 3월 하순에 10대손 우열佑烈이 삼가 짓다.

송파공의 묘비명을 붙이다[附松坡公碣銘] 서문 병기

공의 휘는 윤고胤古이며, 자는 역여繹如이다. 금씨는 대대로 본적을 봉화로 쓴다. 시조 휘 의儀는 고려에서 태보를 지냈다. 이름난 후손들이 벼슬을 계속하였다. 고조할아버지는 휘 회淮이며, 증조할아버지는 휘 계啓인데, 두 분 모두 현감을 지냈다. 할아버지 휘 원수元壽는 사도시 첨정으로, 품계가 통정이다. 아버지 휘 보輔는 생원인데, 호가 매헌梅軒이며, 퇴계 선생의 문인이다. 어머니 진성 이씨는 퇴계 선생의 조카 장사랑 인寅의 따님이시다. 생가의 아버지 휘 은轀은 증 공조 참의贈工曹參議이고, 어머니 옥천 전씨沃川全氏는 내금위內禁衛 혼渾의 따님이시다. 가정嘉靖 무오년(1558)에 공을 낳았다.

11세에 매헌 선생이 데려다 양자로 삼았다. 당시 퇴계 선생께서 온계에 계셨는데 공이 날마다 찾아가서 수업을 하니, 퇴계 선생께서 애지중지하며 말하기를, "이 아이의 재주와 인품이 매우 좋으니 훗날의 진취를 헤아릴 수 없다." 하였다.

13세에 퇴계 선생께서 돌아가시자 바로 조 월천趙月川에게 배웠다. 월천이 『대학』과 『중용』을 주면서 말하기를, "학문하는 기본이 모두 이 책에 있다." 하였다. 이로부터 마음을 가라앉히고 힘써 연구하니, 경사자집經史子集에 두루 정통하였다. 향해鄕解[80]에 입격한 적이 있었으나 이는 어버이의 명을 어기기 어려워서였다. 예위禮圍[81]에서 낙방하자 마침내 다시는 영달을 추구하지 않았다.

후에 임진왜란의 군공軍功으로 천거를 받아 사도시 주부司導寺主簿에 제수되었으며, 연이어 예빈시 판관禮賓寺判官[82]·군자감 판관軍資監判官·군자감 정軍資監正에 제수되었다. 광해

---

80) 향해(鄕解) : 향시(鄕試)를 말한다. 각 도(道)에서 보이던 생진과(生進科)로, 여기에 입격하면 회시(會試)에 응시할 자격을 주었다.
81) 예위(禮圍) : 생원·진사에 입격한 이후 보는 복시(覆試)를 말한다. 예조(禮曹)에서 시취(試取)하였기 때문에 예위라고 하였다.
82) 예빈시 판관(禮賓寺判官) : '예빈시'는 왕세자 또는 왕세손을 가르치는 사(師)·부(傅)와 왕족으로 높은 벼슬아치를 지낸 이들의 식생활을 보장하며, 나라의 손님을 위한 연회를 준비하는 관청이다.

조光海朝의 정국이 혼란해지자 공의 손아래 처남 아무개가 권귀權貴에게 부화뇌동하여 향사鄕士들을 유인하니, 공이 거절하고는 마침내 벼슬하지 않고 은거하였다. 이어서 사는 곳의 지명 송파松坡를 자신의 호로 삼고 꽃과 대나무를 심어 그 사이에서 시를 읊조렸으니, 이를테면 북애北厓 김기金圻[83]·계암溪巖 김령金坽[84]·동암東巖 이영도李詠道·호양湖陽 권익창權益昌[85]들은 모두 좋은 벗이었다. 그러나 시국의 일에 대하여서는 말하지 않고 다만 주인에게 술이 있는지 만을 물었다.

효성과 우애가 순수하고 지극하여 침소에 문안할 적이나 음식을 드릴 때에 생가와 양가의 차이가 없었다. 백씨 직장공直長公은 나이가 많은데다 병이 잦고 계씨 감정공監正公은 살림을 제대로 살지 못하니, 공이 재산을 공유하며 한 집에서 살았다. 종족들 중에 외롭고 궁핍한 자들을 더욱 불쌍히 여겨 구휼하였으며, 향리의 가난한 자들도 급하게 달려가 구호하였다.

임진년(1592)과 계사년(1593)의 전란 끝에 백성들이 떠돌다 굶어 죽은 시체가 들판에 즐비하였는데, 공이 죽을 끓여 먹여서 온전히 살아난 자가 수천이나 되었다. 조 월천趙月川이 감탄하며 말하기를, "내가 선성宣城 지역 금씨네의 후손이 반드시 크게 됨을 볼 것이다." 하였다.

외할아버지 이공이 아들 없이 일찍 세상을 미쳤는데, 공이 어머니의 뜻을 받들어 외할머니를 집에서 50년 동안을 모시며 생사 간에 예를 다하였다. 전후로 부모님의

'판관'은 종5품 벼슬이다.

83) 김기(金圻, 1547~1603) : 자는 지숙(止叔), 본관은 광산(光山)이다. 유일(遺逸)로 천거되어 참봉(參奉)에 제수되었으나 나가지 않았다. 임진왜란 때 김해(金垓)와 함께 의병을 일으켜 국난 극복에 힘을 쏟았다. 저서로는 『북애집』이 있다.

84) 김령(金坽, 1577~1641) : 자는 자준(子峻), 시호는 문정(文貞), 본관은 광산(光山)이다. 1612년 문과에 급제하여 승정원 주서(承政院注書)를 제수 받았으나 광해군의 난정을 보고 귀향하였다. 인조반정 이후 번번이 부름을 받았으나 나가지 않았다. 병자호란 때 가산을 털어 예안의 의병을 지원하였다. 저서로는 『계암집』·『계암일록(溪巖日錄)』 등이 있다.

85) 권익창(權益昌, 1562~1645) : 자는 무경(茂卿), 호는 호양(湖陽)이다. 경서에 통달하고 성리학에 잠심하였다. 저서로는 『호양집』이 있다.

초상을 네 번 치르며 형식과 마음[86]을 모두 갖추어 효성에 유감이 없었다.

숭정崇禎 경진년(1641), 세상을 떠나니 향년 83세였다. 배配 화원 서씨花園徐氏는 진사 동원공東園公 천일千一의 따님이시다. 여인의 맑은 덕을 지녀서 지아비를 섬길 적에는 어김이 없었고 자식을 가르칠 적에는 법도가 있었다. 아들과 딸 여덟을 낳았다.

아들 시문是文은 군자감 봉사軍資監奉事이며, 시무是武는 호군護軍이며, 시정是正은 진사進士로 어머니 초상에 슬픔으로 몸을 훼손하여 세상을 떠났으며, 시양是養은 명나라에 대한 절의를 지켜 지평持平에 증직되고 정려旌閭를 받았으며, 시율是律은 양자를 나가 숙부 장사랑將仕郎 상고尙古의 뒤를 이었으며, 시려是呂이다. 딸은 사인 김광부金光溥와 생원 류형립柳亨立에게 시집갔다.

시문은 현달絃達을 양자로 들였다. 시무의 아들 삼달三達은 학행學行이 있었으며, 측실側室에서 난 아들은 종달種達이다. 시정의 아들은 서달瑞達이다. 시양의 두 아들은 명달鳴達과 현달絃達인데, 현달은 양자를 나가 백부伯父의 뒤를 이었다. 시율의 네 아들 중 취규聚奎·서규瑞奎[87]는 진사이며, 성규聖奎는 중형仲兄과 같은 해 진사시에 입격入格하고 정시庭試에서 장원을 하여 관직이 사예司藝에 올랐으며, 찬규燦奎이고, 한 명의 딸은 사인 김한규金漢奎[88]에게 시집갔다. 시려의 두 아들은 방달邦達·융달隆達이고, 세 딸은 각각 사인 김정金渕·권한權垾·여국로余國老에게 시집갔다. 내외손內外孫은 다 기록하지 못한다.

묘소는 봉화현의 남쪽에 있는 태자산太子山 와야동瓦冶洞 자좌子坐의 터에 있다. 부인이 공보다 먼저 세상을 떠나서 묘소가 공의 묘소 위쪽에 있다. 진사공 또한 공보다 먼저 세상을 떠나서 부인의 묘소 계절階節 아래에 장사하였다.

---

86) 형식과 마음[易戚] : '이척'은 초상을 치름에 예에 따른 형식과 부모님에 대한 애도의 마음을 말한다. 임방(林放)이 예(禮)의 근본을 묻자 공자께서 대답하였다. "예는 사치하기보다는 차라리 검소한 것이 낫고, 상은 형식적으로 잘 치르기보다는 차라리 슬퍼하는 것이 낫다.[禮 與其奢也 寧儉 喪 與其易也 寧戚]"에서 유래한다.(『論語』「八佾」)

87) 서규(瑞奎, 1632~1708) : 자는 문징(文徵), 본관은 봉화이다. 1678년 진사시에 입격하고는 초야에 은거하여 학문에 힘을 쏟았다.

88) 김한규(金漢奎, 1635~1701) : 자는 문서(文瑞), 본관은 광산(光山)이다. 통덕랑(通德郎)을 지냈다. 효성이 지극하고 친척 형제간에 우애가 돈독하였다.

9세손 우열佑烈이 공의 유사를 주워 모아 물을 건너고 재를 넘어와서 묘비명墓碑銘의 글을 청한 것이 한두 번이 아니어서 사양하지 못하고 명銘을 짓는다.

천성은 순수하였고	天性之純
인륜은 돈독하였네	人倫之惇
가정에는 가르침이 있었고	家庭之敎
사우에게는 존중 받았네	師友之尊
출처의 의리는 반듯하였고	出處之正
복록의 영화는 번성하였네	福祿之繁
후손이 끝없이 이어짐이 마땅하도다	宜其繩繩爾後昆

숭정대부崇政大夫 행 이조 판서行吏曹判書 공암孔巖 허전許傳이 짓다.

매헌선생문집
梅軒先生文集

색인

색 인

가나다 순

(ㄱ)

(ㄴ)

(ㄷ)

(ㄹ)

(ㅁ)

(ㅂ)

(ㅅ)

(ㅇ)

(ㅈ)

(ㅊ)

(ㅌ)

(ㅍ)

(ㅎ)

매헌선생문집
梅軒先生文集

영인

目次

梅軒先生文集 卷三

梅軒先生文集 卷四

梅軒先生文集跋……六四

梅軒先生文集序

昔退陶夫子論朱門諸子曰登門請業捧書質
疑以發其師傳之旨則同歸於有裨斯道是亦
爲考亭之徒也嗟呼我東道學之盛實承朱門
正嫡者惟我退陶而一代贒儁之士若朱門諸
子之捧書質疑以發其師旨者凡幾家矣梅軒
琴先生卽其一也先生自早志學必以退陶爲
歸始居于寒栖之側終移于溫溪之傍密邇門
牆日親薰炙篤信師說隨問劄記有四書質疑
心近講義四禮記問諸書觀於三棄堂所撰家

狀可歷考其篇目至若四禮正變嘉善彙編雖
先生所自著而實朱子家禮小學中緖餘則其
彙輯類編不經師門裒裁又未可知也蓋先生
之學本之四書而以心經近思錄朱子書節要
夾助之不被聲利誘奪專務講究義理故退陶
之贈詩與書旣嘉其辛苦築廬益勉其沉潛涵
濡嘗書與敬齋箴圖以示夫爲學地頭則其捧
書質疑之際必有所審思善問叩發其師旨者
而師門精義之傳妙道之寄可因是而有得焉
若先生者亦豈非退陶之徒也歟况先生所自

言曰吾於治心得一敬字接物得一誠字理家
得一和字這箇是吾儒家單傳三字符也先生
之得此體驗於治心接物理家之際者其有所
受允可知已若夫筆翰之精詣在先生特餘事
其心畫之正大無邪甚獲師門奬詡亦庶幾覵
得乎朱子寫字銘神明厥德之義也歟嗚呼山
梁旣頹微言漸閟庸學釋疑已毁而不復識矣
心經講義間出諸家纂次而或不免朱門記述
之誤禮說問答亦多後人類輯而尙未有全書
見行由是而後學之專尙口耳果有如先生所

嘗憂者若使先生手錄者在庶可以參攷證正
大有裨於斯文而昭陽鬱攸之灾蕩然不可復
見當日先生之痛哭感吟豈直爲師門謦欬之
閟而已實爲千古吾道之憾而發也今其見載
逸稿者不過五七言近體絶句輓祭短札若干
篇而已汗漫唱酬雖若無與乎問學事然其旨
深其韻致遠非世之割裂糚綴者比也苟使善
觀者觀之因約而求其博由粗而賾其精則先
五 生之學問造詣亦可髣髴其萬一是惡可以零
星湊集而終無傳於後也已日先生後孫佑烈

請不佞識其端而其意似若以草率爲慨者余
書其不然者以歸之
後學前行通政大夫承政院同副承旨眞
城李彙寧謹序

梅軒先生文集序 三

梅軒先生年譜

皇明武宗正德十六年(中宗大王十六年)辛巳四月日先生生于奉化縣南槐村里第(先生兄弟三人先生次居第二生而英秀人皆異之)

世宗嘉靖元年壬午(先生二歲)

二年癸未(先生三歲)

三年甲申(先生四歲)

四年乙酉(先生五歲)

五年丙戌(先生六歲)

六年丁亥(先生七歲)始知讀書寫字遊嬉異凡兒

叔父郡守公奇愛之授以梨栗曰可拜受之先生曰此只止兒啼之物若筆硯紙墨之賜則當拜而受之矣公遂賞文房諸具先生果拜受公喜曰此兒必當光吾門矣

七年戊子(先生八歲)

八年己丑(先生九歲)

九年庚寅(先生十歲)

十年辛卯(先生十一歲)

十一年壬辰(先生十二歲)

十二年癸巳(先生十三歲)僉正公命書先賢格言分揭壁上(賓客之來候僉正公者見其字畫而驚異之求書者日相踵)

十三年甲午(先生十四歲)

十四年乙未(先生十五歲)與兄松溪公輒讀書于楓井寺(時先生文藝夙就聲譽藹蔚人稱難兄難弟)

十五年丙申(先生十六歲)

十六年丁酉(先生十七歲)

十七年戊戌(先生十八歲)讀中庸作體用圖(松溪公曰某也一究思傳能知性情中和之別其見識之明過我遠矣)

十八年己亥(先生十九歲)

十九年庚子(先生二十歲)聘夫人李氏(將仕郎寅之女退溪先生從孫也)

二十年辛丑(先生二十一歲)著趙普論(再從兄南溪公軸愛先生

文詞贍博使之著此論而批考之稱歎不已曰某年甫弱冠大義已明實吾家遠大之器也)

二十一年壬寅(先生二十二歲)

二十二年癸卯(先生二十三歲)始居于溫溪(每月省覲于親無有間闕或得美味必專价送之以助甘旨未嘗先入口焉)受業于退溪李先生(先生愛其天資近道才品絶倫敎誨親切無間子侄)

二十三年甲辰(先生二十四歲)秋讀書于龍壽寺

二十四年乙巳(先生二十五歲)

二十五年(明宗大王元年)丙午(先生二十六歲)四月中增廣生員三等

二十六年丁未先生二十七歲

二十七年戊申先生二十八歲春拜退溪先生于丹陽郡齋稟質庸學時退溪先生守是郡先生往拜之累日講學之暇遊賞龜潭島潭之勝有山水錄逸不傳

二十八年己酉先生二十九歲夏遊小白山棲白雲洞書院時先生侯松溪公拴桃村與豐衆士友約會于此講討數月

二十九年庚戌先生三十歲九月哭李貞愍公瀣返柩于介峴

三十年辛亥先生三十一歲秋遊太學先生每以清直自守不爲時論攙奪一時諸名流皆推重之

梅軒先生年譜 三

三十一年壬子先生三十二歲春往候郡守公于沔川郡時公出守是郡秋下鄉省親

三十二年癸丑先生三十三歲秋赴京與趙月川穆同處泮宮專經講討退溪先生與月川書曰琴生近日似長進必是與君相益之效深喜賢館亦有孟門之險凡百務爲韜晦日求益是爲要法

三十三年甲寅先生三十四歲七月哭慎齋周先生世鵬

三十四年乙卯先生三十五歲二月陪退溪先生還鄉先生之遊泮宮凡五年時經黨禍時象大變遂浚意歸鄉自是不復應舉曰與其汩沒名利日趨汚下曷若向上志業做人樣子僉正公喜曰從汝所好可也三月遊清吟石◑六月哭龍巖李先生◑哭李暘谷國樑○有祭文

三十五年丙辰先生三十六歲夏築室于寒栖菴之南溪上退溪先生贈詩曰日星明訓載前書對此嚴師自有餘遂臭海濱良與事歎君辛苦築蘼廬又書贈敬齋箴圖先生作鑱于揭于壁朝夕莊誦曰嚴師儼在此◑種梅軒前因以爲號琴日休應夾贈詩曰如何溪上寒梅樹玉色冰姿雪裏披書朱子書節要時退溪先生編次朱書節要命諸門人繕寫十一月參司馬會于溪堂有唱酬詩讀朱子書爲四書夾助之工退溪先生嘗曰人能讀此書則可知爲學之方旣知其方然後看四書則聖賢之言將節節有味

梅軒先生年譜 四

三十六年丁巳先生三十七歲著四書質疑先生以平日所稟質於師門者而撰定焉

三十七年戊午先生三十八歲以敬誠和書紳爲三字符嘗曰治心得一敬字接人得一誠字理家得一和字又作誠敬吟曰一誠動處消千僞一敬居時勝百邪誠敬工夫須兩做爲賢爲聖豈求他

三十八年己未先生三十九歲春遊東京有懷古詩

三十九年庚申先生四十歲四月與趙月川金挹清富儀陪退溪先生遊孤山有次題石壁詩讀心經近思錄著心近講義○冬往留陶山時書堂新成

四十年辛酉先生四十一歲四月遭郡守公喪諸孤皆幼

八

先生經紀喪葬情禮無憾草述行略請碣銘於退溪先生

四十一年壬戌 先生四十二歲 書四勿箴 常置案上視聽言動之間審察而力行之 讀武夷志次九曲櫂歌韻

四十二年癸亥 先生四十三歲 三月哭黃錦溪 俊良 訃○著四禮正變四禮記問嘉善彙編諸書 此書之作未詳在何歲姑附于此

四十三年甲子 先生四十四歲 春遊龍壽寺○四月與同門諸友陪退溪先生遊清凉山 李鈞軒文樑金挹清琴惺齋蘭秀金雪月富倫李遠巖審齋權公景龍柳巴山仲淹柳謙菴雲龍金晚翠士元李蒙齋安道李艮齋德弘南賁趾致利皆往會焉有唱酬詩其小序曰樂山樂水余所

梅軒先生年譜 五

未能而何幸得從容函席逍遙物外其與浴沂風雩者相伯仲於千載之下與點之歎何必專美於古哉

四十四年乙丑 先生四十五歲 上退溪先生啓蒙問目 時先生好讀易講究疑義至忘寢食

四十五年丙寅 先生四十六歲○先生自溪上從遊之後絕意名途沉潛性理囂然有自得之意嘗曰七情之中惟欲最難制省欲則心自靜而事自簡○邑宰鄭趙以先生博學多聞將薦剡先生抵書止之曰輔自少違孝於親負學於師方竊揣躳懷惕之不暇豈敢作盜名叨爵之計哉設有所可取固人自爲其所當爲耳元非爲仕而爲學者也月川趙公聞曰吾輩得無爲公所慚乎公之言大可爲干名人所深警畏者也

三月訪權松巖 好文 有贈詩○八月答柳謙菴書 書略

日來諭縷縷有若擬之以古人出處之義羞不欲費辭而供對也即是固辭薦剡之意也

穆宗隆慶元年丁卯 先生四十七歲 春監董易東書院書役 退溪先生以禹祭酒易學東來之功刱建書院于鼇潭之上 侍退溪先生于書齋 退溪先生謂在座諸人曰儒家意味自別工文藝非儒也取科第非儒也因歎曰世間許多英才混汩俗學更有甚人能得脫此科臼也

二年 宣祖大王元年 戊辰 先生四十八歲 二月會易東議定祭儀及規約 退溪先生書曰堂齋等名不知可如此否其不合僉意者共議改之竹溪書院祀文成公儀舊有謄本共覽去取以爲他日祭禹公之儀何如且伊山書院規約頗詳密可倣議定新規 四月與鄭侯文峯 惟一 遊川南訪禹諫議故居 有唱酬詩 六月修整陶山記

梅軒先生年譜 六

考證 先生嘗淨寫陶山記一本讀之拈出其疑難處并本註傳錄至晚歲時一諷讀日悅若親陪杖屨於天淵龍雲之間 七月上退溪先生書 答書略曰 入京事多難處歸計尚邈溪梅不堅坐也繼後始移未來姑待之耳 姪子胤古率養 弟鱗第二子時年十一歲每日受讀于退溪先生先生愛重之曰此兒才品甚好異日進就未可量也 十一月丁母夫人金氏憂

三年己巳 先生四十九歲 正月丁僉正公憂 泣血三年未嘗見齒居喪節次一從文公家禮 三月葬僉正公于楓井之原 淑夫人金氏同窆

四年庚午 先生五十歲 十一月退溪先生沉疾往俟溪堂○十二月退溪先生易簀 先生心喪三年不與

九

宴樂祭告之文有欲報之恩天地罔極之語

五年辛未先生五十一歲二月出龜城家舍失火書室所藏先師手筆箴銘簡札及先生劄錄文字蕩然灰燼惟敬齋箴圖及四書質疑僅免先生痛哭曰吾筆不足惜也而先師寶墨一失何可再得後有感吟詩三月服闋

○會葬退溪先生○四月與金後凋富弼琴日休琴惺齋諸公會鄉校答儒生闢佛疏通文先是以普雨事有儒疏之擧而退溪先生有儒疏詣闕亦非事空之戒至是亦以此義答之作陳情賦其略曰何知樑木之遽摧曠聲咳於屢月識此道之難明縱啜泣兮何及六月與同門諸公會易東裒集先師文集

六年壬申先生五十二歲春伯兄松溪公來留溫溪吳春塘守盈有詩云何時對榻逍遙夜說盡濩情到五更用子瞻兄弟商追遙臺追感之語也與金鶴峯誠一李蒙齋書論先生集四七辨書編次○四月會易東修整先師日錄○與諸友遊浮石寺金後凋具栢潭鳳齡鄭文峯李文谷文奎柳西厓成龍琴日休琴惺齋同遊有唱酬詩七月撰鄉校重修序有立約二十條十二月往溪上奠先師几筵

神宗萬曆元年癸酉先生五十三歲春赴鄉校落成宴是日會鄉中諸生作詩勸諭興起後學三月與金後凋李梅巖叔樑琴惺齋金雪月諸公講信于鄒然亭亭在洛江上芙蓉峯下十一月赴伊山書院奉安退溪先生位版歸路與李艮齋李蒙齋金勿菴隆張涾齋謹宿巴山寺各敍悲感之懷有唱酬詩

二年甲戌先生五十四歲○自山頹之後學者有專尚問學之弊先生與日休公書曰尊德性道問學不可偏廢近日吾輩間論恐未免爲口耳之習而以開末學之弊大要居敬以立其本窮理以致其知反躬以踐其實此乃吾學之宗旨也監董陶山書院

三年乙亥先生五十五歲春構栢栗堂溪上舊址爲水所破壞移居于松內村堂之左右植所宜木蒼翠成林栢栗最多故名其堂讀書其中有偶吟詩云矮屋將斯得養神溫泉何幸接芳隣暮年不負巖棲訓獨對明窓卷裏人五月哭琴僉知公憲

四年丙子先生五十六歲二月書陶山神版行釋菜禮○與諸友會愛日堂時李纖持酒來吳春塘趙月川李梅巖琴日休同會有唱酬詩

五年丁丑先生五十七歲二月往東巖書退溪先生墓碣○撰南進士瑞龍墓碣陰記○十一月祭金後凋堂

六年戊寅先生五十八歲夏遊淸吟石先生與同門諸友終日盤桓日先師杖屨遺馥留在溪石上到此自能洗滌煩襟豈直爲愛景敗興而止哉李梅巖日君可謂見堯於羹墻者也

七年己卯先生五十九歲春棲梅亭別野別墅在龍溪水上先生晚年取開靜常於案上置心經近思錄朱書節要啓蒙傳疑武夷記陶山記諸書日與門生反復講討終日矻矻子姪慮其氣損而請上則曰我自樂此日以求益何損之有

使子胤古受業于趙月川

八年庚辰先生六十歲寄琴惺齋詩與書擬築水雲亭◑書李河東君裕墓碣其子希得以榮川郡守來訪請書碣退謂人曰不得琴梅軒書吾爲不孝

九年辛巳先生六十一歲

十年壬午先生六十二歲七月祭金挹清亭有輓章八月會話于李公憑四美亭李義城寓吳春塘琴惺齋李芝澗宗道皆來會十月省掃先墓于奉化◑往楓井堅僉正公墓碣先是受碣文於鄭文峯哭李賀淵仲樑○有挽章

十一年癸未先生六十三歲哭李義城有挽章秋往候伯兄於桃村先生以兄弟分離不得終養於父母爲終身之憾十一月趙月川來訪有唱酬詩十二月往會月川書堂

十二年甲申先生六十四歲正月謁陶山易東兩廟時同門諸公因歲謁期會于兩院先生時已沉病慮祇謁難復強病赴會二月以病調治于精舍時遠近諸友皆來問而先生酬接必冠衣討論如平常人謂曰公自少力學未嘗下手於經濟之塗以是爲公惜也先生笑而答曰吾以菲才無足爲需用之資而蚤自優游於淵雲之間得聞夫子之道是亦多幸又復何求焉月川亦

梅軒先生年譜 九

來問有詩三月病革謝賓客命子姪經傳圖箴移置別室是日戒子姪曰師門所贈箴銘簡札不爲不多而灰燼之餘僅免者只此敬齋箴一圖而惟吾一生用力處也守之勿失可也問家事不答初七日考終于正寢◑九月二十日葬于禮安龍頭山東麓大興堂卯向之原距家十里許

三十一年癸卯二月日知製 教琴㦗撰墓誌銘

梅軒先生年譜 十

梅軒先生年譜終

梅軒先生文集目錄

卷之一

詩

賦

卷之二

書

祭文

碣文

抄略

雜著

梅軒先生文集目錄終

梅軒先生文集卷之一

詩

淸吟石謹次退溪先生韻 并序
溫溪下流有盤石往在辛未松齋先
生 琱 以江原監司來遊石上有詩丁
未暮春退溪先生遊此追感前事取
松齋詩淸吟還敗意之意因名爲淸
吟石用其韻二絶曰總角陪遊地吟
魂去不回惟餘溪響石似欲慰重來
坡陀巨石在窈窕一溪回更待山花

發吾今較早來途次韻四絶上先生
不盡尋春興重臨獨詠回遙知鳴屐意何許步
歸來
花雨催詩客松陰暫駐回碧山應有恨淸賞待
重來
不共探春意遙聞首幾回溪山應笑我何日就
辭來
花滿春山富溪淸夕照回松陰元不惡更有晩
風來

伏次退溪先生和李大成 文樑 之任平
陵郵官韻呈大成丈
宦遊東海謝汾川沙白江淸月獨姸鷗鷺莫嫌
今背約他年相對亦依然

仙夢臺謹次退溪先生韻贈主人李靜
可 閱道
疇昔塵襟到此虛臺巖終日興何如江聲忽碎
遊仙夢天外斜陽白雨疎

茂陵周先生 世鵬 與琴夾之 應夾 遊淸
凉有詩病未同賞追次其韻
仙山秋晩客重尋却怕天風瘦骨侵詩到孤菴

開活畫月生幽戶伴淸襟金剛夢罷雞含舌銀
漢波明鴈送音意與諸公同放曠不論城郭向
凉岑

讀武夷志次九曲櫂歌韻
蕭灑名區著異靈溪流曲曲瀉寒淸箇中佳景
無人識閒聽溪翁扣枻聲
一曲淸灣繫小船羣峯傑卓列長川眞儒一去
山無主碧樹丹崖鎖暮烟
二曲崢嶸碧玉峯仙娥臨水斂花容陽臺舊夢
今難再望裏靑山隔幾重

三曲巖崖倚釣船依然風景似當年欲承謦欬
嗟生晩仰止高山獨自憐
四曲金鷄唱曉巖溪邊靑草碧毿毿幽居自有
烟霞趣手把長竿釣碧潭
五曲沉沉洞壑深大賢當日隱雲林林間早抱
經綸志繼往開來幾苦心
六曲逶迤遠碧灣架巖鑿谷閉松關佳山好水
春風到萬紫千紅麗景閒
七曲溪邊有石灘天壺仙掌可堪看淸風吹盡
浮雲捲萬壑千峯月影寒

八曲懸崖翠壁開樓巖卓立水旋洄閒中眞趣
無窮極弄月吟風任去來
九曲峯巒勢屹然雲烟靄靄鎖前川桃花流水
尋眞路壺裏乾坤自樂天

可興郵館次內姪金文卿箕報韻

觀光虛負菊初開此夜心懷付一杯明月又來
江水咽客中淸興浩難裁

原韻

長天雲捲玉函開沽酒前村月滿杯堪笑浮
生長役役秋懷千斛若爲裁

敬次龍叟從叔父司馬會韻 時設會于無盡藏以故人誠信病中知分韻七絶

司馬諸高會應知欣復故相將修契義誠信可
堪道
一生惟兀兀期耋是仙人造物藏無盡雙淸也
自因
庠士斯文契期將一副誠七章吟白雪都是約
中情
滿座軒軒趣風流幾彥駿自多文酒會著却一
端信

開樽堪取醉尋興豈辭病晩歲淸貧計巢松老
鶴影
酒席烏巾倒花園蝶夢中百年奇事半今日興
堪濃
名場悲濩落泉石守茅茨佩酒非耽興逸懷有
孰知

誠敬吟

一誠動處消千僞一敬居時勝百邪誠敬工夫
須兩做爲賢爲聖豈求他

庚申四月約趙士敬穆金愼仲富儀琴

聞遠蘭秀陪退溪先生遊孤山敬次先
生題石壁韻
爲問孤山之鶴梅西湖東洛孰勝否請看老師
題壁詩也應佳名更悠久
清凉蓮臺寺敬次退溪先生韻 幷序
歲甲子清和節先生率諸生入清凉
李鎬軒大成丈金愼仲琴聞遠金惇
敍富倫李君美壽權施伯景龍柳景
文仲淹柳而得雲龍金景龐士元李
逢原安道李宏仲德弘南成仲致利

諸人皆會焉日暮各棲宿于普賢文
殊滿月諸菴先生宿蓮臺寺首成一
律屬諸生以和之噫是行也豈偶然
乎哉樂山樂水余所未能而何幸得
從容函席逍遙物外其與浴沂風雩
者相契於千載之下而與點之歎何
必專美於古哉遂與諸公共次
可愛清凉山碧空峥嶸勢異境擬蓬瀛勝名擅
高麗物外放逍遙塵寰覺迢遞開懷各言志挨
眞共連枝況是同遊人來何盡濟濟巖間戲題

名記取風流揭千載詠歸與宿願暗相契仁智
縱未能此樂非常例欲識箇中意更看淸韻製
原韻
蓮臺淸淨界一山當面勢金碧煥增新象教
何詭麗居僧知不知迎勞來更遞臺上起避
風堂前坐接枝同遊盡英英曾到亦濟濟傾
壺細酌傳開抱宏論揭參差不厭煩邂逅或
洩契邪無唱與酬前賢固有例老我敢先挑
佇看諸盛製
約會龍壽寺李大成丈大用叔樑金彥

遇富弼惇敍趙士敬琴聞遠琴壎之應
壎柳美叔贊李輔卿憑息舉冲孝章騫
皆至首成近體一律示諸公
勝日尋眞古寺傍聯鑣幷枝看成行梅稍柳眼
供淸賞溪響松濤奏雅商爽籟入懷蘇肺氣暮
烟隨雪裊山陽諸君有句應詮次畫裏難模此
景光
題丙午司馬榜目
登科已五十仙去逾三十十九年前事瞥然吁
可悒

丙寅暮春訪權章仲好文次松巖唱酬韻

春風花柳間危岑巖上蒼髯不易心聞說十年今始見幽人實獲我先尋

次具景瑞鳳齡韻別金惇敍金景保墭

凌晨各佩王瓶雙相送親朋醉倚窻孫鴈嗄哀天網漏好將春酒送春江

與諸友約鄭主倅惟一會川南訪禹諫議故居遂至皋巖暢飮

撒策遺墟訪昔賢平疇無限好林泉若非風節

超當世百代何人起敬焉

先生風節振麗宗道義經書滿腹中想得當年參究處龍門心事倘相同

右諫議故居

百尺奇巖枕碧江吾鄉形勝說無雙巖頭昨日相呼飮滿目雲山盡竪降

皋巖形勝足雄誇八面雲山眼下多只爲鄉無好事者放教樵牧兀山坡

右皋巖

東京懷古

控帶橫流古帝城欲尋舊事半榛荊六朝山色顏猶在千怯江聲恨未平設險丘陵生蔓草遶

闉桑柘接新耕十年重到無人問獨立東風一愴情

辛未二月出龜城家偶失火先生手筆箴銘簡札及所書諸冊盡入灰燼惟敬齋箴圖四書質疑僅免因感吟一絶

盥薇對筆德容臨十襲珍藏拱璧心底事鬱攸猜戲劇櫟摧哀臆轉增淒

謝金惇敍韻

烏川唯樹谷俱是別蓬壺去地無相遠休論智與愚樹谷在溫溪惇敍詩以智愚相懸自謙

亭上先開綠綺亶溪邊又値好詩人相攜勸進一杯酒爲此韶華屢改春

偶吟

矮屋將斯得養神溫泉何幸接芳隣河海量深容細瀆鑑衡度大辨珩珉瓴廩豈爲要繼富救菀聊可急周貧暮年不負巖栖訓獨對明窻卷裏人

次金彥遇梅韻見寄

素娥化作寄江梅欲使鉛華點樹開只恐世人貪翫得故教三夜犯寒來

與金彥遇李景昭(文奎)具景瑞琴夾之琴聞遠鄭子中柳而見(成龍)遊浮石寺唱酬韻

鳩杖飄然共後先淸和佳節鳳山巓蘭亭勝會何須羡爭道今行總地仙

伊山書院奉安退溪先生位版歸路與李逢原李宏仲金道盛(隆)張而信(謹)諸君同宿巴寺各敍悲感之懷

春風座下幾年迴此日門生白髮催噫我駑才難進步須君勇邁莫徘徊

猥將駑質荷鞭加門路終教卞正邪薦豆歸來多少感山窻淡夜落燈花

巴寺翌日別諸君

昨日伊山曾別處今朝又別總留情此中悲感尤難旣君我何時恨卽平

陶山書院董役之暇吟示諸公

志道難窺室攻文未嚌英終知圖揣分初豈郭無情幸賴邦多士相期義顧名藏修贏得地盍亦勵仁榮(司空圖居中條山作亭名三休量才一宜休揣分二宜休老而聵三宜休)(溫嶠問郭文曰飢思食壯思室自然之理先生獨無情乎文曰情由憶生不憶故無情)

與諸友會愛日堂次趙士敬韻

禽尋佳木集風送好花來對景還成感堂虛古徑開

原韻

一酌高亭上親朋四鼎來飲雖隨量異聊與好懷開

寄聞遠孤山書齋

孤齋西畔峙孤山山下容開屋數間可得借儂山一半此身同伴水雲間(擬築水雲亭故云)

會月川書堂吟示趙士敬

鏡裏光華白髮臨至今非復少年心若爲無事身常健村酒情談日日尋

晩峯霞影酒杯臨傾倒懽呼此日心世事紛紛何足道暮雲歸盡碧千尋

山影當窻日日臨村居幽興稱君心呼朋漉酒成眞率自有風流不外尋

歲晏山窻月復臨幽居無事了關心看君一紙題雙韻雅意深情字字尋(臨十二月卄)

松菊風霜節操臨書存前古聖賢心頹然一士中何有惟覺頭邊歲月尋

挽李觀察使公幹 仲樑○壬午

風雲千載遇知音涵德英儀世共欽治郡惠聲
趍名父卻魚清儉邁楊金入司喉舌論邦道出
按關東布政心八十光陰隨電瞥何堪白首涕
霑襟

挽金生員愼仲

追憶相知四十春况今同住一鄉隣忌形久敬
情偏重責善推仁誼益親遐福自來膺裕後沉
痾何事苦嬰身後凋已矣公隨逝白髮傷懷悵
莫伸

挽李義城廷秀 寯

福善由來天道常不圖今日慟云亾一爲郵督
推恩普三佩銅章惠澤滂諸子庭趨同立雪斯
文天喪奈摧樑箕裘承業多賢子此外何須較
短長

賦

陳情賦

嗟賦命之奇薄歷歲元兮五十一自少壯而無
異聞空潦倒而抱疾望學海有若登天愧才鈍
而識劣屬丙午之春選試叨參於二百歲周五
兮竊廩混吹竽兮賩顔念家貧而親老縱溫飽
兮何關退自省夫吾身曷若投分於農畝判獨
離兮不羣日夕惕而無咎汨余若將不及聊可
旨蓄而御冬蚤辭親而從師慨于職之未供何
風樹之不止慘怙恃之繼禍痛號踊而無逮欲
自滅又不果付世故於葑菲期永奉乎香火 鼓
嗚呼噫嘻大樸已散淳風不復人情兮飜覆世
道兮淆薄覽有生之有欲在富貴與安佚孰辭
富而居貧孰臨財而截欲忌潦倒之易渴昧倚
伏之在是欲守原憲之貧兮愧所樂不如顔子

惟知效嚬於古人未達君子之志學踵樊須之
學稼傚子貢之貨殖非升求之爲富聊備荒而
救急若有碩鼠揶揄而穿屋孰一夫之敢恤窮
有一人申申其詈余曰何所獨無芳草爾胡爲
乎窘步洞相觀乎鰈域有可居者幾許澗谷詠
考槃之樂衡門有棲遲之處子苟往而居之又
不患其無所何不蚤圖而退莊誠可歎而可怪
嗟世人之滔滔總沐淶而求解忽聞言而心寤
感吾客之深戒 鼓 誶曰已矣百年強半未曾涉
難頭雖已白計不宿算所可仰者函丈門下濫

荷仁眷諄諄誨導藥針砭不倦愛澈微軀誠所難
忘矣顚沛而不渝奉一心於無疆何知樑木之
遽摧曠謦欬於屢月誠此道之難明縱啜泣兮
何及仰宣聖之至言有德報以德恩庶佩服而
勿失期無負於聖門

梅軒先生文集卷之一

梅軒先生文集卷之二

書

上退溪先生啓蒙問目

問圜者星也　書曰曆象日月星辰蓋觀天與日月之會成曆考驗天象必以星爲度如二十八宿分天之度以爲天體者是也故曰曆紀之法肇於此

先生答曰是

問五運　地二之火屬於少陰矣又屬於少陽何耶天五之土屬於太陰地四之金屬於陽明

亦何義耶

答曰但素問四象之外添陽明厥陰爲六氣其起義已與易四象不同則其所分屬豈可盡求合於易四象之說耶 先生改正

問註陽變陰合初生水火　朱子曰陽動而陰隨之故言變合今言陽變陰合初生水火云爾則水則固也惟火則地二生之天七成之不可以陽先陰後言之何如或曰陽變而生水陰合而生火作兩項看非謂水無與於陰火不成於陽也只以其所生者言或曰火雖生於陰而成於陽於陽不可言合於陰不可言變故如是帶言之或曰成數雖陽乃生之陰生數雖陰乃成之陽故如是渾言之三說皆似不知某爲確論

答曰恐統言則只云陽變陰合就其中而各言一物之生始有某生某成之分變合猶父生母妊耳 先生改正

問勉齋說奇偶多寡

答曰奇數一三寡而七九多偶數二四寡而八十多自寡自多言不得不然也 先生改正

問曰其序之不同何也　小註王齋生出生成

生出或以爲自中五推出四方之數謂之生出是恐未得穩當生出只是天一生水地二生火之次耳生成某生之某成之之次耳然以大註觀之始下次上云云始下豈獨取生之一而不指成數之六次上豈偏說生之二而不獨及成之七耶竟不知如何看得其當

答曰自中推出之說非是生則只是五行生出之次生成卽某生某成之謂其言始下謂水始生于下而一六生成之數兼擧之非擧一二而遺六七也此與洛書分陰陽而歷數言之者不

二三

同故王齋曰皆錯雜取義也先生改正
問原卦畫形而上形乂上亽形而下形卩下人
若云形乂下則上下之間似別有有形之物也
答曰是
問零星　零數之餘也星衡柄星也
答曰餘數小數也
問氣中　氣中之所以緩者何也
答曰氣中之所以緩下王齋說已分明不須更
說但詳此氣中非謂每月之中氣乃指春秋分
陰陽寒暑之中半而言若自其始生至此逐月

計日則自有恒數不當以疎密論今以陰陽寒
暑之中半而言則陽始生陰尚盛之時陽候之
得中固當緩而疎及旣盛後又當促而密陰亦
然矣故王齋之說如此云先生改正
問一交再交　或曰震巽自相交也兌離坎艮
自相交也或曰若如前說別無意味而王齋不
應云初交爲震巽再交爲兌離坎艮矣但上言
乾坤定位卽係以一交再交云爾則乾坤初交
爲震巽再交爲兌離坎艮矣兩說皆未穩只是
陰陽初交再交爲六子也

答曰所謂一交再交與後天卦一索再索之說
不同只是謂陰陽初交再交而爲六子也若以
爲乾坤之交則其上不應以定位言乾坤也蓋
定位之說於交之義無取也先生改正
問註分限　分沵限亽釋歟
答曰韻會去聲分字有分劑限量之訓則當云
分尒限人分字是分開之義前已論之王齋解
作分限初非邵子本意而義不相應故下文往
往皆作分開說與此處自相牴牾可見其誤矣
先生改正

問無極之前小註須有有無　或者之意以爲
旣云無極須有有極否旣云有前後則亦須有
有無乎前後言無形象者不可以前後言也邵
子說無極之前旣以前後言之則無極亦必有
形象之有無可指而言者乎
答曰本無前後之可言邵子於此特以卦氣循
環自坤而反指姤謂之前耳實無前後也先生
改正
問傳疑易髓云云乾坤二卦又納壬癸以下義
不分曉

答曰此文當作又納壬癸甲乙十二支如乾初爻甲子與壬子同行四爻壬午與甲午同行坤初爻乙未與癸未同行四爻癸丑與乙丑同行餘爻皆當以此推之如此方得全備也

問氣朔分齊　氣盈朔虛之分相齊也

答曰疑此分字是去聲分限之義合氣盈朔虛而閏生故月與日會而所少之分五百九十二截自此數而入計作閏其所謂三百四十八分者實是一年月行所歷之分不預於以少作閏之數故不復言也下十九歲積分成日處零六

百七十三分亦同此義

問考變占　永貞

答曰永貞乾之貞也非乾則不得永貞矣

與金士純 誠一 李逢原論先生與存齋奇明彥 大升 四七辯書編次別紙

存齋四端七情說第一書不須附錄存齋後說當書於四七之末總論當書於存齋後說之上存齋論太極書書寫寄僑梅溪館詩別紙武夷櫂歌此三書似不必附錄論四七書則盡錄雖似煩冗盡錄然後方知議論首末似不可去存齋復辨中先生所答數條語若去存齋之辨則零碎無附屬處引之置論太極書論梅溪詩兩書之上而接前書之後使往復論辨之意通貫瞭然如何若以此數條謾錄此兩書之後則恐後人不知所論之意而不成倫序矣存齋三上之書必有先生所答之書而只有數條辨語何也抑不復有復書而但有此數語乎未可知也若更有復書則推於存齋而編入其或無之則引錄此數條於先生第二書後論之後答示論太極書之上則庶乎以類相從而發明之意不

難尋究然此乃無復書不得已之處若有復書則雖編於晦菴寓梅溪館書之後更何患於未易尋究乎鄙意先生非不答此書逐節中兩行分註者答辨也其他無辨者以其不必辨故也細觀存齋書則可知先生不辨之意先生答條雖獨錄單傳未為不可若患所問之無辭而所答或因以不明則略抄所問附錄於所答逐條之上如朱子大全問目例恐又分曉矣但問目則低行而答條則極行可矣然存齋之辨馳騁汪洋非淺薄所能窺測必堂上之人然後可以

抄略合當伏望與趙士敬量處

上郭侯趪 ○丙寅

卽日春和視篆起居神相萬福不任慰祝近日
儒薦云云何時論謬發重瀆崇聽推人於不倫
顧以輔之庸愚何以得此不虞之譽也夫用人
得失大是風化所係在閤下亦不可不審也若
使輔不顧名實而遂巡冒進恬不知恥則亦將
顚躓於前而取笑於後此所以自反畏縮而無
所容也安敢有隱而不之悉乎輔自少離親從
師數十餘年未有所成名違孝於親負學於師

方竊拊躬懍惕之不暇豈敢作盜名叨爵之計
哉設有所可取固人自爲其所當爲耳元非爲
仕而爲學者也竊覵夫一番前輩率皆著脚不
固熏㬙利達終未免盜名竊取之爲而况輔之
奇蹇下於前輩者乎輔雖至愚極陋嘗讀古人
書平生講論此等說話謂不當若是今因閤下
此舉頓不顧平生之說汲汲焉貴名而賤實枉
已而循人則不惟乖刺於心迹之間將何以答
當世士君子公論也輔逬在井邸只得備數蘿
鹽自知無絲髮之才可適時用而退伏窮山務
以韜晦猶不能自慊於心閤下其以輔爲澹臺
之其人乎子張之干祿乎是未可知已且凡吾
鄕文學之士彬彬居輔右者顧何限而其將棄
長而取短執虛而責實是不過一偏夸詡錯了
軫察以至於此則閤下今日之事不翅大段落
虛鄙意已決不得出仕也明矣伏望閤下千萬
圖濟以安愚分區區切祝之至

答柳應見雲龍 ○丙寅

何嘗不瞻誦恨無由自伸乃蒙不鄙滿牋辭旨
寄意鄭重悅然若情眷之藹如也近日凊和靜

養讀味凊重對楊湲坐於池荷砌篁之間倘不
自知其超然之趣而由村裏坐慣識箇中風光
者又何如欽仰德儀也蓋像想心追而庶有以
自慰也輔亦自非甘於鄙瑣者而窮理應接不
能不損了道心頭邊許多簡編或有所含咀得
味者而亦無以資一飽自笑平生闕却處貧上
喫緊工夫也意謂霞笻雲屐去作小白山壯遊
視遊於短崖淺洲者不啻蟲鵠之相懸今承竟
亦未成於是乎但覺短崖忽峙淺洲還湲猶可
以自攄夙約未踐之恨耶鈹 屬之過境而來

諭縷縷有若擬之以古人出處之義蓋不欲費辭而供對也

與琴聞遠

比寒不審經履何似易院之會爲風雪所沮遠近同志竟未免臨時坐停殊甚恨恨輔養病日甚苦無悰況且年來濟接但覺自晦不深也孫山之勝在念久矣幸借與我茅棟之地殆將暢心志豁幽憂而扁以水雲名蓋小遊仙詩所謂簞瓢同飲水雲間者正獲吾晩暮志願也然竟未知年邁計拙不作詩成屋未就之歎也所託

陶山雜詠欲依寫送此無紙本可合者君其得送否深企深企

答金惇敘

伻來問及良慰良慰所示行止果似狼狽爲君謀之人孰不深而實難歸一不可不出乃大段渾然之論而其間往來曲折之難又如是使他人處之必如足下所慮亦在審處之如何耳

答琴夾之 甲戌

尊德性道問學不可偏廢近日吾輩間論恐未免爲口耳之習而以開末學之弊大要居敬以立其本窮理以致其知反躬以踐其實此乃吾學之宗旨也

祭文

祭退溪先生文 辛未

嗚呼元氣之會篤生大德純粹之質中正之學淵源洙泗羹牆濂洛續千載緒爲百世師士瞻喬嶽國有蓍龜卓立東苑考槃在阿退水活活靈芝曄曄爰結三椽命曰寒栖仰思俯讀左圖右書肅然對越終日乾乾力踐心得不由師傅紬繹四子研窮易學無微不燭無物不格不言

而信不怒而威曝之秋陽藹然春輝風光月霽山立淵澄接應事物氣平神凝即之也溫望之也莊躬恭義理爵祿是忘 先王側席恩命屢至出處有道霽行潦止自家而國準平繩直際會文明雍容 經幄道揭十圖誠殫六條七進七退顯揚三朝軒駟孔阜自視闒茸歲暮丘林迺修初服白首謝 恩歸帆三宿酌彼漢水臨分寫愁天不欲平人將何尤河海量深衆瀆所聚近遠鴻碩立雪軒右從容講討窮幼究陶丘書疏溢篋手答如流疑團冰解義利毫析繼往開

來昔豐同烈小子弱冠幸窺門牆奬掖諄至粗知義方脫我坑塹道我坦夷自顧駑庸坐成不移中年遊泮顚沛是虞于時先生被 召入都叨陪南爲執策前之歸來補過築室溪濱日星明訓詩以勉爲杜門求志抱卷質疑得免小人此外何求居必薰炙駕輒陪遊佳山勝水杖屨周流蓮臺夜闌鼇潭月明暢我心志悟我神精庶奉周旋無或隆失欲報之恩天地罔極嗚呼哀哉豈意一疾爲斯道孽邦國之瘁士林之戚神龍其逝鱗介靡依儒宗其亡吾黨誰師運旣

極矣痛哭何追終天永隔此恨未涯薦此菲素庶冀格思嗚呼哀哉

祭金愼仲文 壬午

嗚呼吾兄已至斯耶哭盡秋天雲物含悲憶在丙夏令伯有疾從容寬譬奔走醫藥仍致風疚憂勞所傷鴒原禍酷摧心裂腸幾危得保神明是攝勿藥少慶輿往暘谷竹淵新構以追先志堂宇旣翼牆垣亦治言旋言歸烏川舊廬調護多方以冀如初嗚呼吾兄醇美之質斯焉取斯終始于學短於取名長於修德辭辯不飾畦畛不設睦婣之厚友愛之篤桃李園中樂事無極式相好矣永世無斁理何茫茫天胡漠漠一疾七載遽至不淑失聲長慟轉增哽塞起敬致誠奠此菲薄不亡者存庶賜歆格

祭李庇遠國樑文

嗚呼惟靈豪邁出天風標絶倫蚤事文學譽洽鄕隣立雪溪軒洎余同趨退水之曲陶山之陽從容函席退與後先弱冠同贅占額同年行藏取舍一轍之歸麗澤相孚如君幾希丁憂泣血疾病遽嬰孝感所格庶獲神明年未不惑奄然

就木吾黨斯刖彼蒼難測旣施其厚何奪之速憲貧可諒顏殀可戚佳城告別一司馬旐君鬼我人自茲殊道彼汾一方葭露蒼蒼我來陳誄靈必洋洋嗚呼哀哉

碣文

叔父通訓大夫行泗川郡守府君碣文

抄略

公諱元福字成之姓琴氏奉化人系出高麗翰林學士太保門下侍郎平章事致仕謚英烈公諱儀其後簪組不絶入 本朝有備巡衛領中

郎將諱用和是爲公曾祖祖諱淮承訓郎恩津縣監考諱啓通訓大夫軍威縣監娶月城李氏大司憲繩直子生員時敏女成化庚子某月日生公自幼少時英邁不羣早孤失學及長八忠順沉淹士伍其後益折節憤勵稍稍見知於世正德甲戌蔭補通禮院兼引儀庚辰陞奉列大夫爲引儀辛巳春拜司憲府監察秋爲便養求外補出爲丹城縣監在官三年以御史摘微事罷丙戌復叙陞通訓大夫爲臺監秋除聞慶縣監庚寅丁淑人李氏憂泣血三年壬辰服闋癸

梅軒先生文集卷之二 十三

已復爲引儀轉拜咸昌縣監戊戌遞入臺歷忠翊府都事掌隷院司議俄而出爲星州判官秩滿轉軍資監判官甲辰授咸陽郡守是年秋以檢灾不實罷庚戌叙軍資監僉正轉廣興倉守連授泗川郡守癸丑因事罷歸閭境遮道呼憫自後不復仕進己未四月以優老 恩陞通政大夫嘉靖辛酉四月十二日以疾終于家享年八十二用其年八月十五日葬于奉化縣東牙峴負辛之原從先兆也公德器凝重神彩秀朗言談擧止必一一中節應事接物靡不由當在

禮院八年束帶端笏每遇朝廷大禮同列莫不推公以當其難公處之若無事爲一時所推重歷典五邑雖當困弊煩劇而職無不擧事無不辦人有幹能之譽民受廉取之惠此皆居官之大略也年老家居志氣不衰風流蕭灑每與蒼頭紫髥角巾野服出入溪山間日以射獵爲娛訓子姪必以恭儉其有過者雖稠人廣坐不容少寬一歸之塗轍是以當世之尚氣節者莫不取法焉公娶善山金氏教授伸之女後娶星州李氏學生世鈞之女有三男五女長男彭祖內

梅軒先生文集卷之二 十四

禁衛三女適郡守安琇習讀權應世幼學李忠淸金氏出也二男應期應時二女未行李氏出也側室子四曰應會應諧應辰奉伊女三一裵興祖其二與僉知柳仲郢生員金綏內禁衛娶金氏姜氏無後先公歿應期應時時未娶外孫郡守之子霽以下不盡錄公之葬也將揭銘墓道以表當日行蹟而諸孤皆未成不能夜訴於門闥之下輒敢記耳目之所建而草略殊甚恐不足以稱情然竊伏念先生於叔父素有親學之分則必見知者孰矣伏望恕察而財擇焉

二八

成均進士南公墓碣陰記

公英陽人也諱瑞龍字雲叟遠祖郎將同正君甫同正生典書公若典書生製述科及第備及第生同正星老同正生典書有孫典書生典理判書暉珠判書生戶曹參判敏生參判生義良隱而不仕義良生進士致晶進士生恆年 中宗朝靖國功臣娶江陽李瑤之孫縣監澤之女弘治丙辰生公爲季父昌年之後嘉靖壬午進士戊申十一月卒明年冬葬于安東府南峯枝山坤坐之原從先兆也公配朴氏判尹蕃之孫

參奉孝曾之女後公十六年終生四男二女好善繼洪好問好學女長適權榮次適進士李中立繼洪生一男三女夭女長適生員琴復古次適李汝馪次適權德榮好問生一男四女煌幼女長適文府使辛義立次適李祥龍餘未行好學生男女皆幼謹記其顚末如右萬曆五年丁丑二月日成均生員琴輔撰

雜著

趙普論

論曰趙韓王佐太祖定天下佐太宗致太平歷相兩朝負天下重任垂三十餘年誠可謂一代之名臣矣然夷考其行事之大節則君子未嘗不多其才能之有餘而惜其心術之不正何也觀其坐廟堂進退百官立法刑制獻可替否圖畫詳密處置得宜贊帝業於當年立宏謨於後世則其才能之有餘足可稱也以開國元老受太后顧命任天下之大事係社稷之重責爲大臣者所當始終一心謹遵遺旨夷險不渝其操死生不易其節上不負付託之命下不欺吾心之天然後可以俯仰無怍而幽明不愧矣乃於

危疑之際敢爲偸寵之謀不能王陵之廷爭反效李勣之獻諛致使太弟受黯昧之罪而皇帝有殺弟之名一抔之土纔乾而顧託之意安在渝盟大惡人所難也而略無顧疑負君不義人所恥也而亦無忌憚是可忍爲孰不可忍爲使杜后之意有乖於三代繼世之義難行於叔季多詐之術非永世無弊之道也彼趙普者時任大相議國事則義當力諫其非盡言無諱以救後日之弊是其職也旣不然而自書約誓緘鐍而成之使太宗得以繼統至於禹錫之上纘顧

乃陰嗾密贊以動帝心而竟致匡美之貶斥吁在太祖朝獨不能知其誤而在太宗朝獨能知其誤乎在太祖朝獨不可言其誤而在太宗朝獨可言其誤乎等是吾君也而所事之或不同必其心有以矣竊觀前後所爲不過患得患失之人也何者太祖有公天下之心則普亦以此勉之其意以爲不順其志不能以固太祖之寵也太宗有私天下之心則普亦以此助之其意以爲不順其志不能以得太宗之寵也然則不言於太祖者以其權位已隆而患失之心勝也

贊謀於太宗者以其失位有年而患得之心勝也嗚呼始之受顧命藏金櫃者誰也後之背約誓亂家法者誰也昔爲固寵而與共社稷之計今爲希寵而離間骨肉之恩爲人臣者用心當如是乎一人而始終之心異一身而前後之行殊吁彼何人斯彼何人斯孔子曰鄙夫可與事君也與哉其未得之患得之旣得之患失之苟患失之無所不至患得患失之人將焉用彼相哉是故君子不可不愼其心術焉

鄕校重修立約序 附約條

吾鄕不過十室而古稱文獻之邦人材之盛者英之多實不讓於巨府而學宮之隘陋則莫此縣若也蓋邑小民殘力量不給勢固然也幸今仁侯孫英濟下車未久先意此修旣稟于退陶先生兼訪于斯文多士公私協力一新舊器豈非小縣之一大幸歟功旣訖鄕人相與議曰古人云新沐者必彈冠新浴者必振衣今屋宇之煥然重新旣同沐浴者之澡雪則人事舊染之習盍亦如衣冠之彈振乎若其文廟享祀之式諸生講習之方則自有 國典昭在板上只當惕

心奉行而已至於規模典節之詳守護無弊之策人各異論尙因舊陋不可執以爲則故別立若干條以爲恒久之約此非獨出於吾黨之臆見實有倣於鄕先生之遺意也後之君子幸勿以爲一時之淺言而忽之哉隆慶六年壬申七月鄕人琴輔書

約條

一司馬二人輪掌有司定校中凡事 相遞之時傳掌毋有欠事有欠則不得遞

一祭享節次毋得苟循習俗省牲滌器一依

禮文飲福不出校門外 禮文不止此二者
當時尤失故特出之
一祭物前期一月告官豫備 牲醢菹果毋得
代用如非土產難辨之物則以他精潔相
近之物充之亦不得以一物備數品
一獻官差定時前期十日入校望報
一獻官託故不參則僉議定罰
一每祭後斯文及鄉老請會飲福 每會和議
相接過失相規至於子弟尤當勉勵責以
勤學

一凡會酒饌務從簡便
一殿宇及諸處每年春秋一一巡審少有汚
壞告官治葺切勿因循以致難救 除草掃
雪幷無失時少有怠慢則下典治罪
一祭服祭器及書冊什物同日點檢曝曬有
欠則告官改備書冊則校生典守者當徵
毋得借與方外
一殿內地衣五年一改備
一地衣破件用於堂及齋樓毋得褻用於他
處 非但地衣如祭器破件卽令埋置屛處

祭服則焚之
一學田所出公費外毋得私用
一寶上存本聚息永世無廢 元數以百石爲
限而以其餘數爲地衣買資接儒供饋及
春秋大祭時校生三日糧有餘則什物備
置每春秋照勘元數外遺在置簿以備後
考
一殿內非時毋得出入常加扃鎖 因事若入
則必具冠服
一校生升堂則必著巾

一官家遇校官必以禮貌 如廩料支供幷令
察之不至於薄如有不事訓誨多行鄙陋
則諄諄開諭期於必改
一校生非其職事官家毋得任使
一校生額數及時充定常有餘數執事毋攝
祭時或有故執事未充以方外儒生並差
出
一堂及齋樓等處勿近聲色飲食時切勿喧
鬧失儀
一有司有不謹所任鄉中齊會論罰

陶山記考證

巖麓悄蒨 悄蒨幽淺蔥瓏之貌

樂山樂水闕一不可 初本作武夷所以爲天下
絶勝者以中有九曲水也

卒歲之願 晦菴詠山詩卒歲聊自娛

畸人 畸孤獨之意

陶山書堂 先生本註陶義見記今詩中或事或
姓點綴陶字乃事外暎事以寓意耳

巖栖軒詩曾氏稱顏實若虛屛山引發晦翁初
暮年窺得巖栖意 先生本註曾子稱顏淵有若

無實若虛屛山字晦菴以是祝之晦菴詩自
信久未能巖栖冀微效名軒以自勗

翫樂齋 先生本註朱子名堂室記以持敬明義
動靜循環之功爲合乎周子太極之論足以
翫樂而忘外慕今以名齋而日加警焉

翫樂齋詩主敬還須集義功 主敬左齋明義右
齋動靜循環之功有似於太極也

幽貞門詩韓公假大龜 韓昌黎復志賦假大龜
而視兆兮求幽貞之所廬

淨友塘 先生本註濂溪愛蓮說稱蓮美非一而
曾端伯獨呼爲淨友恐未盡也

節友社 先生本註陶公三徑梅獨見遺蓋不但
離騷爲欠典也

時習齋詩兩進明誠效數飛 明明善誠誠身

谷口門 先生本註谷口鄭子眞不屈其志耕于
巖石之間而名振京師楊子雲法言之語

東翠屛山詩疑是營丘筆下生 營丘卽李成所
居也工畫山水因號李營丘

西翠屛山詩中藏蘭若下園亭 蘭若蕭灑之處

一任浮雲萬古靑 晦菴詩浮雲一任閒舒卷萬

古靑山只麽靑

芙蓉峯詩主人亦有烟霞癖 主人卽趙上舍士
敬也烟霞癖唐高宗過田遊巖所居問曰何
所樂耶曰有泉石膏肓烟霞痼疾

蒙泉詩尤當息果育 先生本註果育卽易辭蒙
卦象曰君子以果行育德之語也

洌井詩自枉寧心惻 劉子澄自號洌軒詩云無
勞劇心惻

庭草詩意息如馨 如馨猶言寧馨晉王衍美丰
姿山濤嗟歎曰何物老嫗生此寧馨兒一云

馨香也言德馳也○王若虛曰寧猶言如此
馨語助也
硎柳詩千載兩節翁 兩節陶靖節邵康節
濯濯風度 晉王恭有美貌人云濯濯如春風之
柳
西麓詩二仲豈無有愧余非蔣卿 先生本註蔣
卽蔣詡也二仲卽羊仲裘仲二人居蔣卿之
隣逐日相從故及此
雲霞之交 范泰與一高人爲物外遊時人以爲
雲霞之交

翠微詩九日攜壺酒 杜牧之詩九日攜壺上翠
微
菊花空滿手 古詩九月九日菊花空滿手笑無
酒也
寥朗詩仰眺俯瞰 古詩仰眺碧天際俯瞰綠水
濱寥朗無涯觀寓目理自陳
月艇詩九曲羊裘詠 晦菴在武夷答劉靜春寄
羊裘詩詣遣羊裘與醉披故人心事不相違
狂奴今夜知何處月冷風凄未肯歸 狂奴嚴
光之小字也侯霸遣之光瞋目不答久之乃

曰懷仁輔義天下悅阿諛順旨要領絶霸以
白帝帝笑曰狂奴故態尚存
櫟園詩見割有警言 止櫟有世用 莊子櫟以有
用見割警言莊子昨見櫟之免伐今見鴈之
見烹木以不材全其天年鴈以善鳴不保其
身將處材與不材之間此警言也
魚梁詩丙穴底貢 漢水之源有丙穴此穴之魚
有至味指銀唇
遠岫詩如黛如鬟 趙飛燕妹合德爲薄眉號遠
山黛韓詩云山如碧玉鬟天空浮脩眉

龍巖註借景 史某構亭於他亭之傍史亭無景
而彼亭有致山谷命之曰借景亭
汾川詩汾川非異水回首想梧陰 先生本註汾
川在西翠屛南李大成所居自號碧梧
秋來戀主濱 時李公去此在任故稱之
靜存齋箴考證
本眞而靜 伊川好學論曰其本也眞而靜
云胡未渝 未謂已生之後也
外物膠擾 莊子膠擾言紛擾也
老洫堪悲 莊子齊物論其厭也如緘以言其老

泚詿機心益熟愈老愈深故曰老泚言人陷於物欲終身不出者也

靡有將迎 莊子不將不迎將送也卽正心章留滯也迎延卽期待也

由定而明 定指靜之體明指動之用

曲當時措 曲當於時措也

靜耽動鄙 惟靜是耽而惟動是鄙也

楊羅深味 靜字楊龜山羅豫章相傳旨訣

執此明彼 此指靜彼指動上句動亦靜重在此耳

易東書院記事

退溪先生嘗以爲吾鄕先正禹祭酒倬道義風節爲後學師表而可廟食百世迺於嘉靖戊午四月先生與趙穆琴蘭秀相地於鼇潭之上

癸亥春苞山郭侯趪來莅玆邑闔境大治公私富實鄕人金富弼趙穆琴蘭秀琴應夾諸君以營建之議白侯侯亦樂與之措畫焉

丙寅春侯治官舍以其餘瓦九千張屬諸生員以主之金君等與諸同志稟先生議定其事一鄕士夫家莫不聳動出財以助之者凡一百六十餘家

是年秋鳩村伐木郞生山侯出倉中穀四十石布十五疋以資之安東府伯尹公復亦以穀十石大木十餘株輸送之

丁卯春始役金富弼琴應商趙穆琴應夾琴蘭秀禹克昌及輔掌其事監董最勤以時遞番來監者烏川金富儀金富倫溫溪李寯月川蔡雲慶池沙禹致武汾川李叔樑西村柳贇浮浦申洽孫興孝也其他郡吏若諸寺僧來助役者不可勝記

夏五月以運瓦事稟先生先生答書曰所云退役之難非不料得但不奪農時古人至戒吾輩平生誦習此等說話謂當如此今纔有一事到手便不用其說殊非本志之所願欲者意謂待七月間爲之雖未免霾黝之恨不至於腐朽其黝色則受丹雘而可無之故前與士敬書聊發之耳

秋祠及堂齋告成請先生以定其扁號祠曰尚賢正堂曰明敎左右翼室曰精一曰直方東西兩齋曰四勿曰三省書室之在北曰光明室大

門之在南曰入道門總名之曰易東書院易東
者取易已東矣之義也
冬侯將歸又以其社寺田二百餘負良賤若干
名歸之院吾儕中亦各有所納納田土者金富
弼李完琴應夾金富倫金富儀及輔也以穀代
納者朴士熹金生溟也趙君以鄉人之意錄其
顚末請院記于先生
戊辰春東萊鄭侯惟一監司朴公啓賢且方致
意眷眷以遂未訖之功二月與諸君齊會院中
議定祭儀及規約先生與書曰竹溪書院祀文

成公儀舊有謄本共覽去取以爲他日祭禹公
之儀何如又有伊山書院規約頗詳密可倣議
定新規四月先生寫扁額作書院記命輔書之

梅軒先生文集卷之二

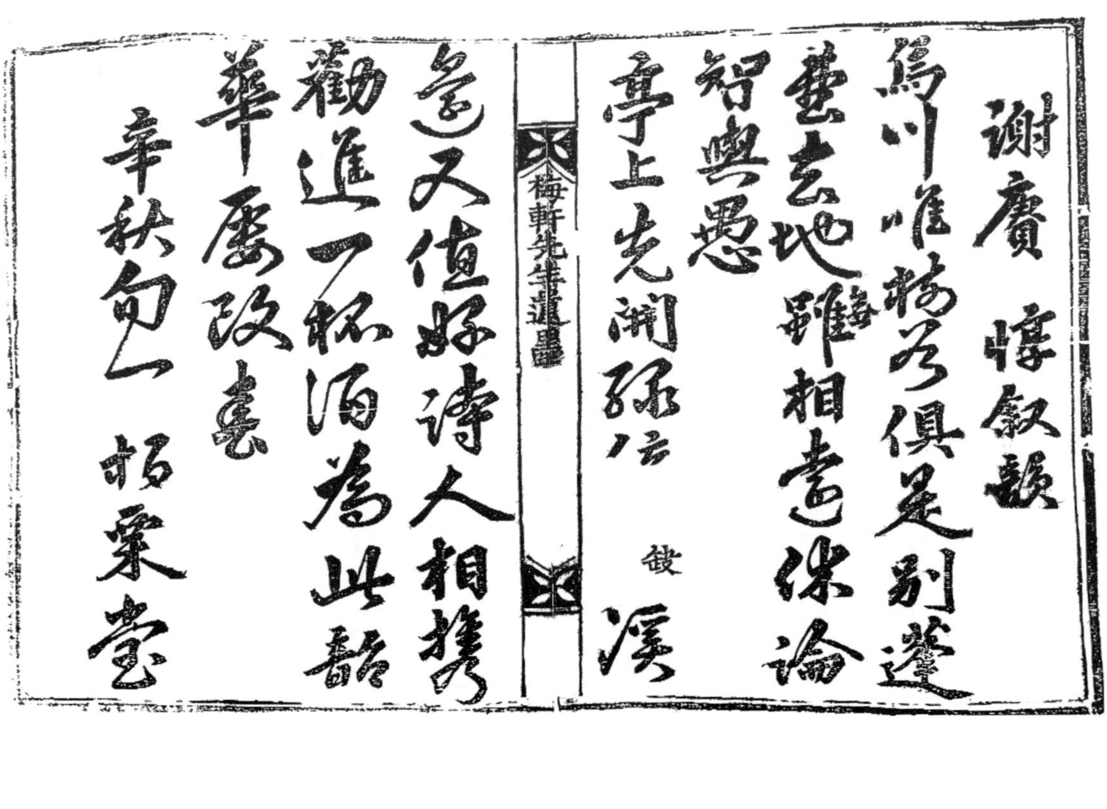

三五

惇叙 侍史 拜賀
金生員宅
承審
迓新多福深賀〻深〻添
慰但自前月初書章疹
因而背痛不能出入承

梅軒先生遺墨 九

君遠旆遂此阻
奉悵想〻至此惟
下照謹拜賀復
乙亥元初二
輔

拜謝復狀
趙郡事宅
阻仰承審
謹履平常慰仰〻前冬
貴家湖水不祥可恨因此不得
歷叙深恨〻〻矣

梅軒先生遺墨

示喜來〻會尚依圖 然
失甚深恐得射家度日甚
艱耳悶〻伏惟
前照謹拜狀
六月初九
輔拜

三六

梅軒先生文集卷之三

四書質疑

嘉靖丙辰夏輔始居于寒栖菴之側灑掃之暇每講受而問難間因諸友問辨者而并劉錄焉名之爲四書質疑後之覽者庶有以參攷證正云爾

論語

序說柱下史

掌國史文書之職

註不見是

是是非之是不見是於人則人皆以我爲非也

有所不行　謂和不行禮不行歟

禮不行也

知和而和

此和字指禮之和處乃樂之所由生恐未可便做樂看

爲政以德

今按此因小註不必泥以字之言畏涉有心故有下二條之說然雖依上一條說若活看則豈涉於有心乎朱子之意恐人太拘以字誤認爲

用之之實字看故云不必泥耳非欲遂廢以字語勢也蓋以字自有虛實不同此以字虛著爲文而其語法自有見成不易者今人不顧文理而曲爲鑿說每如此非小病也

退而省其私

今按小註朱子前說夫子退而省察顏子之私則當云退(芭ユ)私(乙)省(邑)後說退非夫子之退乃顏子退也當云退(爲ユ)私(乙)省(爲)蓋退字有前後之異而省字皆夫子省也此兩說非惟前後之倒置後說私(厂)省(芭)者乃以省字爲顏子之省察非也

註亦不害其爲知

上文云雖或未能盡知而無自欺之蔽蓋無蔽則明矣故雖有所不知亦不害其爲知也猶言雖以此人爲知亦無害云耳

註禮始諸飮食

今之世未有無飮食之禮如祭享賓客之類是也可知古之有禮必始於此耳○記禮運註曰此言禮之初方是時地產之穀有黍然未有釜甑也故汙尊(掘地爲汙坎以盛水也)未知用爵也故抔飮

以手掬而飲之也皆始諸飲食之事

註故汙尊而抔飲　故字若作故厓則非歟

何以欲作故厓讀耶想公必將故字意至歟字下截斷看所以欲把故字作古字義看誤矣其實故字上先說禮始諸飲食云者由禮之末失而遡求其初禮所由起者統言之也其下將說始質而終文之意故著一故字以之上接統說之意而下開分說之端是則故字當下至文之也處看方得其語意之全要須參詳

不如諸夏之亡

諸夏亡君長反不及於夷狄之有君長也不如猶不及也

註不輕絕人盡己之心

以季氏之僭妄冉有之附從便當絕之而勿誨勿警可也今乃以爲安知冉有之不能救季氏之不可諫也拳拳敎冉有使之救諫是不輕絕人也亦盡己心也及其不能救而又美林放以激厲之益見其不輕絕人盡己心處

註乃揖不勝者升　或云勝者乃揖不勝者苦升也或勝者乃揖入条二說何如

上說是也若不勝者獨升則後說是矣其實[illegible]者揖不勝者而俱升

註周公其衰

雍徹註胡氏曰周公立爲經制辨名分於毫釐之間將行之萬世而身沒犯之將行之天下而子孫違之豈非周公之衰乎

註特羊

或曰獸之特或曰大也或曰特文也舜典用特註曰特獨謂一牛云耳

成事遂事

成事乃立社之本意而遂事是時君殺伐之心也

樂其可知

言樂之爲用猶可知也

無以尚之

尚加也猶柳下惠爾焉能浼我之意

註氣必至焉

著氣字者疑因元文用其力而言

註皆實理也　皆字指道與何事歟抑指道而總言之者耶

指道而總言之
註以己及物推己及物　以字推字爲仁恕
之別者何也
以己所固有而自然及物故爲仁推己所欲惡
而要以及人故爲恕
註動以天爾
此只是爲之自然之意
註孰諫
記內則註曰孰諫謂純孰殷勤而諫若物之成
孰云

可得聞
子貢惟能已得聞之故能知學者之未得而發
此歎
註已不勞
此已字自天地而言
註羈靮　此設譬之意未分曉
馬首之形自具羈靮之理故人得因其形而作
羈靮以馭之猶老者自具安之之理聖人因以
安之少者自具懷之之理聖人因以懷之○記
檀弓註曰羈所以絡馬靮所以鞚馬

居敬而行簡
今按以程子內主於敬之語言之敬厓居歹何
不可乎以朱子居敬行簡兩件工夫觀之居邑
非也當云居若
註要直
要約而簡直
註慊於己
已疑心也小註朱子曰慊於己只是略有些子
不足於心又曰慊字音義與吾何慊乎哉之慊
看此說則可知已字以音讀之甚誤

註儲精
性理書解曰蘊精英之氣心經釋義曰精太極
圖說所謂二五之精言精而無極之眞在其中
故也儲卽所謂妙合而凝也
註其本
性理書解曰稟賦之初
註其本也眞而靜
心經曰本本體也眞是不雜人欲靜是未感時
五性卽眞未發便是靜
註七情出焉　性發爲情則性則五而情爲

七何歟
四端之情純理故通五性而無加減七情兼氣
發故雜而有加
註觸其形
觸疑是感也形耳目口鼻
註其性鑿
心經釋義曰鑿猶끌也情之鑿去其性猶끌之
鑿物
註約其情
心經小註眞西山曰約之爲言乃中庸愼獨之

工夫
註不日而化
性理書觧曰不日不待歲月之久也化孟子所
謂大而化之之謂聖也
註幾非在我
或問朱子曰過此以往則必德自成仁自熟而
非吾力之所能與也看此則幾字非庶幾之幾
可知也過此面幾非在我者乀
註折衷
書湯誥小註朱子曰如六藝折衷於中夫子盖
是折兩頭而取其中之義
註俛焉孳孳
記表記註曰俛焉無他顧之意孳孳勤勉之貌
○俛作僶反仕鑑字
註全體至極
非謂全體之至極也謂既能全體而又至極也
三讓
或問明道曰不立一也逃之二也文身三也
六尺之孤
宋史三尺兒註曰二歲半爲一尺三尺則七歲
半也以此推之六尺爲十五歲無疑

興於詩
或問游氏曰觀天保之詩則君臣之義修矣觀
常棣之詩則兄弟之愛篤矣觀伐木之詩則朋
友之交親矣
成功文章
或問范氏曰堯之成功如四時寒暑之始終萬
物其文章如日月星辰之照臨天下此一節疑
是言堯之成功文章與天地準者也
意必固我

心經緝錄曰譬猶一種之人欲取某物者意也期欲得之者必也固期得之心者固也終乃得之爲私是乃我也

高堅前後

朱書答門人曰高是理義原頭上達處堅是理義節會難考處前後是理義變化不居處仰者望之而冀及之貌鑽者鑿之而求通之意瞻則視之必徵見也忽則視之又未定也前者的見其在前不可移於後後者的見其在後不可移於前不是高堅之外別有所謂卓爾也

註天德王道

心經小註曰天德卽正心修身之謂王道卽齊家治國平天下之謂

註巽以行權　易繫辭下傳註問巽有優游巽入之義權是義精仁熟於事能優游以入之意歟

曰是又曰說在九卦之後是這八卦事了方可以行權

註衣以裼 先的反 裘

衣之色乙與所裼之裘之色與同之也如緇衣衣也其色黑故以此衣著於所裼羔裘之上羔裘色黑與緇衣相稱也裼裘者裼以見出之裘也

吉月必朝

或問謝氏曰吉月必朝者雖告老猶月朝於君也月朝於君者國有大事猶將預聞如請討陳恆沐浴而朝

不多食　兼指上文而言非徒指薑食

非徒指薑食者甚當但上文飮食食不食隨文已斷了不應於此更言不多食此正謂凡飮食

耳

山梁雌雉

或問謝氏曰雉在山而得其時人逢亂世而不得時呂氏曰言雌者以見應而不倡

註石經

東漢靈帝令蔡邕隸書六經刻石立鴻都門外名曰石經

不踐迹

或問伊川曰不踐迹是不踐已前爲惡之迹也不踐迹三字自不爲惡之意包在其中

章甫

記儒行註曰章明也所以表明丈夫故謂之章也甫蓋緇布冠也

詠而歸

詠先王之道歸夫子之室

註人心之所以爲主　以人心爲主如何

人心以勿爲主也言非禮而禁止勿爲是以勿爲主於心也

註知誘物化

知猶知識也知誘於外爲物所化小學註文釋

則知丶物厂誘乜化乜

小註視與看見不同聽與聞不同

心經講錄曰看字見字非有心而看見也視字有心而視也聞字非有心而聞也聽字有心而聽也

註儼若思時

心經釋義曰儼然乜思호ㄴ대 記檀弓儼然在憂服之中註曰儼然端靜持守之貌

民無信不立

陽貨篇信則人任焉註曰任倚杖也此章立字疑猶任字民之倚信以生猶老者之杖子張篇立之斯立註曰立之謂植其生也

小註轇轕肯綮

轇轕上音膠下音葛肯綮雜亂交加也一云上清之氣肯綮肯苦等切綮音罄筋肉會處曰肯又云肯綮結處也見莊子庖丁解牛條

註征斂無藝

宋史誅賞無藝註曰藝常也

名之必可言

如以禰爲禰以祖爲祖名之也如此則無不可

言也今輒以祖爲禰是名之而不可言者也

小註孫于邾

左傳奔謂之孫孫音遜

註與國

孟子第七篇註曰和好相與之國

註下學上達

薛文清讀書錄曰如事君親長皆人事也能盡事之之道則仁義之理不外乎是所謂上達也以至視聽言動飲食男女之類皆人事也于是而處之各得其宜則天理也下學人事形而下

之器也上達天理形而上之道也有是事則有是理有是器則有是道精粗本無二致也程子所謂意在言表者在人因人事而默識天理耳

註意在言表

下學之事只是平常無奇特聳動人處至其天理之妙忽然上達去又捉模不得此乃言所難形容處故曰意在言表

註鞭辟

朱子說已詳猶鞭驅督約向裏來耳

註明得盡查滓便渾化却

明乙之盡爲查滓吾斗化也却字不釋

註發此以爲兆　小註兆猶準則也其說何如

其所不言者以所言者爲準而則之是爲之兆

註容足之外皆爲無用之地而不可廢

容足之地近地也自此之外足所不履是爲無用之地且皆遠地也然豈可以足所不履爲無用遂廢其地而不憂慮乎若以爲非所關而慮不及則患生於所履之近地必矣

疾夫舍曰欲之而必爲之辭

舍曰猶不曰也欲之已欲之也而必謂之辭謂必爲之飾辭以自免也言人於其所欲之事不言其已欲之而爲之飾辭自免者君子憎疾之

註不存焉者寡

雖有天理之不存焉者其不存必少蓋不存者少則存者多矣

習相遠

洪應吉云李原吉以習乙又之說爲非當云習乀今按習乙又之說未見其非不知原吉公何云習乀耶

德之賊德之棄

通考朱公遷曰德之賊此德字卽指有德之人而言德之棄此德字卽指人心之德而言此說精當

道聽而塗說

本言在道而聽之卽塗而說之無意於行之者是自棄其德也此四字必當時俗語夫子擧之而以德之棄一言斷之便爲格言耳且如今世俗人尋常說此四字亦依其本意而稱之了無差誤不知自何先儒鑿成怪說因註文有善言

遂貼謎道字爲道理之道又疑卽塗而說之似非其事空乃以聞善不行只付之空言之意遂傳會塗字爲糊塗之塗解作只糊付於言說以就註文不爲已有之云今此二說上說誤在道字下說誤在塗字傳訛襲謬牢不可破以誤後學豈不可傷哉朱子答趙然道書有云視世之道聽塗說於佛老之餘而自謂有得者答劉子澄書云執事道聽於人醫書有云今世鍼法不傳庸醫道聽塗說勇於嘗試此等引用處雖十百弁無以道爲道理以塗爲塗付之意頃在泮

論此同知周景遊卽見信以爲然司藝許太輝初尙不然後乃信云

必壞

自毁曰毁人毁曰壞

註受以成布

初喪未成布爲服至是以成布爲服是成布代受於未成之布也蓋自兩布交受言之非人受之也

註不怠不解期悲哀三年憂

記喪服四制註曰始死哭不絶聲水漿不入口者三日此三日不怠也未葬哭無時居倚廬寢不脫絰帶此三月不解也旣虞卒哭惟朝夕哭此期悲哀也旣練不朝夕哭哭無時謂哀至則哭此三年憂也

註裸(力果)以爲飾

蠻夷之俗不具衣冠泰伯循其俗而飾非全露其體也

註猶耳目口鼻

農明於農醫明於醫猶耳明於聽目明於視而皆不通其餘

孟子

亦將

亦字疑當時蘇張之徒以縱橫之術說諸侯富國强兵故惠王見孟子而亦將有以利吾國云

註造端託始

造仁義之端託七篇之始或曰王政之始未知所云

註拔本塞源

拔仁義之本塞利欲之源或曰利之本利之源

顧鴻鴈

疑無心於賢者之所到猶衛靈公顧飛鴻而色
不在孔子
終身飽
或曰終一歲身飽也或曰終極也今俗語ᄀᆞ지
之二說未知是否
註大章咸池韶夏
記樂記註曰大章者言堯德章明於天下也咸
皆也池施也咸池黃帝樂名言德皆施被於天
下無不周徧矣韶繼也言舜之道德繼於堯也
夏大也禹樂名夏者言能光大堯舜之德也

明堂
記明堂位曰明堂也者明諸侯之尊卑也堂名
取是義也
齊人伐燕　不言齊伐燕而加人字者何耶
或曰無道之君曰人或曰卒小將弱曰人春秋
晉人秦人云者皆爲貶辭則曰齊人與春秋書
法同一義也
文王何可當
文王乙ᄉᆞᆺ지可ᄒᆞ며當ᄒᆞ리今按此說誤當云文王
ᄒᆞ며ᄉᆞᆺ지可ᄒᆞ며當ᄒᆞ리오蓋孟子將言商先王德厚流

長文王雖以聖德不能王天下之意故先以何
可當一句發之正所謂倒句法也集註當猶敵
也義亦曉然矣若如釋意則毋本問文王足法
與否孟子何遽以敵不敵答之況毋意王道若
易則文王聖德豈有不王之理孟子答以文王
雖聖德彼時商命未替文王何得以有天下乎
故結之曰是以難也是其語勢問答起結之間
通貫相應
必有事焉
心經小註陳氏曰所謂事者指義直而言

註不惡而嚴
按此易遯卦大象辭也惡本文音入聲或音去
聲讀之者甚誤
夏后氏殷人周人
於夏曰氏於殷周曰人者性理書解曰禪受曰
氏征伐曰人
歸反虆梩
歸並虆卜梩乙反並掩亡今按此說是歸歸屍
處也反集註覆也即雖覆一蕢之覆言盛土於
器覆而寫之於地也此意明白無疑或爲鑿說

曰歸者歸其家也反者反於屍處也以此爲歸家取土器而反於屍處誤也

春秋

書名春秋者八篇集註曰年有四時故錯擧左傳序文錯雜也雜擧春秋二時以該四時也以爲所記之名也通書註曰錄一善如春之生物記一惡如秋之殺物故也

註戚矣　未審戚字之意

戚恐是心動不寧之意答許美叔問亦是

仁不可爲衆

衆ㆍ도외디몯多世　今按此以孔子之言止此而夫國君以下爲孟子之言非也當如誰敢侮之之例通下天下無敵皆爲夫子之言也

註必誠必信

記檀弓註曰必誠謂於死者無所欺必信謂於生者無所疑

註安排布置

心經講錄曰安是安頓之安排排布也安頓排布用意措處之謂布置則펴矢다蓋不循義理之自然而以私意計較多方措置也

由仁義行

集註仁義根於心云者乃先言聖人之心仁義本具之意而係之曰所行皆由此出是由此之此字正指仁義而言惟其仁義本具於心故所行皆由仁義而出猶耳目本具於身故所接皆由耳目而視聽也

以其存心

朱子答甘吉甫曰存心者處心也又須知不是將心去存在仁禮上亦不是將仁禮去存在心裏據此則存心如今俗語ᄆᆞ음가지다之意

號泣于旻天

爾雅曰春爲蒼天夏爲昊天秋爲旻天冬爲上天於春言色於夏言氣於秋言情於冬言位

將胥天下

按註曰胥相視也疑猶下章暴之於民之意也

象憂亦憂

東萊呂氏曰雲暘變於前而太虛之眞天自若恩怨交於前而兄弟之眞情不變鬱陶思舜乃象之天而焚廩揜階乃象之人

註伊尹爲有莘氏媵臣

湯娶於有莘氏而有莘氏使伊尹爲媵臣送之于湯見韻法全書

卿大夫

白虎通曰卿嚮也言爲人之所歸向也大夫大扶進人者

附庸

記王制註曰民功曰庸其功勞附大國而達於天子故曰附庸

註善反之則天地之性存焉

反疑猶湯武反之之反也反謂反之於身而學

焉以至變化其不清不美之氣質則天地之性渾然全備於氣質之中故曰善反之則天地之性存焉也善反猶言善變也

註在物爲理處物爲義

薛文清讀書錄曰如君之仁臣之敬父之慈子之孝之類皆在於物之理也於此處之各得其宜乃處物之義也

平旦之氣

按此氣乀非也當云氣厓蓋好惡與人相近非氣也因平旦氣清而良心發見故好惡得其正耳若云氣乀則是謂氣爲良心大失本旨

求放心

大學或問曰放心者或心起邪思妄念耳聽邪言目視亂色口談不道之言以至乎手足動靜之不以禮皆是放也收者便於邪思妄念處截斷不續耳目言動皆然此謂之收朱子曰然

註三才

淮南子曰以體言之則天地以用言之則二儀二儀謂之才才者用之著也故天地人謂三才

不可磯

蓋激者磯而怒者水過者親而怨者子以磯微激而水遽怒比親小過而子輒怨磯指親也水指子也

聲音

韻書單出曰聲雜比曰音

難爲水難爲言

或問呂侍講曰天下之水莫大於海觀於海而視百川則百川皆細流故難爲水游於聖人之門聞堯舜周孔之道知諸子百家皆不足好故難爲言

雖有不存焉者寡

天理人欲相爲消息欲寡則天理雖有不存者不存者少言存者多也欲多則天理雖有存者存者少言不存者多也

中庸

序人心人欲

人心者人欲之本人欲者人心之流夫生於形氣之心聖人亦不能無故只可謂人心而未遽爲人欲也然而人欲之作實由於此故曰人欲之本陷於物欲而後乃名爲人欲而變稱於人

心也

序更互

按史記更疑是更端也互疑是互言也

序門人

按疑皆程子門人

天命之性

或問命元亨利貞性仁義禮智

率性之道

註朱子曰率性非人率之又曰此率字不是用力字又曰循字非就行道人說故性件旦之說

雖似巧實是

修道之教　近世以中庸首三句分體用中和費隱及智仁勇又以首三句分配大學三綱領如何

今按此數說今人皆謹守之無異辭然謂性爲體爲中爲隱謂道爲用爲和爲費謂教亦爲用亦爲費則然矣若智仁勇乃德行之名安可強牽而傅會於此乎性不知檢其心而仁則屬乎修行然則配仁於性非也朱子曰率性非就行道人說又曰率非人率之也是乃人物各隨自

然之性之謂也而智則屬乎知乃擇乎中庸之事然則配智於道亦非也至於以教爲智雖與成物之智相近然彼對成己之仁而言與此意不同而三者皆非人修德行道之義又安有不息爲勇之意乎且以此三者分配三綱領爲尤無理其謂性爲明德雖近然性者人物所稟公共淵微之理明德乃指人之所得靈昭該括之名則理雖本同而所以得名者則不無小異若率性則非有明之之功修道之教又非有新之之意性道教之所以得名皆平鋪地義理之名

則與止至善無所不用其極者義亦不同焉又
以存養爲仁省察爲智自強於三者爲勇此則
然矣但子思本意於此未有三達德意思耳大
抵義理本同一原若取其依俙相近者而說合
之則何所不合第其所以立言本意文義旨趣
各有攸當毫釐之微有同有異今人必欲強其
異者合而同之是以愈鑿愈乖紛拏晦蝕而反
失大義也又以首三句爲天道戒懼愼獨爲人
道於此不當分天道人道也
註健順五常之德　在人則可在物亦可幷

言之否
觀萬物之異體則物之偏塞固不具健順五常
之全言一理之均賦則物物之中莫不有天然
自在之性蓋氣雖自隔於物而理不爲氣所囿
故曰萬物各具一太極又曰以理言之則無不
全以氣言之則不能無偏章句此處說天命之
性故就統體之同處而言之耳
小註大學八德之書學者事也中庸明道之
書敎者事也　然則學者不能於中庸之道
敎者不事於大學之道乎庸學之表裏果安

在歟
大學修身之本八德之門故曰學者事也中庸
明道之書傳心之法故曰敎者事也然非修身
八德之學無以施明道傳心之敎非明道傳心
之敎無以究修身八德之學此庸學之相爲表
裏也
道也者不可須臾離
蓋此道字卽上文率性之道不可離非就行道
人說
愼其獨

或云中庸敎者事故無必字大學學者事故加
必字
喜怒哀樂　七情之中只言喜怒哀樂者省
文否喜樂其不相疊乎中庸言喜怒哀樂大
學言忿懥恐懼好樂憂患其不同何也
孔子言仁義而不備擧四德至孟子而始言子
思言四情而不備擧七情至禮記而始言之非
省文也義理渾然於其中故也喜對怒而不可
以對哀樂對哀而不可以對怒則喜樂之不爲
重疊可知矣中庸之喜怒哀樂大學之忿懼好

憂適然各舉而言非別有深意於其間必欲論其不同則鑿矣

仲尼曰

古者生無爵死無謚則子孫之於祖考亦名之而已周人冠則字而尊其名死則謚而諱其名則固已彌文矣然未有諱其字者也若曰孔子則外之之詞而又孔姓之通稱若曰夫子則又當時衆人相呼之通稱不曰仲尼而何稱仲尼者尊之親之也

擇乎中庸　中庸豈可擇哉擇之何如

此云擇者如博學之審問之篤而行思而得之者故曰擇乎中庸

中庸不可能

或說云管仲之一匡天下似可均而假仁義則非中矣晨門荷蓧似可辭而一於果則非中矣召忽之死似可蹈而所事非正則非中矣

君子之道

或問道雖天下之共由而非君子不能知能行故特曰君子之道

語大語小

二十七章洋洋發育乃所以語大也優優大哉禮義三百威儀三千乃所以語小也見饒氏說

莫能載莫能破

道無限量故不可載道無罅隙故不可破也一云極天下之力莫能載極天下之知莫能破也但云無罅隙不若云無形樣耳

鳶飛戾天魚躍于淵　鳶飛魚躍必理與氣之使然而小註朱子曰所以飛所以躍者理也然則氣不與耶

其飛其躍固是氣而所以飛所以躍者乃是理

也然子思引此詩之意本不在氣上只爲就二物觀此理本體呈露妙用顯行之妙活潑潑地耳故章句只曰莫非此理之用何可問氣之與不與也

上下察

以人道言之則上疑君父夫兄也下疑臣子弟婦也

鬼神　天地上帝鬼神名雖異而實則同歟

程傳釋乾卦曰夫天專言之道也以形體謂之天以性情謂之乾以主宰謂之帝以功用謂之

鬼以妙用謂之神今按只是陰陽造化但所指而言有異耳

舜其大孝

或說云特言舜者舜爲人道之極處人倫之變而能盡中庸之道

無憂者其惟文王

或說云特擧周者周爲王制之備萬世由之不能易也文王處父子之常而能盡中庸之道武王處君臣之變而能盡中庸之道周公定制度之美而能盡中庸之道

善繼人之志

或說云不曰父而曰人者非獨我之孝乃天下之人同然故也

文武之政　不對堯舜之道而只擧文武之政者何也

只問政而不問道對不以道而以政何足疑乎況周政近且備歟

修道以仁

小註朱子曰道是義理公共之名仁是人心親切之妙眞氏曰志乎道而弗他知所向矣仁則其歸宿之地而用功之親切處也若但言修道則公共義理浩無涯畔無所著落故曰以仁則是直指人心親切之妙用功歸宿之處以爲修道地頭然則仁非修道之效乃道因行仁而得明矣陳氏贊章句仁其身三字之精妙以爲包括修身以道修道以仁八字意亦可見

朋友之交

父子責善賊恩之大者君臣諫諍割義之鉅也夫婦交謫斬閨之刃也兄弟相非桼家之道也而惟朋友之交者可以責難言之故朋友之下

特著一交字耳

贊化育知化育　二十二章旣曰贊天地之化育三十二章又曰知天地之化育贊與知有輕重淺深耶

贊化育以行言至誠之功有補於造化知化育以知言至誠之心無間於天地語各有指無輕重淺深耳

合內外

今按此說之意以爲成己成物之極致不假修爲故曰內外ㅣ合ㅂ據章句無內外之殊之言

五一

亦似作見誠說則此說似當然小註朱子有能
合內外之道之云饒雙峯有合內外而爲一底
道理之言陳新安亦曰合內與外幷是數說而
觀之豈都不假修爲而內外自合之謂乎況此
章言人道固是自明而誠者之事且不曰內外
合而合內外耶當云內外是合卩道厶復何疑
乎

予懷明德不大聲以色（古以與字通用）
明德乃明德之人也大猶貴也主也

附體用圖

心

體：忠　大本　靜　存養　大德敦化
性：隱中　仁義禮智　天道　無聲無臭　致中　天地位

用：貫和　喜怒哀樂　人道　發育萬物　致和　萬物育
情：恕　達道　動　省察　小德川流

誠

大學

序以爲億兆之君師使之治而敎之　神農
黃帝之時則君治至極師敎不聞者何耶
上古風氣未醨民性醇厚不言而信無爲而治
師敎之道未必如後世之備亦或有設官立敎
而逸落無傳也歟不必深加疑究也

序一切

一切猶言壹是言此權謀術數者類皆不顧是
非不擇義利必就功名而後已焉故云一切若
吾儒則不然不合於道則便自止耳

物格

物理之極處無不到駱峯申公釋云物理〻極
處無不到仍按指傳十章之末曰假如言讀此
書自卷初至此處丨無不盡也苟知此意則雖
釋云極處〻亦無妨又曰極處到者窮極到此
耳嘗見李復古說心到極處此說非也若謂心
到則是屬知止非格物也今按申公此說甚精
微余少時入成均時尹公倬爲大司成嘗問物
格註極處吐尹公曰當云丨問是謂理之極處
自到吾心否公但曰非也不言其所以非之故

每以不能審問爲恨耳

正心誠意

今按ᄀ心乙正호믈ᄀ意乙誠호려ᄒᆞ則似有

以此使彼之意當云正苦誠苦

克明德克明峻德　聖人之德本自光明何

待於克明乎

天道不已文王純亦不已蓋雖聖人少間或怠

則其所以明之之功不能繼之便是作狂故兢

兢業業無少間斷此以克明二字加於帝堯文

王者然也

作新民

新ᄒᆞ民乙作ᄒᆞ샤○新ᄒᆞᆫ民乙此是

樂其樂利其利

樂게ᄒᆞ샤利게ᄒᆞ샤按兩說皆是

註後賢後王　先言賢而後言王者何歟

蓋有愛慕之心惟賢者爲篤故先言賢也

大畏民志

今按若作志乙則似涉有心作威使民畏之故

寧不顧文勢而必云志ㅣ近世諸先生於此等

文字例以此意釋之雖避有心以就無心則似

矣奈文勢語脉不相應何當作志乙畏게ᄒᆞᆯ古

亦有此說

有所忿懥

忿懥ᄒᆞ읍배이시면今按此說疎當從世儒所

釋期待曰ᄒᆞ읍바飞偏繫曰ᄒᆞ는바飞留滯曰

ᄒᆞ온바乙有字亦當皆曰두면此語精密

忿懥恐懼好樂憂患　四者是七情否

四者就七情而得其三惟無所謂憂患者然亦

非在七情之外也

心不在焉

在卽在腔子中或云軀殼內或云在視聽上今

按此兩說通看蓋心在軀殼方能在視聽上乃

主於內而應於外非兩在也若心不在軀殼則

未有能在視聽上之理心已逐物而不能主宰

故也故明道先生曰與其是內而非外不若內

外之兩忘也蓋此乃直指心失主宰之時而言

其病耳初非戒人不能操心而致此病也故章

句只以心有不存則無以檢其身直解正義而

繼之曰是以君子必察乎此而敬以直之然後

云云至是方推說本章言外之意使人加省察

操存之功以救夫心失主宰之病章句之精審如此不可徑以不著意操存之說解之也○在軀殼再按通考吳季子曰攫金而不見市人心不在市人也當食而失匙箸心不在匙箸也由是觀之欲修身者其可不收歛此心而使之在吾方寸間乎云云以此證之上所謂主於內應於外之說益信矣

此謂身不修不可以齊其家

陽村入學圖說云此承經文反結云云經文即其本亂而末治者否矣此語本此意也蓋修身

即躬行齊家即推行若不躬行何以能推行此以躬行對推行言有飜傳活法此反結所以有力焉不修則不可齊以見必修然後可齊

其爲父子兄弟足法

ㄱ父子兄弟足古法바단後厓民ㆍ法맛是一云法ㅑ後厓民ㆍ法是爲字語辭○觀朱子答或人所問堯舜不能化其子周公不能和兄弟之說亦可見矣何故今人鑿生意見務爲異說

長國家

今按通考吳季子曰卿大夫士一家之長也天子諸侯一國之長也又一說國家乙長益支叫並此說誤然嘗見有一古書有長國家三字而其解正以長益解之適忘記何書姑識於此

不以利爲利

按此兩章之說上章主言義而順結所以爲利之意下章主言爲利之害而反結必須以義爲利之意語有順反意則一也釋者徒見下章上文所言非以義爲利之意遂疑其結語不類乃曲生臆見技取上句不字下合於以義爲利之意釋曰云云苟如此說其文當曰此謂國以利

爲利不以義爲利也何故不字在於以利之上乎此全不成文理可笑今當依上章所釋

梅軒先生文集卷之三

梅軒先生文集附錄

師友寄贈

題琴士任溪齋　退溪先生

日星明訓載前書對此嚴師自有餘逕負海
濱良異事歎君辛苦築隣廬（時士任築室于寒栖之南溪上）

次琴士任韻

寒谷氷霜致客來一尊今日荷君開不妨眞
率頻相款更約明年趂早梅（丙辰十一月司馬會在溪堂）

次琴士任韻　月川趙穆

栢樹亭陰綠水臨相逢呼酒去年心詩來起

我春村興此事聊將歲歲尋
士任初自鳳城臨溪上營居最苦心晩歲家
溫朋酒樂且將前訓卷中尋

次琴士任韻　春塘吳守盈

少年流落惱梅枝想得淸香著淬衣一別多
年湖海隔至今魂夢更依稀

寄琴士任

衡門雖設晝常關但取前題盡日刪黃菊待
霜和露臥綠苔乘雨上階斑東峯對戶君多
月南嶺當樓我有山世事紛紛都不管從今

十畝得閒閒

詠紅桃寄梅軒琴士任　日休琴應夾

浥露迎暉紅滿枝爭姸鬪媚百花時如何溪
上寒梅樹王色氷姿雪裏披

與金惇敍遊山院奉呈琴士任

鹵莽年來失舊聞多慚愚我索離羣逢君尙
記前遊事春入庭梅滿樹芬

龍壽寺次琴士任韻　惺齋琴蘭秀

佛宇潺湲古澗傍羣公聯袂折陪行添沽斗
酒何辭醉全廢床書久欠商義理戰勝肥子

夏病痾吟苦瘦東陽多君筆灑珠璣璨按劒
休教抵夜光（月川日錄云士任筆翰翩翩一座稱賞故聞遠詩有珠璣之語）

次呈琴梅軒　雪月金富倫

兎走烏飛兩不留紅顏坐見白渾頭寒燈耿
耿三更夜落葉蕭蕭九月秋淸韻向來塵外
詠煩襟依舊世間愁方知事過都成夢莫把
窮通較孰優

會四美亭悼琴士任　月川

墻隅十挺樹陰淸四美亭中四老情存歿悲
歡成感慨酒盈樽處恨兼盈

家狀

府君諱輔字士任號栢堂又號梅軒琴氏之
籍鳳城者始顯於麗氏之朝曰翰林學士諱
儀以門下侍郎平章事致仕謚英烈其後簪
組不絕高祖諱冄和備巡衛領中郎將娶延
安宋氏大司成光彥女曾祖諱准恩津縣監
娶南原梁氏知平州事䆃女祖諱啓軍咸縣
監娶月城李氏大司憲繩直子生員時敏女
考諱元壽司䆃寺僉正推優老 恩陞僉知
中樞府事妣安東金氏掌令永銖女正德十

六年辛巳四月某日生府君於槐村里第幼
而英秀異凡兒年甫七歲不事程督之嚴而
自知讀書寫字叔父郡守公嘗以梨栗授之
曰可拜受之府君曰梨栗只止兒啼之物若
筆硯紙墨之賜則當拜而受之矣公奇之遂
賞文房諸具府君果拜受之文藝筆格日就
長進名譽已藹蔚於弱冠之前矣及長受業
于退陶李先生之門潛心誦讀反覆問辨先
生曰加之以歲月之功其進未易量也嘉靖
丙午中司馬游太學五年以淸直自守不爲

時論撓奪時經黨禍羣賢竄逐府君遂淺意
歸鄕不復應擧曰科第是不過儒者之餘事
耳與其汨沒名利日趨汚下曷若向上志業
做人樣子僉正公喜曰從汝所好可也丙辰
夏築室于寒栖菴之南溪上先生贈詩曰日
星明訓載前書對此嚴師自有餘逐臭海濱
良異事歎君辛苦築鄰廬自是日常陪侍凡
於先生日用云爲之間默識而心會焉每日
讀朱子書三兩紙以爲四書夾助之工先生
曰此意甚好但日事課程無沉潛涵濡底意

而有急迫求之之病府君服膺師訓隨問劄
記有四書質疑心近講義逐月省覲于親庭
定省之暇與兄松溪公講論師門所受者而
孜孜不已焉至晚歲居址爲溪水所齧破移
居于溫溪松內村距溪堂且數里而近時常
往來面受旨訣退與同門諸友講劘道義聞
見日益博造詣日益深月川趙公次府君詩
曰士任初自鳳城臨溪上營居最苦心晚歲
家溫朋酒樂且將前訓卷中尋府君筆法亦
臻妙與李梅巖叔樑吳春塘守盈幷稱三筆

先生嘗曰諸筆俱佳而某之心畫尤佳書字雖小藝足可見此人無少邪曲底意思嘗命書先考贊成公碣文及先生易簀墓碑及陶山祠版之書亦皆見推於府君李清潭甫得請書河東君碣曰不得琴梅軒書吾爲不孝監司李公淸在海營刋府君墨蹟於首陽館使西北之士模法焉府君天性孝友制行修潔事親從兄愛敬俱至及其居喪泣血終制一遵文公家禮遇忌辰終日愀然不樂必致如在之誠叔父郡守公歿諸孤皆幼府君經

紀喪葬情禮無愆草述行略請碣銘于先生書而刻之墓待宗族極其友睦敎子姪必以恭謹常曰七情之中惟欲最難制省欲則心自靜而事自簡又曰治心得一敬字接人得一誠字理家得一和字此吾書紳三字符先生嘗手書敬齋箴依王魯齋圖樣以贈之府君作簇子揭于壁上朝夕莊誦曰嚴師便在此府君又書四勿箴視聽言動之間必審察而力行之邑宰郭𧽤以府君博學篤行將薦剡府君抵書止之曰輔自少離親從師數十

餘年未有所成名違孝於親負學於師方竊揣躬懷惕之不暇豈敢作盜名叨爵之計哉設有所可取固人自爲其所當爲耳元非爲仕而爲學者也月川日休諸公聞曰吾輩得無爲公所慙乎公之言大可爲干名人所深警畏者也世亦以爲有僉正公恥仕之家風焉（僉正公少時有爲公欲遞仕路於權要者公辭曰無躬行之實而苟且干進吾所甚恥）先生嘗慕爲祭酒易學東來之功設院於鼇潭之上府君出財董役爲講道肄業之所鄉校之重修也稟先生撰定約條陶山之刱

院也終始監董不避風雨其致力於斯文如此辛未春出龜城未還家偶失火書室所藏先生手筆箴銘簡札及府君手書諸冊蕩然灰燼惟四書質疑及先生書贈敬齋箴一圖僅免府君曰吾筆無足惜也而先師寶墨一失何可再得仍痛哭感吟曰盥薇對筆德容臨十襲珍藏拱璧心底事鬱攸猜戲劇櫟推哀臆轉增深先生既歿學者有專尚問學之弊府君與日休公書曰尊德性道問學不可偏廢而近日吾輩間論恐未免爲口耳之習

而以開末學之弊大要居敬以立其本窮理
以致其知反躬以踐其實此乃吾學之宗旨
日休公曰吾亦爲後生憂之公之言誠是也
府君嘗自著陳情賦以寓平生之志其曰函
丈門下濫荷仁眷諄諄誨導針砭不倦愛澈
微軀誠所難忘矣顚沛而不渝奉一心於無
疆何知櫟木之遽摧曠謦欬於累月誠此道
之難明縱啜泣兮何及仰宣聖之至言有德
報以德恩庶佩服而勿失期無負於聖門府
君於師門蓋有天地罔極之恩而至如衛門

梅軒先生文集附錄 七

澗谷之歎實以吾道之難明爲慨然而發者
也又手書陶山記一帙閣在丌上曰時一諷
讀怳若親陪杖屨於天淵隴雲之間矣性喜
山水先生清凉之遊必陪從之列侍言志詩
韻鏗鏘先生詩所謂同遊盡英英曾到亦濟
濟那無唱與酬前賢固有例者也每遇良辰
美景清流秀石或乘興孤往或與同志酣詠
蕭然有出塵之想至若清吟臺水石春秋之
所常遊也每邀速同門諸友終日盤桓曰我
先師杖屨餘馥留溪石上到此自能洗滌煩

襟豈直爲愛景耽興而止哉李梅巖曰君可
謂見堯於羹墻者也寄詩札于惺齋公要分
孤山西一半營築水雲亭爲棲息之所而連
掣世故有詩成屋未就之歎矣萬曆十二年
甲申三月七日以疾終於家享年六十四以
其年九月二十日葬于禮安治北龍頭山東
麓大興堂卯向之原配宜人眞城李氏卽先
生宗姪將仕郎寅之女祔府君墓無子以姪
子胤古爲嗣中訓大夫守軍資監正孫男六
是文奉事是武護軍是正進士是養是律出

梅軒先生文集附錄 八

后是呂女二士人金光溥生員柳亨立曾玄
以下不盡錄於虖府君德性謹厚容貌端嚴
古所稱質美君子也自蚤歲絶意名途必以
退陶夫子爲歸所學者躬行實踐之事也所
講者心性道義之言也晩卜林泉構數間精
舍於溫溪之上爲藏修養息之所而日與門
生反覆講討未嘗不以興起奬進爲已任雖
在羣居波盪之中斂衽端坐終日矻矻子姪
之侍者慮其氣損而請止則曰我自樂此
日以求益何損之有勉勉循循進修之功老

而彌篤是以跡雖隱而名益重道雖晦而操益堅此皆傳受於師門講道之力而非篤信好學確乎自守者能如是乎所著有四書質疑心近講義嘉善彙編四禮正變四禮記問及詩文若干卷爇于家灰燼之餘仍且蕩失於兵燹之中而其或遺落於人家者殆泰山之毫芒耳爲子孫者痛恨曷其有極將懼夫遺言懿行愈久而愈泯謹掇拾先君子所記述草成家狀一件而文詞拙陋恐不足爲秉筆者採擇焉孫男是養謹書

行狀

先生諱軸字士任號梅軒又號栢堂琴氏高麗門下平章事翰林學士致仕英烈公諱儀始籍奉化世爲奉化人簪組相承曾祖諱淮恩津縣監祖諱啓軍威縣監考諱元壽司䆃寺僉正推 恩優老陞僉樞妣淑夫人安東金氏掌令永銖之女也正德辛巳四月某日先生生于奉化槐村之第甫七歲能知讀書寫字不煩嚴督叔父郡守公嘗授梨栗曰可拜受之先生曰此只止兒啼之物若筆硯紙墨之賜則當拜受之郡守公奇之即以文房諸具賜之以資課習文翰日就未冠聲譽已藹蔚嘉靖丙午別試升司馬時 仁廟昇遐奸黨構禍遂淩意歸鄉不復應擧專意性理之學請業于退溪李先生以爲往來問辨不若日夕親炙乃築室于寒栖菴之南溪上退溪贈詩曰日星明訓載前書對此嚴師自有餘逐臭海濱良異事歎君辛苦築鄰廬自是常侍丈席凡於日用云爲默識心會篤信師說每日讀朱子書爲四書夾助之工講論不

怠晩年求留其所居移卜於溫溪之松內距溪堂數里而近日與同門諸友刮劘偲切造詣益深退溪旣歿學者有專尚問學之弊先生曰尊德性道問學不可偏廢近日吾輩恐不免爲口耳之習大要居敬以立其本窮理以致其知反躬以踐其實此吾學之宗旨也先生書法入妙與李梅巖吳春塘並稱溪門三筆先生爲首故退溪命書贊成公碑文退溪易簀後墓碑與陶山祠版皆書之李清潭希得請書其考河東君碣曰不得琴梅軒書

吾爲不孝先生天性孝友父母昆弟之間融
融怡怡愛敬備至戊辰己巳荐遭內外艱泣
血終制一遵文公家禮待宗族無間親疎訓
子姪以恭勤嘗曰七情之中惟欲最難制省
欲則心自靜而事自簡又曰治心得一敬字
接人得一誠字理家得一和字書紳爲三字
符退溪手書敬齋箴圖贈之先生朝夕莊誦
曰嚴師便在此自書四勿箴視聽言動之間
審察而力行之性愛山水約同門諸子每陪
從退溪淸凉之遊唱酬言志又好孤山之勝

寄詩琴惺惺要分山半營築水雲亭爲棲息
而詩成屋未就矣邑宰郭趪以先生博學篤
行因鄕議將薦之於　朝先生固止之退溪
嘗慕禹祭酒易學東來之功設院於鼇潭之
上先生出財董役爲講道肄業之所鄕校之
重修也稟退溪撰定約條陶山之刱院也終
始監董不廢風雨其致力於斯文如此萬曆
甲申三月七日卒享年六十有四其年九月
二十日葬禮安龍頭山東麓大興堂負酉之
原配眞城李氏退溪伯兄勵節校尉潛之子

將仕郎寅之女也癸巳五月二十九日歿祔
墓右無育以弟　贈工曹參議轔子胤古爲
嗣軍資監正孫男六人是文奉事是武護軍
是正進士是養以崇禎節義　贈持平旌閭
是輝出系是呂女壻二人金光溥柳亨立生
員先生德性純厚容貌端嚴雖羣居波蕩之
中斂袵危坐不見怠慢之色老不廢書曰非
此非僻之心易生所著有四書質疑心近講
義嘉禮彙編四禮正變四禮記問諸書而家
火兵燹之餘蕩然無存惟質疑雜著詩文若

干卷藏在巾衍十世孫佑烈從余遊屢年而
請狀德之文誼不可辭因其家狀敘次之
崇政大夫行吏曹判書兼判義禁府事知
經筵春秋館事同知成均館事弘文館提學
藝文館提學　經筵日講官孔巖許傳謹狀

墓誌銘 幷序

公諱輔字士任號栢栗堂後改號梅軒琴氏
之籍於奉化者皆出於高麗太師英烈公諱
儀而後世多聞人公曾祖諱淮恩津縣監祖
諱啓軍威縣監考諱元壽僉知中樞府事妣

安東金氏掌令永銖之女以正德十六年辛巳生公於奉化槐村之第英秀異凡兒甫七歲知覺如成人不事嬉戲已解讀書寫字叔父郡守公奇愛之嘗授以梨栗公曰叔父以此欲止我啼耶若筆硯紙墨之賜則當拜而受之郡守公撫頂喜曰此兒當光吾門矣遂賞文房諸具資以課習文藝日就筆法兼進僉知公嘗命書堂額及先賢格言分揭壁上賓客之過候僉知公者見其字畫而驚異之求書者日相踵嘉靖丙午中司馬遊太學五

年不復應舉專意此學是時退溪先生講道陶山公摳衣請業於門下先生敎誨親切無間子弟公始居于寒棲之側晩卜于溫溪之松內距溪堂數里而近朝夕往來面受旨訣退而與同門諸友道義相磨聞見日益博造詣日益深公筆法精妙先生亦愛重之有時揮染屛簇藏而待之先生考贊成公碣文書字嘗屬託於公且於先生易簀之後陶山神版之書亦皆見推於公墓道貞珉諸門人以爲此碑非高峯不可撰非梅軒不可書同時

李梅巖吳春塘幷號爲溪門三筆而公爲首監司李公淸在海營嘗命刊公墨蹟於首陽館使西北之士取以模法焉臨池一藝不足輕重於公而其精神所寓亦可見其一端矣公平生務自韜晦未嘗以詞藻自任而學問紓餘詩亦淸絶一觴一詠之間鏗然有金石之韻凡遇良辰美景淸流秀石與同志文酒爲樂蕭然有出塵之想先生前後淸凉之遊皆與之共焉其所以助發仁智之趣而有以得浴沂風詠之氣像也公篤於孝友在親側

油油翼翼兄弟怡怡如也執喪三年泣血未嘗見齒遇宗族無間親疎敎子孫必以恭謹得古人名言善行書諸座右口誦而心會焉嘗曰七情之中惟欲最難制省欲則心自靜而事自簡又曰治心得一敬字接人得一誠字理家得一和字此皆身親經歷之言公之所以涵養本源之功於此可知矣邑宰郭趪以公博學篤行將薦剡公抵書止之曰輔自少違孝於親負學於師方竊拊躬懍惕之不暇豈敢作盜名叨爵之計哉設有所可取固

人自爲其所當爲耳元非爲仕而爲學者也
月川日休諸公聞曰吾輩得無爲公所懃乎
公之言大丁爲于名人所洊警畏者也萬曆
甲申以疾終於家享年六十四其年九月二
十日葬于龍頭山大興堂卯向之原室人李
氏同窆卽先生從子寅之女無子以姪子胤
古爲后今爲軍資監判官孫男六人是文是
武是正是養是律是呂判官以余忝在門親
屬以幽堂之誌余固鄭重而不敢輕爲之許
諾第念公於先人爲同門友而於僕尊祖行

也尚記趨候門屛厚德端容俱可以矜式後
生而每承提警自幸其不虛歸也銘佩于心
其敢忘諸今於判官之請終有所不得辭者
遂詮次舊聞而爲之銘曰
太師華胄公趾其美克孝克友爲學在是立
雪巖軒從事性理博學多聞月評卽視筆闡
鍾王詩挽正始碑版照耀翰札盈紙同門推
重宗黨咸依溫泉一曲碩人所里一室何有
左圖右史小車時出佳山勝水是亦爲政奚
其膴仕內有贒助是爲女士錫類貽謀無子

有子宰如之吁衣履藏只靑烏協吉雙劒會
此刻誌幽宮用昭千祀
萬曆三十一年仲春日後學通訓大夫行司
憲府執義知製　敎琴憬謹誌

墓碣銘 幷序

先生諱輔字士任號栢堂又號梅軒奉化人
高麗平章事琴公諱儀後也曾祖諱淮恩津
縣監祖諱啓軍威縣監考諱元壽司導寺僉
正妣安東金氏掌令永銖女先生生於正德
十六年辛巳幼英秀七歲知讀書寫字叔父

郡守公嘗授以梨栗先生辭曰梨栗不若筆
硯紙墨郡守公奇之遂賞文房諸具先生拜
受惟謹文藝日就筆法不敎而成嘉靖丙午
中司馬自此不復應擧請業於退陶李先生
專意此學築室于寒栖菴之側日夕陪侍退
陶詩所謂日星明訓載前書對此嚴師自有
餘遂負海濱良異事歎君辛苦築鄰廬者也
從容涵泳佩服師訓有四書質疑心近講義
嘉善彙編四禮記問四禮正變隨手成錄聞
見益博操守且堅筆法楷正爲師門所愛重

退陶易簀之後將治墓石而諸門人以爲此
碑非高峯不可撰非梅軒不可書陶山揭虔
之日書位版亦皆推之是豈獨筆翰之美也
哉與李梅巖叔樑吳春塘守盈稱宣城三筆
先生爲首以其心畫尤佳也先生篤於孝友
在親側油油翼翼兄弟怡怡如也執喪哀毁
泣血三年未嘗見齒見古人名言善行書諸
座右以自警嘗曰七情惟欲最難制省欲則
心自靜而事自簡又曰治心得一敬字接人
得一誠字理家得一和字此蓋實體心得之

言非得於誦說而已易東院建出財助役監
董最勤鄕校重修撰定約條品式備具先生
之致力於斯文又如此萬曆十二年甲申三
月七日卒享年六十四以其年九月二十日
葬于禮安縣北龍頭山東麓大興堂向卯之
原配宜人眞城李氏勵節校尉潛之子將仕
郎寅之女後九年癸巳五月二十九日歿祔
公墓無嗣以姪子胤古爲後軍資監正孫男
六是文奉事是武護軍是正進士是養 贈
持平是律出系是呂女二士人金光溥生員

柳亨立先生天質本美早得依歸有志爲己
不求名利師門之一言一行無不欽慕愛悅
而周旋應對皆在法度之內以至遊嬉翰墨
酣詠水石無有一毫放過涵濡道義斐然成
章眞可謂好學篤行君子也獨惜乎當日劄
錄文字往復手帖盡失於火又經壬辰亂無
復餘存寥寥今數百年矣後孫佑烈旁搜散
佚得詩文短札若干首附以行狀墓誌爲一
冊請碣銘于彙載顧余庸愚何敢焉亦以兩
家世好有不敢終辭者謹爲敍次一二繼以

銘銘曰

允矣先生縕衣溪堂抱卷質疑築室其傍師
教無倦蒙養旣端英材斐然游夏之間是爲
依歸外慕何有筆法臻妙惟心使手巍銘寶
藏碑版垂後觀者寓目君子典型書紳自警
曰敬曰誠龍山東麓衣履攸安夫人媲德歿
亦同原遺風起余百世不諼

後學通政大夫戶曹參議眞城李彙載謹撰

梅軒先生文集附錄終

右上下二弓梅軒琴先生之遺稿也先生以退陶高弟日親門墻聞道忒蚤其富有之業日新之德必有以紹述師旨發明心得著之言語文字爲學者之準的者宜其充架而溢篋矣不幸厄于火而繼以燹遂蕩然盡矣今其存十一於千百者不過五七言近體絶句賦輓祭短牘若干篇而已所謂心近講義四禮記問四禮正變嘉善彙編等書亦見其篇目而未見其全書然聞先生之言而知先生之道之不偏也病學者專尙道問學之弊則

曰尊德性道問學不可偏廢近日吾輩恐不免口耳之習又嘗自言吾於治心得一敬字接物得一誠字理家得一和字其居敬窮理交修幷進之效果何如也蓋先生之學本之四書考之以心經近思錄朱子書故其言切近平易如布帛菽粟之無適不用其發於歌詠者亦冲澹淸遠有一唱三歎之音書法絶逼古此在先生特餘事耳亦可見性情之正心畫之一矣豈在多乎哉此雖斷簡乎苟能因其所存而究其所不存由其所言而求其所未言則可謂善學先生者哉先生以我遠祖掌令公爲外祖故嗣孫[illegible]烈甫敘舊而俾書編後謹盥手而識之已酉仲春上浣崇政大夫原任大提學安東金鶴鎭謹書

梅軒先生平日著述有所謂心近講義四書質疑四禮記問及正變嘉善彙編等書以篇目推之皆師門之旨談古人之格言也其可傳而不可泯沒也審矣而一經家火再經兵燹幷與其詩章翰牘之談笑從容者而蕩然無存者矣孫三棄堂是養僅以耳目之逮纂

成行狀一通其後若雪軒公三達易安公聖奎上舍公敬時皆以名筆文章以世其家而至於遺文一款只付諸曠劫之無徵十世孫佑烈以少年生始能事於搜考凡當時古家之典守先籍者不計遠近與久速極意搜出其所隨錄者五七言絶句古詩近體若賦輓祭短札問目質疑雜著若干編而止耳夫以生平著述之有關後學揆今日編輯之零星誠不足於爲梅軒文集而猶是全鼎之一臠儀鳳之片羽也蓋其歲久故稀少稀少故尤

珍貴後人之所以奉而翫之因約而想其博因所見而得所未見者無亦多乎哉以是而藏之巾衍爲子孫世傳之拱璧以是而刋行流布猶可爲後生論其世知其人之地蓋古來宗儒鉅匠而曰逸集曰遺稿草略傳世者亦有之矣於虖先生之言曰吾於治心得一敬字接人得一誠字理家得一和字書述自誦此言以還犁然理順竦然心服却不知世間溢字盈棟之書爲如何爾歲癸丑月日門裔孫書述謹跋

惟我先祖梅軒先生早登陶山之門問學是尚理義是服發揮師旨優入於成德之科凡於日用云爲不越乎一誠一敬上工夫則所以發之言語文詞朴實平易非世之刻畫沾譽者議也若心近講義四書質疑四禮正變四禮記問嘉善彙編諸書此皆出於博學審問之餘而至如陳情賦一編自述平生之志以發吾道之感也先生自髫歲遊泮之後無意干進力辭薦剡而有盜名叨爵之恥開諭末學而有專尚口耳之歎其有得於師門精義之傳不可誣也若使先生手錄壽其傳則亦足以有裨斯道而嘉惠後進也審矣何幸末之火壬辰之燹重作禍孽當日往復贈遺劄錄文字蕩逸無餘則子孫無窮之恨爲何如而先世之所未遑者以其不成編帙也佑烈將懼夫微言短簡終泯沒於塵蠹之中旁搜陶山草本及諸家古蹟僅得詩賦挽祭短札雜著質疑附錄若干篇爲四卷二冊甚寂寥也然後之覽者庶或因是而得其萬一於影響之外則斯亦幸也已辛卯暮春下澣十代孫佑烈謹識

附松坡公碣銘 并序

公諱胤古字繹如琴氏世爲奉化人始祖諱儀高麗太保奕葉簪組高祖諱淮曾祖諱啓俱縣監祖諱元壽司導寺僉正階通政考諱輔生員號梅軒退溪門人妣眞城李氏退溪從子將仕郎寅女也本生考諱轍 贈工曹參議妣沃川全氏內禁衛渾女也以嘉靖戊午生公十一歲梅軒取以子之時退溪先生在溫溪公日往受業先生愛重之曰此兒才品甚好異日進就未可量也十三歲先生易

簀乃學于趙月川月川授以大學中庸曰爲學根基盡在此書自是潛心力究淹貫乎經史子集矣嘗中鄕解重違親命也見屈禮圍遂不復求榮進後以壬辰軍功薦授司導寺主簿遷除禮賓寺判官軍資監判官軍資監正昏朝政亂公之婦弟某附麗權貴誘引鄕士公絶之遂隱不仕仍以所居之松坡爲號蒔花種竹嘯詠于其間如金北厓圻金溪巖坽李東巖詠道權湖陽益昌皆所與友善而口不道時事但問主人有酒否乎孝友純至

問寢在食無間兩庭伯氏直長公年老多病李氏監正公不治産業同財共居宗族孫竆者益加矜恤鄕里貧乏者匍匐救之壬癸兵燹之餘流殍滿野公設粥賑餔全活者以千數月川歎曰吾見宣鄕琴氏之後必大外祖李公早世無嗣公承順母志奉養外祖母于家五十餘年生死以禮前後斬齊四衰易戚備而誠孝無憾崇禎庚辰卒壽八十三配花園徐氏進士東園公千一之女有淑德事君子無違敎子孫有法生男女八人男是文軍

資奉事是武護軍是正進士居母喪毁滅是養有崇禎節義 贈持平旌閭是律出爲叔父將仕郎尙古後是呂女適士人金光溥生員柳亨立是文嗣男紘達是武男三達有文行側室男種達是正男瑞達是養二男鳴達絃達出系伯父是律四男聚奎瑞奎進士聖奎與仲同榜進士魁庭試官司藝燦奎一女適士人金漢奎是呂二男邦達隆達三女適士人金濡權垾余國老內外孫不可勝記某在奉化治南太子山瓦冶洞子坐原夫人先

公歿葬在公墓上進士亦先公歿葬夫人墓
階下九世孫佑烈据摭公遺事跋涉踰嶺請
銘者不止一再辭不獲爲之銘曰
天性之純人倫之惇家庭之敎師友之尊出
處之正福祿之繁宜其繩繩爾後昆
崇政大夫行吏曹判書孔巖許傳撰

梅軒先生文集